传承中华文化精髓

建构国人精神家园

道德经

全集

原著 【春秋】老子
注译 陈阳 张晓华
主编 唐品

天地出版社 | TIANDI PRESS

图书在版编目（CIP）数据

道德经全集／唐品主编. —成都：天地出版社，2017.4（2022年1月重印）

（中华传统文化核心读本）

ISBN 978-7-5455-2397-3

Ⅰ．①道… Ⅱ．①唐… Ⅲ．①道家 ②《道德经》—通俗读物 Ⅳ．①B223.1-49

中国版本图书馆CIP数据核字（2016）第283098号

道德经全集

出 品 人	杨 政
主　　编	唐 品
责任编辑	陈文龙　孟令爽
封面设计	思想工社
电脑制作	思想工社
责任印制	葛红梅

出版发行	天地出版社
	（成都市槐树街2号　邮政编码：610014）
网　　址	http://www.tiandiph.com
	http://www.天地出版社.com
电子邮箱	tiandicbs@vip.163.com
经　　销	新华文轩出版传媒股份有限公司

印　　刷	河北鹏润印刷有限公司
版　　次	2017年4月第1版
印　　次	2022年1月第21次印刷
成品尺寸	170mm×230mm　1/16
印　　张	22.5
字　　数	380千字
定　　价	39.80元
书　　号	ISBN 978-7-5455-2397-3

版权所有◆违者必究

咨询电话：（028）87734639（总编室）

购书热线：（010）67693207（市场部）

如有印装错误，请与本社联系调换

序言

　　上下五千年悠久而漫长的历史，积淀了中华民族独具魅力且博大精深的文化。中华传统文化是中华民族无数古圣先贤、风流人物、仁人志士对自然、人生、社会的思索、探求与总结，而且一路下来，薪火相传，因时损益。它不仅是中华民族智慧的凝结，更是我们道德规范、价值取向、行为准则的集中再现。千百年来，中华传统文化融入每一个炎黄子孙的血液，铸成了我们民族的品格，书写了辉煌灿烂的历史。

　　中华传统文化与西方世界的文明并峙鼎立，成为人类文明的一个不可或缺的组成部分。中华民族之所以历经磨难而不衰，其重要一点是，源于由中华传统文化而产生的民族向心力和人文精神。可以说，中华民族之所以是中华民族，主要原因之一乃是因为其有异于其他民族的传统文化！

　　概而言之，中华传统文化包括经史子集、十家九流。它以先秦经典及诸子之学为根基，涵盖两汉经学、魏晋玄学、隋唐佛学、宋明理学和同时期的汉赋、六朝骈文、唐诗宋词、元曲与明清小说并历代史学等一套特有而完整的文化、学术体系。观其构成，足见中华传统文化之广博与深厚。可以这么说，中华传统文化是华夏文明之根，炎黄儿女之魂。

　　从大的方面来讲，一个没有自己文化的国家，可能会成为一个大国甚至富国，但绝对不会成为一个强国；也许它会

01

强盛一时，但绝不能永远屹立于世界强国之林！而一个国家若想健康持续地发展，则必然有其凝聚民众的国民精神，且这种国民精神也必然是在自身漫长的历史发展中由本国人民创造形成的。中华民族的伟大复兴，中华巨龙的跃起腾飞，离不开中华传统文化的滋养。从小处而言，继承与发扬中华传统文化对每一个炎黄子孙来说同样举足轻重，迫在眉睫。中华传统文化之用，在于"无用"之"大用"。一个人的成败很大程度上取决于他的思维方式，而一个人的思维能力的成熟亦绝非先天注定，它是在一定的文化氛围中形成的。中华传统文化作为涵盖经史子集的庞大思想知识体系，恰好能为我们提供一种氛围、一个平台。潜心于中华传统文化的学习，人们就会发现其蕴含的无穷尽的智慧，并从中领略到恒久的治世之道与管理之智，也可以体悟到超脱的人生哲学与立身之术。在现今社会，崇尚中华传统文化，学习中华传统文化，更是提高个人道德水准和构建正确价值观念的重要途径。

　　近年来，学习中华传统文化的热潮正在我们身边悄然兴起，令人欣慰。欣喜之余，我们同时也对中国现今的文化断层现象充满了担忧。我们注意到，现今的青少年对好莱坞大片趋之若鹜时却不知道屈原、司马迁为何许人；新世纪的大学生能考出令人咋舌的托福高分，但却看不懂简单的文言文……这些现象一再折射出一个信号：我们现代人的中华传统文化知识十分匮乏。在西方大搞强势文化和学术壁垒的同时，国人偏离自己的民族文化越来越远。弘扬中华传统文化教育，重拾中华传统文化经典，已迫在眉睫。

　　本套"中华传统文化核心读本"的问世，也正是为弘扬中华传统文化而添砖加瓦并略尽绵薄之力。为了完成此丛书，我们从搜集整理到评点注译，历时数载，花费了一定的心血。这套丛书涵盖了读者应知必知的中华传统文化经典，尽量把艰难晦涩的传统文化予以通俗化、现实化的解读和点评，并以大量精彩案例解析深刻的文化内核，力图使中华传统文化的现实意义更易彰显，使读者阅读起来能轻松愉悦并饶有趣味，能古今结合并学以致用。虽然整套书尚存瑕疵，但仍可以负责任地说，我们是怀着对中华传统文化的深情厚谊和治学者应有的严谨态度来完成该丛书的。希望读者能感受到我们的良苦用心。

前言

《道德经》亦称《老子》，或称《五千言》，是道家学派最具权威性的经典著作，它文约意丰，涵盖哲学、伦理学、政治学、军事学等诸多学科，其内容博大精深、玄奥无极、涵括百家、包容万物，被后人尊奉为治国、治家、治学、修身的秘籍宝典。

老子姓李，名耳，字伯阳，谥号聃，春秋末期楚国苦县人，老子是我国古代著名的思想家，道家学派的创始人。他和孔子是同一时代人，年龄长于孔子。曾担任过周王室的藏书管理工作。老子致力于"柔弱"、"无为"的个人道德修养，见当时社会道德衰败，失望至极，便西出函谷关，后隐居而不知所终。

《道德经》共八十一章，分为上下两篇，上篇三十七章，起首为"道可道，非常道；名可名，非常名"，人称《道经》；下篇四十四章，起首为"上德不德，是以有德；下德不失德，是以无德"，人称《德经》。《道经》讲述了宇宙的根本，道出了天地万物变化的玄机，讲述了阴阳变幻的微妙；《德经》讲述处世的方略，道出了人事的进退之术，包含了长生久世之道。"道"是老子的自然观和世界观，他指出，人类一定要顺应宇宙的客观条件，合乎自然规律地生存。只有爱护宇宙并且与大自然融为一体，人类才能健康地生存下去。一旦我们破坏了大自然，违背了大自然的规律，那么我们一定会遭到残酷的报应和惩罚，甚至会带来灭顶之灾。"德"是老子的人生观和社会观，还是要求人类顺其自然地与人共处，合乎社会规律地生存。只有返璞归真地复归于婴儿般的自然纯真状态，统治者卑谦若谷，民众为而不争，然后社会才能正常发展。

《道德经》一书中的智慧，源于老子对世态人情的深彻洞察和深刻思索。战争频仍、社会动荡、人事纷争、生命无常，点点滴滴积淀成老子的关于人性修养、处世哲学、治国之道、军事哲学、养生之道等的智慧之学。目前，人们在世界范围内掀起了一股学习老子的热潮，老子的《道德经》也因此而风靡全球。据调查：在德国，几乎每个家庭都常备有一本德文版《道德经》；在日本，《道德经》成为企业管理者的案头书，用以指导企业的经营和管理；在美国，一家出版公司竟花13万美元的天价购得仅有5000字的《道德经》的英文版权；更值得一提的是美国学者蒲克明声称"《道德经》肯定会成为未来社会家喻户晓的一部书"。由此可见，《道德经》已跨出国门走向了世界。

老子的《道德经》虽然只有短短的五千言，但它义奥玄深，堪称哲理第一书，两千多年来，为历代学者所苦心潜研，然而直到今天，人类对《道德经》的深奥义理，对老子透悟宇宙的神智，仍然未能深层探知和领悟，这不能不说是我们人类的一大遗憾。人的欲望是无止境的，人的潜力同样是无止境的，对《道德经》的深刻透察不是没有可能，有鉴于此，我们要研究《道德经》，从另一种意义上说，继承和发扬我们人类优秀的文化成果是每个人的责任。更现实的意义还在于，随着社会的发展，人们在享受现代文明所带来的快感时，同时不得不忍受快感背后的负面痛苦。环境污染，水土流失，生态失衡，气候恶化……人与自然的矛盾日渐激发严重；精神空虚，缺乏信仰……人与社会的矛盾与日俱增。《道德经》在某种程度上，能帮助我们解决面临的各种难题，克服人类的身心痼疾。

也正因此，我们萌生了进一步研究和学习《道德经》的想法，所以，这本拙作《道德经全集》也就问世了。本书在忠于原著的基础上，详细注解并翻译原文，有较为全面的评析，并针对每章内容分别从为人之道、从政之道、经商之道等三大方向上列举了大量妙趣横生的古今中外案例，使读者能够更好地体会和感悟两千多年前的哲人圣典。

在本书编著过程中，我们深深地感受到道德经之博大精深，其学问更是永无止境，当然，限于笔者的学识，其中的浅陋之处在所难免，我们诚恳地希望专家学者和读者朋友们能够批评指正，以便我们今后更好地深入学习，为读者奉献出更好的精神食粮。

目录

上篇 道经

第 一 章 / 天地之始 ……………… 002
第 二 章 / 美之为美 ……………… 006
第 三 章 / 圣人之治 ……………… 011
第 四 章 / 象帝之先 ……………… 016
第 五 章 / 天地不仁 ……………… 019
第 六 章 / 玄牝之门 ……………… 023
第 七 章 / 天长地久 ……………… 026
第 八 章 / 不争无尤 ……………… 030
第 九 章 / 功遂身退 ……………… 036
第 十 章 / 长而不宰 ……………… 044
第十一章 / 无之为用 ……………… 049
第十二章 / 圣人为腹 ……………… 053
第十三章 / 宠辱若惊 ……………… 060
第十四章 / 无状之状 ……………… 063
第十五章 / 善为士者 ……………… 067
第十六章 / 没身不殆 ……………… 073
第十七章 / 功成事遂 ……………… 076
第十八章 / 大忠大义 ……………… 081
第十九章 / 绝圣弃智 ……………… 087
第二十章 / 而贵食母 ……………… 090

第二十一章 / 惟道是从 ……………… 095
第二十二章 / 圣人抱一 ……………… 099
第二十三章 / 道亦乐得 ……………… 104
第二十四章 / 自是不彰 ……………… 107
第二十五章 / 道法自然 ……………… 110
第二十六章 / 静为躁君 ……………… 115
第二十七章 / 善行无辙 ……………… 119
第二十八章 / 复归于朴 ……………… 123
第二十九章 / 为者败之 ……………… 126
第 三 十 章 / 以道佐主 ……………… 130
第三十一章 / 有道不处 ……………… 135
第三十二章 / 知止不殆 ……………… 138
第三十三章 / 知人者智 ……………… 141
第三十四章 / 其不为大 ……………… 144
第三十五章 / 不可既也 ……………… 147
第三十六章 / 欲歙固张 ……………… 150
第三十七章 / 道恒无为 ……………… 154

下篇 德经

第三十八章 / 上德不德 ……………… 158
第三十九章 / "一"为始祖 …… 162

01

第四十章 / 虚中生有 ……… 165	第六十一章 / 皆得其欲 ……… 250
第四十一章 / 善贷且成 ……… 170	第六十二章 / 万物之奥 ……… 255
第四十二章 / 以为教父 ……… 175	第六十三章 / 能成其大 ……… 258
第四十三章 / 不言之教 ……… 181	第六十四章 / 无为无败 ……… 261
第四十四章 / 知足不辱 ……… 184	第六十五章 / 善为道者 ……… 265
第四十五章 / 大成若缺 ……… 190	第六十六章 / 莫能与争 ……… 270
第四十六章 / 知足常足 ……… 194	第六十七章 / 我有三宝 ……… 277
第四十七章 / 不行而知 ……… 198	第六十八章 / 不争之德 ……… 283
第四十八章 / 为道日损 ……… 201	第六十九章 / 哀者胜矣 ……… 288
第四十九章 / 善者吾善 ……… 204	第七十章 / 被褐怀玉 ……… 293
第五十章 / 出生入死 ……… 207	第七十一章 / 以其病病 ……… 297
第五十一章 / 是谓玄德 ……… 211	第七十二章 / 自爱不贵 ……… 302
第五十二章 / 天下有始 ……… 215	第七十三章 / 天网恢恢 ……… 305
第五十三章 / 盗夸非道 ……… 218	第七十四章 / 民不畏死 ……… 309
第五十四章 / 其德乃普 ……… 222	第七十五章 / 无以生为 ……… 312
第五十五章 / 含德之厚 ……… 226	第七十六章 / 强大处下 ……… 315
第五十六章 / 知者不言 ……… 230	第七十七章 / 不欲见贤 ……… 319
第五十七章 / 以正治国 ……… 234	第七十八章 / 柔之胜刚 ……… 324
第五十八章 / 福祸倚伏 ……… 238	第七十九章 / 报怨以德 ……… 329
第五十九章 / 长生久视 ……… 242	第八十章 / 小国寡民 ……… 332
第六十章 / 德交归焉 ……… 246	第八十一章 / 善者不辩 ……… 336

上篇

道经

道可道，非常道；
名可名，非常名。
无名，天地之始；
有名，万物之母。
故常无欲，
以观其妙。

第一章　天地之始

【原文】

道可道，非常道①；名可名，非常名②。无名，天地之始③；有名，万物之母④。故常无欲，以观其妙⑤；常有欲，以观其徼⑥。此两者，同出而异名，同谓之玄⑦，玄之又玄，众妙之门⑧。

【注释】

①道可道，非常道：此句是《道德经》的中心思想，其中三个"道"字引起后人莫大困惑，千古以来，聚讼不绝。第一个和第三个"道"字是老子首先提出来的哲学范畴；第二个"道"字是动词，意为用言语来说明"道"。②名可名，非常名：老子认为，所谓"名"是人类根据不同事物之各自不同的表面特征而对该事物作出的指认。"名"代表了老子对事物表层、特征、象征的认识。③天地之始：用"无"表述，即为混沌未开。④万物之母：天地万物的本原，可以用"有"来表述。⑤妙：深邃奥妙。⑥徼（jiào）：原意为边界，这里引申为开端、端倪。⑦玄：深奥而不可理解的、不可测知的。⑧众妙之门：指精深奥妙的天地万物及其变化规律由此而出的总门。

【译文】

能用言辞表述的大道，就不是永恒的大道；能够叫得出来的相名，就不是永恒的相名。天地万物未成形的样子，是天地万物的元始；万物本源的命名，是孕育万物之源。所以常常从毫无目的、尚未成形的状态，来考察"道"无名无形的玄妙；常常从有目的、受约束受局限的状态，来考察它有名有形之处的客观真实。妙和徼这两个概念，本源相同而名称不同，共同称为大道变化。变化来变化去，这是洞察宇宙间一切奥妙的门径。

【评析】

开篇点出"道可道，非常道"，初步揭示了"道"的真正内涵，道是《道德经》所要讲述的核心问题之一，它在天地未生成以前就存在于浩瀚的宇宙中，当天地生成以后，道就在万事万物中发挥着自身的作用，贯穿于万物生成、生长、发展、消亡的始终，作为一种自然规律客观地存在着。提起道，我们不免会在头脑中想象它的模样，然而我们的想象带有很大的局限性和主观性，真正的道是不以人的主观意志为转移的，它是客观存在的，但又看不见摸不着，正所谓"大道无形"，我们主观想象出的"道"的样子，不是真正的"道"。只能称得上"名"，"名"这个概念也是不能用语言和文字来描述形容的，语言文字的局限性比想象的局限性更大，如果用语言文字来描述大道，只能与大道背道而驰。不能用语言又不能用文字来描述大道，那如何才能认识大道呢？我们不得不采用概念和语言，即"有"和"无"这两个"名"。所谓"有"就是存在的意思，它代表一种正在孕育万物的状态，是万物的生母，即万物是从"有"中孕育生产出来的。"无"，我们理解为没有的意思，代表天地还没有生成以前的混沌状态，说明天地是从无中生出来的。

所以我们可以将"道"理解为一种"无"的状态，一种"有"的能力，它的本源是"无"，却可以生出天地万物。正是如此，我们可以采取"无"的态度去体认大道的玄妙，大道的原始是空无，我们要想体认大道，就必须抛却所有的杂念，将自己恢复到毫无思想意识的孩童时期，达到一种完全虚无的境界，只有这样，我们才能真正体悟到大道的奥妙和玄机。"无"和"有"是两个我们必须把握的概念，它们是打开"众妙之门"的钥匙，只有通过他们，我们才能领悟大道的实质。

所谓"恒有"，就是一种永恒的有，也叫"大有"，与此相对应，"常无"就是一种永恒的无，或叫"大无"。我们可以通过这种忘却自我一切的"大无"，体悟到天地初生时的"妙"；通过这种包容万物的"大有"，观察到万物未生前的"徼"。"妙"，按汉字的组字法，可以折分为"少"和"女"，少女不但处于妙龄，而且是纯真、纯洁的象征，这里用在"大道"中可以理解为天地的本始。"徼"音"交"，取交际、交媾意。交媾生万物，这是顺理成章的事情。在这里，不论是"妙"还是"徼"都只是对宇宙大道中的某一状态的描述，还停留在概念这一层面上，都是"名"。"妙"在前而"徼"在后，所以概念的"相名"也就不同了，但它们都是由大道生出来的，都是对大道的发展和变化，同称为"玄"。"玄"意为转变。变化来变化去，就构成了天地万物的"众妙"，这里的"妙"和"观其妙"的"妙"本质意义不同，"观其妙"的"妙"表现的是万物中的生机，而"众妙"的"妙"表现的是天地未生前的生机。

回过头来看原文，我们不难发现，文中着重讲了这样几个概念：道的概念、名的概念、有和无的概念、妙和徼的概念、玄的概念。这些概念统称为"名"，借用老子的一句话"名可名，非常名"来说，这些概念并没有真正地揭示出道的真正内涵，这是因为"道可道，非常道"，任何言语和文字都无法揭示出"道"的真义。我们学习和研究这些概念就是为了更好地理解"道"，它们可以作为理解"道"的桥梁。

【为人之道】

木匠轮扁以做车轮喻读书

春秋时期，齐桓公任用管仲为相，在国内实行改革，发愤图强，使齐国的经济逐渐发展起来，国库充实，兵强马壮。尔后，他多次召集并主持诸侯国开会结盟，被推为各国首领，成为"春秋五霸"之首。

这一天，齐桓公利用政务的闲暇，在殿堂上读书，一个叫扁的车轮木匠在殿堂下斫削材料，制作车轮，因为他善于制作车轮，所以人们称他为轮扁。轮扁看到齐桓公正在伏案看书，就放下斧凿等工具，走到殿堂前，向齐桓公问道："请问君王，您读的是什么书啊？书里说的都是一些什么话啊？"

齐桓公觉得一个木匠会对他读什么书感兴趣实在是难得，于是，就把轮扁叫上殿来，故意用模棱两可的话回答说："我读的是古代圣人的书，书里都是圣人说的话。"轮扁又问："那敢问君王这些圣人都还活着吗？"齐桓公笑笑说："你真只是个木匠啊，圣人当然不可能活着了，他们早就死了啊！"轮扁若有所思地想了想，然后说："既是这样，那么君王您所读的书里的话，也不过是古人的糟粕罢了。"

齐桓公一听这话，心里怒火中烧。因为他当了这么长时间的国君，还从来没有人敢在自己面前这般无礼，更何况他现在是称雄一方的霸主，于是他把脸一沉,说道:"大胆轮扁,一个小小的车轮木匠,胆敢如此放肆。本王在这里读书,又没有碍你的事,你只管做你的木匠活就是了。你却出来胡乱议论,也不想想你是什么身份。本王现在命令你解释清楚你刚才的话,若是能言之有理,我也就饶你不死;若不然,我就将你就地正法!"

看到齐桓公龙颜大怒,任谁都会胆战心惊。可是轮扁并不害怕,他不慌不忙地说道:"小人并不是有意冒犯大王,还请大王息怒,且听小人慢慢道来。我是从我制作车轮的角度来看待这个问题的。车轮的制作不同一般活计,有的做得快,有的做得慢。制作得慢,虽然既省力又舒服,但是这样做出来的车轮是不牢固的。制作得快,虽然效率很高,制作得多,但是却要受累,而且由于速度快会导致木头砍不深,做出来的车轮就有可能不合卯,显然也不是做车轮的好办法。凭我几十年做车轮的经验,我认为,要做好车轮既急不得也慢不得,要不紧不慢,随心所欲,想到哪里做到哪里,这样才能做出好车轮。"

齐桓公问道:"你讲了这么一大通,什么做车轮不做车轮的,这究竟与我读书有什么关系呢?为何说我读的都是古人的糟粕呢?"

轮扁接着说:"至于怎么样才能不快不慢,又得心应手呢?这里面的技巧只在我心里,嘴上是说不清楚的。要获得这些技巧只能从制作车轮中寻找。就像我的儿子,他想学习做车轮的技术,但是这些技术我却不能给他说明白,因为这是说不来的,所以他就学不到这门手艺。因此,我虽然年近古稀却还在做着这项工作,直到我死了,这些技艺就会跟随我一起埋进坟墓。如此看来,古代圣人们的道理和思想也早已随他们一同死去了。留下来的写在书中的,不过是古人的糟粕罢了。"

齐桓公听后,若有所思地点了点头。

区区一个小木匠能将简单的生活常理应用于高深的哲理中去,实在可以称得上生活的有心人和深沉的思考者。如他所言:真正的手艺是无法用言语来传授的,只能用心去领会,这和老子的"道可道,非常道;名可名,非常名"如出一辙,令人深思。

第二章　美之为美

【原文】

天下皆知美之为美，斯恶已①；皆知善之为善，斯不善矣②。故有无相生③，难易相成，长短相形，高下相倾，音声相和④，前后相随。是以圣人处无为之事⑤，行不言之教。万物作焉而不辞，生而不有，为而不恃，功成而弗居，夫唯弗居。是以不去。

【注释】

①恶：指丑，与美相对立。②不善：指恶，与善相对立。③有无：指客观事物的存在与不存在，或发生与未发生。④音声：音：发音之初的声音。声：发音以后的余音。和：声音相应，也引申为相互对立和依存。⑤圣人：指富有智慧而通晓自然规律，且有高尚品格与情操的理想人物。

【译文】

天下的人都知道美之所以为美，丑的概念也就形成了；都知道善之所以为善，也就知道什么是不善了。有和无相对而生，难和易互相成就，长和短相互比较而显现，高和下相对而存在，音节和旋律相互和谐，先和后相随而有序。所以圣人用无为的态度来处理世事，实行不发号施令的德政教化。让万物自然地产生而不去人为创造，任其自由发展而不强加自己的意志，功业成就了而不据为己有。只因不据为己有，所以也不会失去。

【评析】

我们作为宇宙中的一个可以忽略不计的小分子，和宇宙中的其他事物一样，都是由同样的肉眼看不到的分子、原子、中子、中微子等玄而又玄的东西转化或组合而来的，由此可以看出人和其他事物是同源的，没有本质上的不同，都是由大道衍生出来的，所以也都处于永不停息的运动和变化之中，而且和其他物体相互依赖，互相转化。

我们可以通过自身的发展变化说明这个问题。我们的生命开始于一个受精卵，这个受精卵的形成本身就带有很大的偶然性，也是很复杂的形成过程，我们在这里暂且不提这一层。我们从受精卵说起，一个健全的受精卵在得到母体营养的情况下，会迅速地生长发育，形成胚胎，然后随着各个器官的逐渐成熟，胎儿就有了听觉、视觉、触觉，为了满足胎儿的需要，母亲会增加各种营养，甚至开始实施胎教，比如听音乐、欣赏美丽的风景，我们在妈妈的肚子里吃得开心、睡得舒心，听到外婆说："小家伙长得好快啊！"我们不懂什么叫快，就知道拼命大吃大喝大睡，偶尔伸伸小腿、扭扭屁股，弄得妈妈开心地说："老公，宝宝又踢我了！呵呵……"我们不知道老公是谁，但我们绝对知道宝宝是谁。直到有一天，我们听到医生的声音，我们就知道大事不好，我们要出生了，要离开这个安乐窝了，我们虽然有那么多的不情愿，可我们必须遵循自然规律，也就是现在我们谈的大道。我们一天天长大，在此过程中我们生过病，因为犯错被父母或老师批评过，当然我们也因为表现出色而被老师夸赞，我们知道了什么叫对错，什么叫荣辱。

后来，我们成了家，有了自己的孩子，对生命的理解更加深刻，我们在爱护子女的同时，不由得想起父母一辈子的艰辛，我们想去孝敬他们，陪伴在他们身边，可现实不允许我们这么做，因为我们要忙于养家糊口，要忙于实现自身价值，我们感到力不从心，感到矛盾重重，在矛盾面前我们感到左右为难，甚至痛苦。

在工作的过程中，我们不可能一帆风顺，我们会面临残酷的竞争，胜利了，我们狂喜，失败了，我们愁眉不展、痛苦彷徨。

日子无论是幸福还是痛苦，我们都必须一天天地过，即使是我们不愿过了，可谁又能阻止太阳升起和落山呢？我们嫌日子过得太快，可日子不会为我们停留一分一秒，它像一辆快车载着我们向死亡开去，我们想跳下来，那是枉然，是根本不可能的。

面对这人生路上的矛盾，我们迷惘，我们无奈，到头来还不是同样的结局，何苦给自己制造那么多的苦恼呢？面对荣辱、得失、成败、哀乐、爱怨，

上篇 道经

为何不能泰然处之呢？矛盾的产生是因为我们的头脑中有了知识的概念，它是一个由概念到对立，再由对立到矛盾的自然形成过程。矛盾导致两个方面的结果，一是好的一是坏的，可我们的特点就是只能接受好的结果而无法接受坏的结果，因而我们痛苦我们迷惘，甚或悲痛欲绝。这种坏情绪会经常困扰着我们，因为我们生活的这个大环境里矛盾无处不在。

大道无言，大道无际，它孕育了天地万物，并使天地万物感受到了它的存在和巨大威力，但却无法对其加以准确的描述，任何概念和范畴都是牵强的，都没有恰当地概括出大道的真义，正是因为这种不准确、不完全、不真实的概念直接影响了我们对大道的领悟，所以也就无法真正融入大道无忧愁无烦恼、自由自在的境界中去。

圣人明白大道的绝对性和它的真实内涵，他们能抛弃和超越人类的自私和贪婪，采取顺其自然的态度来对待人和事，这种无所作为的处世哲学看似消极，却是一种真正的积极，是对人类自身精神境界的提升。他们能真正地理解大道并和大道融为一体，顺应自然和各种变化，也就无所谓得到和失去，也就没有忧愁和烦恼了。

【为人之道】

东施效颦

西施是我国历史上有名的四大美人之一，春秋时期越国人，她的美貌达到了倾国倾城的程度。无论是她的举手投足，还是她的笑容外貌，样样都惹人喜爱。西施略用淡妆，衣着朴素，无论走到哪里，人们都惊叹她的美貌。

西施家住在若耶溪的西岸，在东岸也有一位女子，名叫东施。东施不仅相貌难看，而且没有修养。她十分妒忌西施的美貌，每当听到人们赞美西施的时候，她总是在心里对自己说："哼，有什么了不起！我一定会比她更美丽的！"从此以后，东施开始处处模仿西施，和西施穿一样的衣服，梳同样的发式。但即使是这样，还是没有人说她长得漂亮。为此，东施耿耿于怀。

有一天，东施去集市上买东西，忽然看见有好多人在一起，像是在谈论着什么事情。东施走上前去，听到人们说："真是美丽极了！"接着，还不时发出"啧啧"的赞叹声。东施顺着人们的眼光看去，发现是西施正从路口走过。

西施这时候走到了人们的面前，见到有那么多的乡亲在一起，就赶忙向大家打招呼。这时，有人问道："西施，你这是往哪里去啊？"

"我的心口病又犯了，我现在要去抓点药。"西施说完，又把眉头微微一皱。东施仔细看了一下，发现此时西施手捂胸口，双眉皱起，不经意之间流露出一种娇柔的女性之美，东施不得不承认她自己也被西施的这种美丽打动了。

回到家里，东施还在想集市上发生的事情。她心想，人们那么青睐西施生病的时候捂住心口、皱着眉头的样子，说明那样的动作和表情一定是很漂亮的，要不然，村子里的人们怎么会那么喜欢西施呢？我也要学着那样去做，人家一定也会夸奖我的。

第二天，东施在家里好好地梳洗打扮以后，来到熙熙攘攘的集市上。她走到拥挤的人群中，便开始学着昨天西施生病时的样子，皱着眉头、捂住心口，走来走去。她暗自高兴，我这样做一定也是很美丽的，一会儿我也能听到人们的赞美。

可是，东施没有想到，她的矫揉造作使她原本就丑陋的样子更难看了。她发现村子里的人凡是看见她的，有的把门紧紧地关上，有的大人看到东施走了过来，就拉着孩子远远地躲开。

【从政之道】

汉昭帝自幼聪颖善辨忠奸

汉武帝去世的时候，他所立的太子即后来的汉昭帝，年龄才8岁。汉武帝并不放心，就把他托付给霍光、金日磾、上官桀、桑弘羊四位大臣，让四人辅佐昭帝。四人之中，霍光是大司马、大将军，掌握着朝廷军政大权，地位最高。

霍光为人正直，又忠心耿耿辅佐汉昭帝，把国家大事处理得有条有理，因此，威望日益增高。但是霍光为人耿直，做事不讲情面，得罪了不少人，其中就有上官桀、桑弘羊、盖长公主等人。

当时燕王刘旦（汉昭帝的哥哥）因为自己没有做成皇帝，一心想废掉昭帝，但又畏惧霍光，于是他便和上官桀勾结起来，想设计除掉霍光。

于是，在汉昭帝14岁那年，上官桀趁朝廷让霍光休假的机会，伪造了一封刘旦的亲笔书信，又派人冒充刘旦的使者，把这封信送给了汉昭帝。

汉昭帝打开信一看，只见上面写道："霍光外出检阅御林军时，擅自使用皇上专用的仪仗。而且他经常不守法度，不经皇上批准，擅自向大将军府增调武官，这都有据可查。他简直是独断专行，根本不把皇上放在眼里！我担心他有阴谋，对皇上不利，因此我愿意辞去王位，到宫里保护皇上，以提防奸臣作乱。"

送完信后，上官桀等人做好一切准备，只等汉昭帝发布命令，就把霍光捉拿起来，谁知汉昭帝看完信后毫无动静。

第二天，霍光前去上朝，听说了这件事，就坐在偏殿中等候发落。

汉昭帝在朝堂上没有看见霍光，便问道："大将军在哪里？"

上官桀回答道："大将军因为被燕王告发，所以不敢进来。"

于是，汉昭帝派人请霍光上殿。霍光来到殿前，摘掉帽子，磕头请罪。

汉昭帝说："大将军只管戴上帽子。我知道那封信是假的，你没有罪。"

霍光既高兴又迷惑不解，问："皇上是怎么知道的啊？"

汉昭帝说："大将军检阅御林军只是最近几天的事情，增调武官校尉到现在也不过十天，燕王远在北方，他怎么知道得如此之快啊？如果将军要作乱，也不必依靠校尉。"

上官桀等人和文武百官听了都大吃一惊。

汉昭帝又说："这件事只需问问送信人就可以弄明白！不过，我想他肯定早已逃跑了。"

左右下属连忙命人去找送信人，送信人果然逃跑了。

一计不成，上官桀等人又生一计，他们经常在汉昭帝面前说霍光的坏话。最后，汉昭帝大怒，对他们说："大将军是忠臣，先帝嘱托他辅佐我，以后谁敢再诬蔑大将军，我就治谁的罪！"

上官桀等人看到这个方法也不行，就密谋让盖长公主出面请霍光喝酒，然后借机杀掉他，废掉汉昭帝，立燕王刘旦为帝。但他们的阴谋还没来得及施行，就被汉昭帝和霍光发觉，全部被杀。

霍光如果碰到一个昏庸的皇上，恐怕早已被斩首了。而昭帝从信中的时间准确地推算出燕王不可能知道近期发生的事，而且又令人去追查送信之人，他这样做的目的，只是想给诬陷霍光的人一个威吓，上官桀等果然吓得半死。

更为可悲的是，上官桀等人仍不死心，意图谋反，最终落得身首异处的下场。

第三章　圣人之治

【原文】

不尚贤①，使民不争；不贵难得之货②，使民不为盗；不见可欲③，使民心不乱。是以圣人之治，虚其心，实其腹，弱其志，强其骨，常使民无知无欲④。使夫智者不敢为也。为无为，则无不治⑤。

【注释】

①尚贤：崇尚贤能之才。②不贵：不珍贵、不抬高价值。③可欲：可以引起人们欲望的东西。④无知无欲：无巧伪奸诈之心思，无非分妄想之欲求。⑤治：天下得到治理。

【译文】

不崇尚贤才功名，使民众不争名夺位；不视难得的奇珍异宝为贵重之物，使民众不去做偷盗的坏事；不让民众看见可贪的功名、利禄，使民众之心不产生邪恶和动乱的念头。所以有道之人治理政事，要净化人们的心灵，满足人们的温饱，削弱人们争名夺利的心，强健人们的体魄。永远使人们没有伪诈的心志，没有争夺名利的欲念。使那些争名夺利、为非作歹之徒不敢造是生非，不敢做坏事，那么国家就没有治理不好的。

【评析】

在原始社会，人们过着群居生活，大家共同劳动，共同分配劳动果实，没有所谓的不均和不平等。自从私有制出现以后，阶级也就形成了，人们的头脑中产生了尊贵卑贱的概念，统治阶级至高无上的地位让被统治者垂涎三尺，他们想通过自身的努力来改变现状，而不想被人奴役和随便打骂，一心一意想变卑贱为尊贵，变贫穷为富有。这无非是名和利的争夺。

名和利自古以来就是相连而生的，有了名，也就有了尊贵的地位，就会被人赞赏和尊敬。一般而言，有地位的人常会吸引富人的目光，他们各有所需，互为利用，即我们常说的权钱交易。所以，有地位的人一般都很富有，富有的人一般都有地位，名和利是相随相伴的。

统治者根据人们追名逐利的人性弱点，来实施自己的统治策略，以达到巩固自己的统治地位的目的。在封建社会，统治阶级为了笼络民心，他们利用名利权势来吸引天下的文才武将，这一举措不仅为自己的统治增加了后备力量，而且对维护自己的统治大有裨益。这种名利权势的获得必须经过争夺来实现，这样一来人们的聪明才智不是用来对付统治者，而是用来争夺名利，正是在人们争夺权位的当儿，统治阶级便可放心地睡大觉了。科举制度就是一个典型的例证，人们为了一朝成名天下知，为了享受荣华富贵，而不得不十年寒窗苦读，到头换来个一官半职，而自己却成了效忠帝王的奴仆，统治阶级成功地实现了维护自己统治的目的。然而这不是最好的治理国家的方法，它的效用很短暂，不可能收到长久的效果，而且这种做法有其弊端，那就是它会使人们的欲望无限制地膨胀，人们会一味地争名夺利而忘乎所以，造成人心大乱，最后必将危及自己的统治。

老子站在时代的高度来审视社会现象，思考解决社会问题的途径，他对社会混乱的根源作了极力探求，结果发现：天下之所以混乱，是因为统治阶级不懂"大道"，不懂得无为而治。老子提出要让天下人心静如水，打消内心争名夺利的欲望，这是心理治疗；要让他们吃饱穿暖，身体健康，这是身体治疗。只有这两方面都能达到完好和平衡，天下人才会安居乐业，才会安守本分地过日子，天下也就太平了。这种看似消极的治国方略，却能起到积极的治理效果。"常使民无知无欲"，这里的"知"有知识、聪敏机巧的意思，整句话的意思是永远使人们没有投机取巧、争名夺利的欲望。天下人的欲望淡了，人心也就厚道了；人心厚道了，天下自然就太平了。将老子的这种无为治国的思想解释为愚民策略是不正确的，他论述的治国思想看似无为，实则有为，这种境界，恰似悠然中隐含着人性的真实。

【经商之道】

畅所欲言出良策，团结一致创新高

1927年2月21日，盖蒂石油公司终于在自己租用的那块地上挖出了第一口油井，接着在那块地上挖出了数口井，每口井都产出大量的原油，每天共产油17000多桶。从1927年至1939年间，这块油田为保罗·盖蒂赚了数百万美元。

可你知道吗？如果保罗不相信"众人拾柴火焰高"，那他就会与这滚滚财源失之交臂。

这块地在森林里，所有者愿意出租。很多石油公司嫌这块地面积不大，且道路不易铺设而放弃它。保罗·盖蒂和下属到现场看了这块地，发觉这里是可以采出石油的。但保罗·盖蒂经过分析，认为这块地没有前途，因为：第一，它的面积比一间房子还小；第二，唯一通到这块地的只有一条小路，只有4尺宽，没有办法把卡车开进去，第三，这块地太小，不适合用一般的开采办法开采。

因此，保罗·盖蒂准备放弃租用此地，公司里也没有谁持反对意见。但保罗·盖蒂仔细想想，还是决定让员工们讨论一下，看看是否有办法克服这块地的缺点。员工们见老板如此信任大家，所以毫无拘束地议论起来，你一言我一语，不少主意就出来了。

"我想我们可以使用小一号的工具挖掘。"一位经过深思熟虑的职工说。

保罗·盖蒂得到了启发，这位员工想出使用小一号工具挖井，那么亦可以考虑使用小一号的铁路作为通向这块地的交通工具。于是，他顺着那位提建议的员工的话说："如果大家能找到人设计和制造出小一号的工具，我们公司就能在这块地开采石油。当然，接着还有一个问题，就是怎么使用小一号的交通工具把那里的石油运出来，请大家出些点子。刚才那位员工的主意实在太好了！"

保罗·盖蒂如此一讲，员工们感到得到了老板的重视，都积极开动脑筋想办法。大家都是与油田打过交道的工作人员，既知道挖井采油的方法和难处，又练就了各种克难制胜的本领，每个人都有不少经验和体会。为此，大家无所约束地畅所欲言，把自己的想法说出来，你一言我一语，由小一号的挖井工具谈到小一号的铁路和火车问题，进而谈到要找谁设计和制造这些挖井工具

上篇 道经

和交通工具的具体方案。

经过保罗·盖蒂的一番激励和鼓动，员工们为开发森林里那块含油丰富的小油田找到了一个完善的方案。

后来把这些方案放到现实中实施，它们的价值都立即显现出来了。

【从政之道】

晋文公教民得法终成霸主

春秋时，大家都知道晋文公是个贤明的君王，善于纳谏。晋文公手下的臣子也因此敢大胆地向他提出自己的看法。

公元前636年，晋公子回国当上国君，是为晋文公。他当上国君后，开始征发百姓，组织军队，训练作战。两年后，晋文公便准备用训练的百姓称霸诸侯。

大臣子犯劝阻说："百姓虽然经过训练，身体强健，但还不懂得'义'，还没能各居其位，不能用。"

晋文公觉得有道理，他便想办法让百姓懂得义。正在这时，周朝发生了"昭叔之难"。

昭叔是周惠王的儿子，他和他的哥哥襄王之后狄隗密谋叛乱，襄王知道后，便将狄隗废掉。这件事触怒了狄隗的娘家，他们派重兵攻打周朝，周襄王被迫逃到郑国。

周朝在当时名义上是各诸侯国的宗主，晋文公决定帮助周襄王返回周朝，并用此事教育晋国的百姓什么是"义"。

他派出左右两军，右军攻打昭叔，左军去郑国迎接周襄王返国。事成后，周襄王为表彰晋文公的功劳，以天子的礼仪迎接晋文公。

晋文公却推辞说："这是臣下分内之事。"

他帮助襄王返国后，又回国致力于便利百姓，使百姓安居乐业。他认为可以使用百姓了。

子犯出来阻拦说："百姓虽然懂得了'义'，但还不知道'信'是什么，还不能用。"

晋文公听了，觉得有道理。

他率领军队攻打原国，命令士兵携带三天的口粮。军队围困原国城池整整三天，士兵们的粮食全部吃完了，而原国还坚守城池不出。于是晋文公下令退兵，正当晋军刚退兵时，间谍从城里出来报告说："原国已经准备投降了。"

有人主张再坚持一下，等待原国投降。晋文公坚决地说："当初带三天军粮，就是准备攻打三天的；如今已下令退兵，就应该说话算数。如果不退兵，即使得到原国，也会失去信用，得失相比，哪个多呢？"

由于晋文公利用攻打原国教育百姓知道信，所以国内民风大变，凡事以信为本，他们做生意不求暴利，不贪不骗。

做完这些后，晋文公问子犯："这回行了吧？"

子犯回答："百姓虽知信、义，还不知道礼，还没有形成谦让风范。"

于是，晋文公又在让百姓知礼方面下苦功。他举行盛大的阅兵仪式，每个环节都依照军礼执行，使百姓看到礼仪；他又规定百官的等级及职责，使百姓知道对什么职官行什么礼仪。百姓们不但如此，还知道根据礼来判断一件事的是非。这时，子犯笑着说："可以用民了。"

于是，晋文公开始伐曹，攻卫，取得齐国之地，大败楚军于城濮，成为春秋五霸之一。

第四章　象帝之先

【原文】

道冲①，而用之或不盈②。渊兮，似万物之宗。挫其锐，解其纷，和其光③，同其尘④。湛兮，似或存⑤。吾不知谁之子，象帝之先⑥。

【注释】

①冲：古字为"盅"，空虚之意。②盈：满盈，引申为尽头。老子反对事物走向满盈、鼎盛和极致，他认为满盈是衰败、穷尽、灭亡的象征。③和：隐蔽。④同：混同。尘：尘世。⑤湛：意为深沉，形容道的隐而无形，但又确实存在的状态。⑥帝：上帝，天帝。

【译文】

道本身是中虚真空的，而使用起来却是无穷无尽的。深邃啊，它好像是万物的本源。挫掉它的锋芒，消解它的纠纷，收敛它的光耀，混同它于尘世。幽隐虚无而又实际存在。我不知道它是谁孕育生成的，在万物的法象缔结之前它就存在了。

【评析】

在第一章中我们对道有了初步的论述，这一章我们接着探讨。在第一章中我们了解了道的几个相关概念，如：名、无、有、妙、徼、玄。这些概念并没有真正解释出道的真意，主要是因为"道可道，非常道"。人类的语言和思维具有很大的局限性，所以任何概念都无法详尽解释出道的真正内涵。这一章我们接着对其进行分析。"道冲"的意思是大道本身没有一个具体的形象，它是一种完全虚空的境界，它是天地万物的本源，因而宇宙间的一切都被它容纳和控制。老子曾说宇宙是分层的，它大到没有边界，小到没有内核。套用科学术语，称作无穷大和无穷小。在广袤的宇宙空间内，所有的物体都统属大道掌控，大道在运作的过程中永远也不会穷尽，它不会停息也不会损坏，它会永恒地运转下去，它的运转过程只可感觉，不可触摸和观赏。它远远地躲开我们，却无时无刻不在影响着我们的生活。

正是由于大道无形、无声的特点，我们人类即使穷尽语言也无法真正地描摹它，这让我们感到无可奈何，只得用一些贴近的语言来描述它：深邃啊！仿佛是万物的祖宗，宇宙间的万物皆由它而生，它包容了天地万物，并主宰着一切的一切！清湛幽隐啊！它好像不存在，其实却真实地存在！给大道下一个确切的定义是无论如何都办不到的事情，因为我们无法把握它的来龙去脉，它是怎样生成的？何时生成的？来自何处又将何时消亡？谁能说得清楚呢？它好像在万能的上帝出现之前就已经存在了，因为宇宙万物都是它生成的，就连上帝也不例外。

那么，道到底是什么？我们可以说它什么也不是，却又什么都是。我们人类为何要穷根究底研究如此抽象、晦涩难懂的问题？从人类自身的角度而言，探讨大道可以帮助人们理解自己、透悟宇宙万物，进而建立科学的人生观和宇宙观。现实地讲就是能让人们生活得更悠然惬意、舒心幸福。还有什么比这更有意义呢？只有真正理解大道的人，才会采取顺其自然的处世观，对什么都不强求，这样的人才能真正接近大道，甚至与大道合二为一。与大道合二为一是理解道的至高境界，达到这种境界的人心气平和，没有忧愁和烦恼，自然生活幸福美满。推而言之，如果全人类都达到了这一境界，那么我们生活的这个地球，不就变成了人们一直向往的桃花源了吗？

【为人之道】

百忍成金：富弼大度谦和终官至宰相

富弼是北宋仁宗时宰相，年轻的时候，因聪明伶俐，巧舌如簧，常常在无意之间得罪一些人，事后深为不安。经过长时期的自省，他的性格变得宽厚谦和。所以当有人告诉他有人在背后说他的坏话时，他总是笑着说："他们不会随便说我。"

上篇 道经

一次，一个秀才想当众羞辱富弼，向他请教一个问题。富弼知道来者不善，但也不能不理会，只好答应了。众人见他被人拦在街上，都过来看热闹。

秀才问富弼："请问，欲正其心必先诚其意，所谓诚其意即毋自欺也。是即为是，非即为非。如果有人骂你，你会怎样？"

富弼想了想，答道："我会装作没听见。"

秀才哈哈大笑，原来你不过如此！大笑而去。富弼的仆人埋怨道："你真是难以理解，这么简单的问题我都可以对上，怎么您却装作不知呢？"

富弼说道："此人乃轻狂之士，若与他以理辩论，必会言辞激烈，无论对错，都是口服心不服。书生心胸狭窄，必会记仇，徒劳无益，又何必呢？"

果然几天后，那秀才在街上遇见富弼。富弼主动上前打招呼，秀才却不理，扭头而去。走了不远，又回头看着他大声说："富弼只不过是一缩头乌龟而已。"

有人告诉富弼，那个秀才在骂他。他却认为，天下同名同姓的人太多了，是骂别人，丝毫不理会秀才。秀才自觉无趣，低头走开。

富弼当了宰相后常教育子孙说："'忍'之一字，是办好一切事情的窍门。家族要想和睦，一定要注意这个字。倘若一个清正节俭的人再加上这一忍字，做任何事都会势如破竹，没有能难住他的。大凡朝廷用人，唯才是举；但在任用宰相时，又以'大度'二字衡量。所谓相者，要有天地之气魄，能容万物。如果不能忍，何异于青蛙，一触即跳，一跳便叫，如何是好？"

忍一时，风平浪静。不忍者，冲冠一怒，气贯长天，比如项羽，终难免自刎乌江岸上，一剑成鬼雄。有忍者，却不多见，比如刘邦，一忍百忍，天下终姓刘。所以最大的智慧是诚于中，绝不形于外，富弼即是如此。

第五章 天地不仁

【原文】

天地不仁，以万物为刍狗①；圣人不仁，以百姓为刍狗。天地之间，其犹橐籥乎②？虚而不屈，动而愈出。多言数穷③，不如守中④。

【注释】

①刍狗：以稻草扎成的狗，古代祭祀神灵时用。②橐籥（tuó yuè）：一种两头不缝合的口袋，这里引申为风箱。③言：指政令。数：通"速"。④守中：即坚守一种中空的道理。

【译文】

天地无所谓仁爱，把万物当成刍草扎成的用作祭祀求福的刍狗；圣人无所谓仁爱，把百姓当成刍草扎成的用作祭祀求福的刍狗。天地之间，岂不像个风箱的皮囊？空虚但不会穷竭，愈鼓动风就能愈多地产生出来。政令名目繁多反而会加速国家的瓦解，不如始终保持在中间的状态之下。

【评析】

所谓"刍狗"，就是用稻草扎成的狗，它有着特殊功用：古代用于祭祀。祭祀是一件很严肃庄重的事情，在这种场合，它被赋予了特殊的象征意义，已不再是一个普通的稻草扎成的小狗。然而一旦祭祀过后，稻草恢复了它本真的意义，不再被人顶礼膜拜，它的地位发生了翻天覆地的变化，它被人遗弃，甚至践踏，最后被当成普通的稻草焚烧了。稻草之所以会落下如此的命运，并不是人们对其存在好恶心理，而是为了祭祀的需要。

天地本身没有情谊可言，它是毫无意志的纯粹的自然物，它没有偏好和任何选择。然而它的力量是巨大的，无法抗拒和控制。它所表现的一切：地球的形成、人类的产生、物种的灭绝以及若干年后人类的消亡，都是一种很偶然的现象。绝不是天地的意志，它不存在怜爱和刻意践踏的情感取向，万物的生成和消亡都是依照自身的规律发展的结果，它赋予了万物自由，因而它才能在自在无为中达到无所不为。它对万物没有施加恩惠，也没有强加干涉，所以万物才能按照自身的发展轨迹共同发展，正因为如此，万物才能真正地感受到它的恩泽。

圣人（统治者）治理国家管理子民也是如此，古代的帝王称天子，是天地的儿子，也可以看成是天地的化身，他效法天地管理天下百姓，不对百姓施加仁爱，把百姓当成祭祀用的刍狗，这不是不爱惜百姓，相反这是真正的珍惜。怎样理解呢？圣人对百姓不施加仁爱，也不横加干涉，给予一定的自由，这样百姓才能感受到真正的恩赐。教导百姓按照自然规律行事，就不会破坏大自然之道的无为之治。因而百姓才能安居乐业，天下才会太平，天下太平，国家才能长治久安，才能繁荣昌盛。与此相反，如果统治者没能按照大道的无为而治的原则，而是施与仁爱，自然会对百姓妄加干涉，就会使百姓脱离正确的行为轨道，导致天下大乱。统治者为了安定民心，平息这种混乱的局面，就会很自然地强加自己的意志，比如制定各种刑罚，这样一来，民心不但没有被安定反而更加骚动不安，农民起义势在必然，结果是民不聊生，统治阶级的地位岌岌可危。所以这种貌似仁爱的统治策略，不但害己而且害民。

橐籥就是风箱，它是一种冶金鼓风用的工具，中间是空洞的虚无的，充满了看不见摸不着的空气。天地之间是空虚的，恰似一个大风箱，充满了元气的流动。

正因为天地的空虚，才会有元气流动其间，而且元气无穷无尽，用之不竭，这元气就是主宰万物的灵气，它看不见摸不着，却又无处不在，越用越灵。

我们应该像天地圣人一般，像个大风箱，心里空无一物，而又能包容一切。所谓空无一物也就是不置一物于心中，而应包容万物，做到心中坦荡，不偏执一物，才能海纳百川。心里的容量像一个大风箱，无穷无尽，这样我们才能放眼宇宙，心无挂碍；才能不以物喜，不以己悲。才不会为外物而影响自己的情绪，对别人的对错是非才不会品头论足，妄下断论。别人的是非和自己有什么关系？为什么拿别人的错误惩罚自己？我们是人，是情感十分丰富的动物，我们有喜怒哀乐，但我们可以控制自己的情绪，我们要无所为，也就是真正的无所不为了。

老子认为无为而治的政治主张，不仅适用于治理国家，为统治者的制胜法宝，而且适用于我们一个一个的个体，将自己与大道紧密相连，甚至融为一体，我们才能获得自由和幸福。这是大道的完美境界。

【从政之道】

高瞻远瞩：朱元璋处心积虑终成大业

元朝至正十二年（公元1352年）九月，农民起义军红巾军所据濠州被元军包围已七个月之久，形势危急。这段时间里，朱元璋曾奉命攻打灵璧、萧县和虹县，试图分散元军的注意力，但效果一直不好。正当元军即将对濠州发动总攻之时，元军主帅突然病死，士兵们失去主帅，无心恋战，纷纷逃散。濠州被围遂解。

郭子兴的军队趁机得到喘息，就在濠州城内饮酒高歌，庆祝胜利。朱元璋是个志向远大之人，他在军中待的时间长了，对各种事情看得越来越透彻明白，渐渐觉得这帮人治军无方，驭下无道，成不了什么大气候。他还深深地认识到，在这群雄割据、形势混乱的局面下，不发展自己的军队，不招揽英豪为己所用，很难有出头之日。

至正十三年六月，朱元璋禀明郭子兴，欲回故乡钟离招募士兵，郭子兴同意了。

不到十天，朱元璋就募集了七百人。他将队伍带到濠州，交给郭子兴，郭子兴非常高兴，提升他为镇抚，并把这七百人交给他统领。不久，又升他为总管。

朱元璋虽已被升为总管，但他还是感觉到这样下去是不行的。

至正十三年底，朱元璋把自己统率的七百人交给别人，只带着徐达、汤和、吴良等二十四人离开了濠州，前往定远发展自己的势力。

这次出行并不顺利，还没有开始，朱元璋就患了重病，只得返回濠州治病。过了半个月，才有所好转。这时，他听说张家堡驴牌寨屯居着一支三千人的民兵，主帅与郭子兴相识，现在正断了粮，处境艰难。机不可失，时不再来，朱元璋觉得这是扩充势力的好机会，他不顾大病初愈，找到郭子兴，请求派自己前去招降。郭子兴问："带多少人？"

朱元璋说："人多易生疑，带十人就可以了。"

郭子兴也不勉强，便派给他十个人。

朱元璋带病走了六天，才到达张家堡。主帅与他一见面，朱元璋便对他说："郭公与你是老相识，他听说你们缺粮，又得到消息说有别的军队要来攻打你们，特地派我来通报。如果你们愿意跟随郭公，就与我一起回去。不愿意，也要赶快移到别处，以避来犯之敌。"

主帅想了半天也没有想出好办法，他见朱元璋说得真诚，就与他交换了信物，答应收拾好行装，就到濠州归附。朱元璋见主帅如此，便将费聚留下等候，自己先回濠州，报告了郭子兴。郭子兴大为高兴，夸奖朱元璋办事得力。

不料过了三天，费聚来报，说事情有变，驴牌寨主帅想把队伍拉到别的地方去。朱元璋立即带着三百名士兵赶去，费尽唇舌，劝主帅归附郭子兴。但主帅仍是犹豫不决，朱元璋便定下一计，让人请主帅议事，乘机将他挟持而去。离开营寨十余里后，又派人到寨中传话，说主帅已经选好了新的营地，让部众移营。

部众信以为真，便烧了营寨跟去。主帅见大势已去，无可奈何，只得投靠于他。

紧接着，朱元璋又带兵去豁鼻山，招降了以秦把头为首占山为王的草寇八百余人。

朱元璋对收编来的队伍进行了集中训练，在较短时间内，使他们的战斗力有了明显的提高。不久，他率领这支部队攻克了屯居横涧山的缪大亨武装，缪大亨投降。这样不到半年，朱元璋的部队就发展到了十几万人，势力逐步壮大，为日后统一全国打下了坚实的军事基础。

第六章 玄牝之门

【原文】

谷神不死①，是谓玄牝②。玄牝之门，是谓天地根③。绵绵若存，用之不勤④。

【注释】

①谷神不死：谷，指虚空的道。神：不测的变化，不是神灵之神。②玄牝：玄：幽深的意思。牝：即雌性生殖器。玄牝：最初始、最微妙的生殖器官。③根：根源或起源。④勤：不劳倦，不穷竭。

【译文】

虚无的道是永恒不灭的，即所谓的生育天地万物的神秘莫测的根源。玄妙的生母之门，就是被称作天地生成的根源。它绵绵不绝地存在着，它的使用价值无穷无尽。

【评析】

"谷神"并不是指稻谷之神，谷是指山谷，山谷是空荡荡的，所以用山谷来形容大道的虚无。空荡荡的山谷可以生养万物，恰好可以用来形容大道能生万物。神是指孕育万物的能力和不拘于形式的过程。谷和神合起来就是"谷神"，所以它是一个词，又不是一个词。可以理解为大道虚空生养万物，其精髓就是绵延不绝、生生不息。

"玄牝"一词中，玄是指旋转变化，牝指雌性的生殖器官，牝本来写作匕，象形字，像女性生殖器官的形状。在古代，科学不发达，加之人们的思维带有很大的局限性，对于女性能生儿育女，无法给以科学的解释，他们看问题只停留在事物的表面上，对女性的生殖器官充满了崇拜甚至畏惧，他们看到女子的肚子一天天隆起，十个月后一个小生命呱呱坠地，多么神奇！他们不知道精子和卵子的结合才是孕育生命的开始，夸大了女性生殖器的作用，以为其里必然蕴涵着无数奥妙和玄机，所以才能从无生出有来。

大道生万物就如同人类的孕育过程，它充满了神奇又不为人所目睹，正因为我们无法亲眼看到，才更突兀出它的神秘和深奥。大道的孕育和女性孕育不同点在于，大道生育万物的功能是无限的，它会永远存在下去，因而说"玄牝不死"，它怎么可能死呢？这是大道的本质特征使其永不停息地生化万物。

"玄牝之门"就是指生殖器官的门道，它存在吗？在哪里？如果大道存在于牝门，那大道也就是实体了，能够摸得着看得见了，可实际上大道看不见也摸不着，没有形象；如果大道没有牝门，那么这样形容本身就没有任何意义。所以大道的牝门存在于"无"的状态之中。无的状态无处不在，充盈于整个宇宙中。无中生有，有又变无。无的蕴意是不见踪影又无法寻觅，从整体到分散，再由分散聚为整体，包含一切变化。它永远都不会枯竭、停息，无所谓开始，无所谓结束。

喧嚣的生活，使我们的内心无法归于平静，我们忙于自己的欲望，而无暇顾及自己灵魂的呼喊，更没有聆听天籁之音的情趣。我们生活得忙碌而平庸，我们常常会听到"忙啊，忙啊"的悲怨，怨天怨地还是怨自己？是因为生命的短暂才要穷尽一生的时间去忙碌吗？怎样才算作穷尽呢？泼灭内心燃烧的欲火，坐下来平心静气地听听老子的声音，我们会惊奇地发现，在理解老子的大道的真意后，我们会豁然开朗，按照道的规律去发展自身的优势，会省时、省力，收到意想不到的效果。

【经商之道】

员工的满足感托起弗兰克·康塞汀的梦想

现代管理大师普遍认为，员工是帮老板实现梦想的最强有力的工具。弗兰克·康塞汀——美国国家罐头食品有限公司的总裁，他就深知这个道理，使这家公司成为世界上第三大的罐头食品公司。

他的信条是："多跟员工进行交流，多给他们地位、被认可感和满足感……让他们在一个温馨的环境中工作，让他们以企业的兴衰为自己的荣辱。"由于有这个信条，这家公司从来不担心招聘不到好员工。当他们在俄克拉荷马城的分厂需100个工作职位的招聘广告发布后，竟然收到了2000份申请。也难怪，这个新工厂充满了家庭气息，有野餐，工作中还洋溢着抒情的音乐，作为一位员工，还有什么比这更快乐的呢？

在亚利桑那费尼克斯的工厂成绩卓著，公司为了进一步激起员工的自豪感，就搭起了一个露天马戏场让员工们工作之余开心快乐。在马戏场建起的那一天，94名工人的日产量达到了100万个罐头的目标。那一天，马戏场成了欢乐的大本营。而3年以后，工人们将日产量提高到了差不多200万个罐头。

公司还建立了心脏保健计划，有600多名受过训练的员工将负责心脏病紧急救护。他们已经成功地挽救了两位工友的宝贵生命。

康塞汀为了能让员工在心理上获得满足，把管理人员找来，跟他们讲："管理人员的工作就是把员工们放在合适的岗位上。如果你把适当的人安排在适当的岗位，他们就会得到心理上的满足，这种满足是他们在他们所不能胜任的更高一点的职位上得不到的。"

有的管理人员说："我们的工作太忙了，也没有太多的时间考虑他们的想法。"

"错了，我们对员工的关注花费并不大，而利益却在员工的忠诚和高度信心下自然而然地增长，你们的任务之一就是把人性的优点运用到同员工打交道的日常事务中去。"

康塞汀常常说："我们公司也许不会成为同行业中最大的一家公司，但是只要我们诚心地对待职员，就能最大限度地激起员工对工作的自豪感，为公司创造更多的财富。"

美国国家罐头食品有限公司无疑为员工们创造了一个天堂。公司在不断地壮大，现已成为世界上第三大罐头食品公司。

第七章　天长地久

【原文】

天长地久，天地所以能长且久者，以其不自生[①]，故能长生。是以圣人后其身而身先[②]，外其身而身存[③]。以其无私邪？故能成其私[④]。

【注释】

①以其不自生：指天地的运作不为自己，或其生存不为自己。②后其身而身先：把自身放在众人后面，反而得到众人的爱戴与拥护。"后其身"是一种谦让与收敛的精神。③外其身而身存：把整个人置之度外，反而能够保全生命。④成其私：成就他自己所追求的事业。

【译文】

天长地久，天地之所以能长生而且永久，是因为天地顺应自然而生存而不是单纯为自己而生，所以能长生。圣人谦虚谦让退身于别人后面反而能得到众人的爱戴与拥护，把自己生死置之度外反而能保全自身。正是由于他不自私，所以反而能保全他自己。

【评析】

自从我们出生的那一天开始，我们就看到天高悬在我们的头顶，他虽然高高在上，但他并不自高自大；虽然有时候也会发怒，会在我们的头顶上电闪雷鸣，但他多数的时候还是晴空万里、温文宽厚。他像极了我们的慈父。地则相反，她甘愿位居人下，胸怀包容万物，她默默地承受着众人的践踏甚至粗暴，她从不轻易显示自己的威力，她坚韧、勇敢、无畏，就像我们的母亲，一直默默无闻地奉献着自己的爱，从不奢求回报。他们是那么的高深莫测，是那么的深奥玄秘，仿佛离我们很远却又离我们很近，我们无法真正地理解他们，但又无时无刻不生活在他们的注视下，无时无刻不在受他们的影响和制约，但这种影响和制约是相对的而不是绝对的，第五章我们提过，天地不仁，天地对我们是没有仁爱和恩惠的，所以对我们也就没有约束。

在我们所能观察和理解的范围内，唯有天地是长生不老的，他们无所谓年轻和年老，他们是永恒的，因而人们常常用"天长地久"来表达自己美好的祝愿。

为什么万物都有消亡的那一天而独天地寿命悠远长久呢？老子提出了自己的观点，即"以其不自生，故能长生。"如何理解呢？天地之所以能长生不老，最根本的原因就在于他们没有意识、没有思想，不知道自己在生，没有生的概念也就无所谓死了。正因为天地没有意识，压根就不知道自己正处于生存的状态，当然也就不会有死亡的到来，所以长生不老也是情理之中的事情。天地是按照大道的规律运行的，他们的一切都是自然而然存在的。

然而，我们人类根据自己的主观臆断来理解宇宙万物，并试图用自己的智慧改变大道的自然形态，也就是说人类想要成为宇宙万物的主宰，支配宇宙万物。我们给宇宙万物命了名，所以宇宙万物无不打上了我们人类的主观印记。老子在第一章中就点明了"道可道，非常道；名可名，非常名。"我们自私地将宇宙万物强加入自己的主观判断和命名，就难免会走入理解的误区，使宇宙万物失去原本的真意。

圣人知道什么该为什么不必为，他们能摒弃人性的弱点——自私，做到谦虚退让，与世无争，反而能在众人中表现出尊贵，而居于人先。他们遵循大道的发展规律，将宇宙万物的发展变化看成自然而然的，不对万物强加自己的意志，所以就能与大道共生共存。

我们说天像父，地如母，天地生养了我们，他们还会保佑和惩罚我们。为什么这样说呢？当我们违背自然规律的时候，天地会毫不留情地惩罚我们人类的无知，因为天地是严格遵循自然规律的，尽管他们遵循自然是无意识的行为，但正是因为遵循了自然的发展规律，所以他们才得以长生不老，这是大道。推而言之，我们人类要想与世长存，就必须遵循天道的根本，心存无私，要经常想着别人，而不唯独考虑自己，只有这样我们才能真正地拥有自己，才能得到他人的敬重。自私自利虽然能得到一时之小利，但会失去许多成就大事的机会，因而是得不偿失的愚蠢行为。

天地之所以长生不死，是因为天地无意识，没有"生"和"死"的分别概念；圣人的心中没有"自私"的概念，所以他才能得到真正意义上的"自私"，成就了自己的利益。

【从政之道】

令狐楚降米价解民忧

唐宪宗时期，令狐楚被任命为兖州太守。

在他上任的时候，兖州正遭受一场严重的旱灾，百姓颗粒无收、民不聊生。兖州到处都是一片凄凉破败的景象：干枯的禾苗，乞讨的百姓，整个兖州没有一丝生机。令狐楚看着，心情十分沉重。

到了兖州城，他看到街市上的粮店却照样挂着招牌，价格奇高，穷人们哪能买得起呢！令狐楚不禁恼怒，心想原来是这帮粮商趁机发不义之财，抬高物价啊！难怪当地百姓背井离乡，乞讨逃荒。他决心降低粮价，让百姓吃上廉价的粮食，同时严厉惩处奸商。

远远地，他还没有走到州府，那些官吏就前来迎接，争先恐后地和他打招呼，套近乎，令狐楚便趁机同他们寒暄起来。他把话题引到旱灾上，不慌不忙地问："现在兖州城内有多少粮库？大约存了多少粮食？"

一旁的官吏大献殷勤，为了表明自己对州内事务的熟悉，他们毕恭毕敬地回答："粮仓一共有二十个，平均一个存粮五万担，应该没有后顾之忧。"

"那粮价多少？"

这次大家都绝口不提，陷入了沉默之中。令狐楚已经明白了几分，其中肯定有鬼，一定是他们和奸商勾结起来，从中作梗，牟取暴利。

令狐楚仍然不紧不慢地说："现在旱灾把百姓害苦了，这些粮食本来就是取之于民，也应该用之于民。明天就把粮仓打开以最低价出卖，救济百姓，你们觉得这个主意怎么样？"

众官吏见新太守主意已定，都附和着点头，说："大人仁慈，这样不仅可以救灾，还能树立朝廷爱民的形象。好主意！好主意啊！"

令狐楚立即命令随从张贴告示，安抚民心。这个消息一传出，百姓都欢呼雀跃，奔走相告，而那帮趁火打劫的奸商却开始愁肠百结了。如果州里的粮食价格低廉，自己囤积的粮食就会无人问津，时间一长，就会受潮霉烂，岂不是要赔钱？他们索性清仓处理自己的粮食，而且价格比州里定的还低。百姓看到粮价一个比一个低，拍手称快。

令狐楚的几句话、一个告示，就轻而易举地安定了民心，稳定了形势，手段可谓高矣！

第八章 不争无尤

【原文】

上善若水①。水善利万物而不争，处众人之所恶②，故几于道③。居善地，心善渊④，与善仁，言善信⑤，正善治⑥，事善能⑦，动善时⑧。夫唯不争，故无尤⑨。

【注释】

①上：最的意思，上善即最善。②恶：厌恶。③几于道：接近于水道。几：接近。④渊：深沉冷漠。⑤信：信义。⑥正：平正、正当。⑦能：能力。⑧时：时机。⑨尤：怨咎、过失、罪过。

【译文】

最高的德行就如水的品德。水滋润养育而不和万物争名夺利。水身居众人所厌恶的卑下垢浊的位置，所以水最接近于"道"。上善之人总把个人处于众人之下，思想清明深邃，施惠万物像天一样，言谈恪守信用，从政善于治理，办事善于发挥特长，行动善于把握时机。因为有不争谦下之美德，所以没有过失。

【评析】

水的化学成分是二氢一氧，人每天都要喝水，来满足身体的需要，离开水人就无法生存。不光是人，自然界的所有生物都离不开水，水是生命之源。

水无色无味，又无状，用什么形状的容器装它，它就呈什么形状。它生性温柔，像一个柔弱无比的少女，羞涩柔韧而又随遇而安。用水坝拦它，它就静止不动；用利斧砍它，它就默默承受，而不会受伤流血；将它无情地抛弃到空中，它会凝成水珠圆润地飘洒到地上，而不会摔得头破血流。它善于变化以保全自己的性命：它遇冷凝结成冰，遇热变成气体，遇水合二为一，遇风翻滚成浪花一朵朵……不管以什么形式出现，它始终保持着自己的美丽和温柔。它虽然看起来很渺小，但它成就了黄河长江的浩瀚，所有这些还不足以说明它的特质，无论身处多么显贵的高位，它都会谦卑地向下流淌，这一点和我们人类恰好相反，人是钟情于高处的，仿佛只有不停地高攀才能实现自身的价值，人人都往高处走，所以难免竞争，有竞争就有争斗，有争斗就会有人受伤，甚至亡命。水比人明智，它甘居下位，滋润万物而不居功自傲，清静无为，而又无所不为。

"水能载舟，亦能覆舟"，水的力量是巨大的，当人们违背自然规律时，它就会显示出自己的威力。历史上发生的洪涝灾害都是水与人类不良行为的无声对抗。

水和大道十分相像，大道无形。大道柔软，不与宇宙万物相违逆；大道生养万物，但不与万物争高下，不求万物的报答；大道谦逊，不居功自傲。大道具有很大的威力，它会令那些理解它的人内心平静如水，摒弃了杂乱和烦躁，内心充实，而没有了烦恼和忧愁。和大道同步而行的人心境平和，物我两忘。

老子声称，拥有最高德行的人就如同水一样，具有宽广的胸怀、谦逊的品格、与世无争的情操、宽厚诚实的作风，这些最接近大道的本质，是人类最应效仿的德行。具体地讲也就是心胸要像水渊一样，宽广无边、清湛悠然。要像水的流势一样，谦虚卑下，不可处处与人争高低，要择地而居。对人要亲切自然，以诚相待，老实厚道，宁愿被人欺也决不欺人。为人处世重诺守信，如同潮汐一般，起落守时。

不止是这一章，老子在《道德经》的其他章节也多次提到水，他把水作为人格的最高写照和完美表达。他谆谆告诫世人言谈举止要如流水行云，循循善诱、悠然洒脱。对于统治者，施政时要像水一样，要采取低姿态，要有滴水穿石的精神，慢慢深入人心，要用怀柔政策，以柔克刚，而不是采用强硬措施逼民就犯。

水是有灵性的，它懂得遵循自然，顺势而为，决不与人相争，这样既成全了别人也保全了自己，因而也就不会遭到他人的怨恨和嫉妒。我们人类一旦拥有了像水一样的品格，就能助人而自乐，与世无争，日子过得恬淡自然，就能避免与人发生矛盾冲突，就能免去患得患失的精神折磨，等等。做到了如水的品格，就能与大道协调一致，就会免去纷争、免去痛苦、免去烦恼，就能过得逍遥自在，似天神一般。

【为人之道】

壶子心静如水难倒季咸

东周时，郑国有一个善于相面的巫师季咸。他能根据人的长相预测人的生死存亡、福祸寿夭，甚至能预测在何年何月何日应验。

郑国人见了他，怕他说出即将发生的凶事，所以见他就躲。

列子听说这一奇事后，觉得季咸是个了不起的人，心生羡慕，于是对老师壶子说："我以前以为您的理论和学问是世上最高深的，现在才知道，天外有天，竟还有比您更高明的人在呢！"

壶子听了弟子的话，说道："我只给你讲了道的外表，还没有讲到实质，你怎么就妄下结论呢？如果只有雌鸟而没有雄鸟，怎么能生出卵来呢？只有浅薄的人才容易被人把心思看透。你明天把季咸叫来我见识一下。"

第二天，列子把季咸请来了。壶子一句话也不说，季咸相完面后便出了门。

列子追上问："结果如何？"

季咸压低声音悄悄对列子说："你的老师气色不好，脸色就像死灰一样，他活不长了，寿命超不过十天。唉！"

列子一听，赶忙跑进屋里，痛哭着把季咸说的话告诉了老师，谁知壶子却笑着说："不要怕，刚才我给他看的是土一般的面色，心境寂静，止而不动，所以他看到的是我闭塞生机的样子。明天你再把他请来，让他看看我到底能活多久。"

第二天，列子又把季咸带来。季咸看完壶子面相后，告诉列子说："庆幸啊！幸亏你老师遇上了我！你老师有救了，你不必担心，我看到他闭塞的生机又开始通畅好转了！"

列子又忙进屋把这些话告诉壶子。

壶子依然笑着说："刚才我给他看的是天地间的生气，我排除一切私心杂念，一线生机从我脚后跟生起，直到头顶。他刚才看到的就是这一线生机。过些时候你请他再来，听他怎么说！"

又过了一天，列子又请季咸来给壶子相面，季咸看完后疑惑地对列子说："你的老师昨天刚有了一点生机，怎么今天又精神恍惚神若游丝了。我无法给他看相。你告诉他，等他心神安定的时候，我再来给他相面。"

列子进屋把这些告诉了壶子，壶子说："我刚才给他展示的是没有任何迹象的空虚境界，所以他看不出什么来，明天你请他再来看看！"

次日，季咸又被请来了。

他刚走进屋，看到壶子的面色，便大叫一声，转身就跑。

壶子也大叫列子："快去把他追回来！"

列子莫名其妙，听了老师的话，拔腿就追。季咸像丢了魂似的，拼命奔跑，列子追赶不上，只得回来，他对壶子说："季咸跑得太快了，我追不上他！究竟您给他看的是什么啊？"

壶子说："刚才我让他看的是我的根本大道，但还没完全展示出来，他就跑了。我只是想逗逗他而已，让他无法猜测，就像草遇风披靡，水随波逐流。所以，他刚看我一眼就被吓跑了。"

说完，壶子哈哈大笑。

【从政之道】

刘邦蓄势待发屈己图大业

秦朝末年，刘邦率众起义，进占沛县。城中父老想推举他为县令，呼声极高。

刘邦推辞说："当今天下大乱，各路诸侯并起反秦，如果选择将领不当，就会一败涂地。我不是爱惜自己的性命，只是担心自己才能低下，不能保全沛县的父老兄弟。这件大事，还请各位慎重考虑，推举可以胜任的人来做沛县的县令。"

在场的萧何曹参都是文官，他们顾虑重重，担心人事不成反被秦朝诛灭全家。同时，两人又深知刘邦能成就大事，便极力推举刘邦。

沛县的百姓们也对刘邦说："我们早就听说过您，日后您定是大富大贵之人。况且我们已经占卜过了，没有人比您更为吉利。如果您不当县令，还有谁能当呢？"

刘邦又多次推让，但别人谁也不敢担此重任，最终还是刘邦做了沛公。

秦被灭后，项羽分封诸侯，又把刘邦封为汉王，并拨给刘邦三万兵马（原来刘邦有十万），随同他前往汉中。众人都不服，认为这是项羽借机削弱他，都主张与项羽决一死战，而刘邦却接受封号，前往汉中。

汉王率这些人马前往汉中，所经过的路线有两条：一是走通往汉中的谷道，南端的谷口是汉中的南康县；一是向西到达眉县西南，走斜谷，再入褒谷。刘邦选择了从杜南，经蚀中然后西行到达眉县，由眉县西入斜谷，经斜谷再由关中到达汉中。

刘邦与将士们一路西行，到达眉县西南，随后大军有序进入斜谷。斜谷道路狭窄，泥土带着湿气，几万大军一字行于峡谷之中，蜿蜒有十余里之长。

自进入斜谷，穿越秦岭，又是一番景象。谷底的两侧是令人望而生畏的悬崖峭壁，飞鸟哀鸣猿猴啼，一片凄凉的景象。只有头顶上的那一线天空，还能让士卒们寄予希望。这就是有名的古栈道。行进在峭岩陡壁的栈道上，下面便是万丈深渊，人马从这上面颤巍着走过，第一次走这种栈道的士兵，眼睛都不敢往栈道下边看，只是闭着眼睛往前走。

途中，这些将士们一个个都很沉闷，不知道所谓的汉中到底在哪里，离家乡有多远，辛苦征战了这么多年，为什么会被遣往汉中。一丝忧虑，但又有几分恐惧，可终归还是觉得自己的生路只能系在这一线天空的前方。

当将士们将要走出斜谷时，人们回首顾盼，都深深地出了一口长气，高兴地祝贺，都一个个发誓要打回老家，与项羽血战到底。等最后的士兵度过栈道，刘邦却下令把栈道全部烧毁，这一下，全部将士都迷惑不解，可又无法辩解，只得听命行事，霎时间，谷内浓烟滚滚，火光冲天，历尽艰辛修建的古栈道就此毁于一旦。

汉王刘邦这才向众人解释，项羽的探子就在身后，不烧毁栈道就不能消除他的怀疑。等我们势力壮大，我们再重修栈道，打回老家，将士们这才如梦方醒，纷纷交口称赞。

果然，项羽听说此事，对刘邦放松了警惕。刘邦趁机在汉中休养生息，招兵买马，势力逐步壮大。最后，刘邦重返中原，大败项羽，建立汉王朝，是为汉高祖。

沛县父老推举刘邦为沛公，他并非不乐意，而是行以退为进之策，试一试众人是否真的服他。造反是灭门大罪，如果众人不服，必然不成，还是不干为妙；只有众人心服，才利于管束和指挥。同样，进驻汉中，火烧栈道，也是以退为进，最后终成大事。

所以，不争锋芒，只是一个人成大事的手段，而不是毫无进取心的态度；偏安一隅，只是蓄势待发的预备过程，而不是苟且偷生行尸走肉般地活着。刘邦做到了，就成功了。这也成为一个不容忽视的事实，那就是：忍耐一时，自然会风光一世。

第九章　功遂身退

【原文】

持而盈之①，不如其已；揣而锐之②，不可常保。金玉满堂，莫之能守；富贵而骄，自遗其咎③。功遂身退，天之道也④。

【注释】

①持：执也，握也，即把持。盈：满也，即丰盈。②揣而锐之：把铁器磨得又尖又利。揣：置也，放也，即存放。锐：尖利。③咎：祸咎，灾祸。④天之道：即自然规律。

【译文】

执持盈满，不如适可而止。将铁器磨出锋利的刃，不可长久保持刃的锋利。金玉满堂，不能长久守住。富贵而骄纵，是自己给自己带来祸害。功成身退是自然运行的规律。

【评析】

芸芸众生，谁不追逐名利、贪爱财富、倾慕荣华？能做到超然物外者有几许人？我们生活在现实世界里，不可能不食人间烟火，我们要吃、穿、住、用、行，这是最基本的需求，当这些需求得到满足之后，我们还会积极地思考如何实现自身的价值，马斯洛的需求五层次理论告诉我们，人的需求是分等级的，当低级的需求得到满足之后，我们就会迫切满足自己更高层次的需求，这是十分简单而又非常复杂的道理，说它简单是因为提到需求，每个人都深有体会，不难理解；说它复杂是因为每个人的需求不同，对需求的理解也不同，这是就个体而言的，从整体上说，人类的贪欲是永远都无法满足的，这一劣根性决定了人类会一直追逐名利、富贵。一旦我们名利双收，该如何留住它们，而不致使它们如云烟般飘散？这一章讲的就是怎样才能永久地保住名利和富贵的问题。

我们先从生活中的小常识谈起，这也是老子在本章开头点及的问题。

手拿一个杯子，往里面加水，当水满的时候，我们还不停地往里加，结果会怎样呢？这是三岁的小孩都能回答的问题，水满了当然会溢出来。换一个问题：我们拉满弓后继续用劲拉，结果会怎样呢？毫无疑问当然是弦被我们拉断了。这两个小问题同出一源，那就是"满招损"，这个道理无人不晓，无人不懂，但要是与我们的实际生活和我们自身的欲望挂起钩来，恐怕就很少有人能够真正明白了。

人的欲望是无止境的，这是人的本性使然。我们人类如何克服自身的弱点，这是个非常重要的问题。

让我们且看锋利的剑吧，它又尖又锐，锋芒毕露，然而锋刃易卷，再磨再损，不久就会被人放弃，因而老子说越尖锐的东西，越不会长久保存。

人生一世，草木一秋。如此比喻人生，听起来有些消极，但也不违背常理。人生的短暂和草木的转眼枯亡没有本质上的不同，所以我们一想到自己的年龄就发憷，不禁哀怨日子太过匆匆。有人在短暂的一生里拼命捞取金钱，试图用对财富的占有来证明自身存在的意义；而有的人一心出名，想通过名声来证明自己没有虚度生命。于是人们开始争名夺利，为了实现自己的愿望，他们不惜出卖灵魂，结果是得到的没有付出的代价昂贵，何苦呢？当然，我们不反对采用正当的手段来获取金钱和名利，但我们必须清楚，人是赤条条地来又赤条条地去，富贵和名利是分毫也带不走的。

古往今来，没有人能永久地保存自己的名位抑或财富，即使是财富和权力倾天下的王公贵族，甚或一手遮天的帝王也无法保留自己的地位和财富，他们让后人将珠宝和自己的尸体埋葬在一起，并安装上了各种机关，以求保全自己生前拥有的财富，可他们无论如何也不曾想到，就在他们被安葬后，盗贼潜入他们的坟墓，将他们陪葬的金银财宝洗劫一空，并将他们的尸首抛弃在荒野，这是多么悲惨的结局！更有甚者，有的帝王连自己的尸体也被偷走了，因为他们身上穿的是金缕玉衣，他们不但失去了珠宝也失去了自己。

老子在这一章告诉我们：物极必反。太满会溢，太尖利会断，这就启示

上篇 道经

·037·

我们要适可而止，进退有度。太露锋芒就会遭人嫉妒和陷害，不如到一定的时候退而隐之，即"功遂身退"，绝不可最大限度地满足自己的欲望。退而隐之不是形式上的退居深山，而是要有功不倨傲，有名不恃名，有财不扬财。这就叫遵循大道。

大道就是如此，它滋养万物而不居功，没有恩义的对待，也就无所谓报答；万物接受大道的恩典，不去报答，大道和万物仿佛毫无关联，所以也就没有怨恨和嫉妒，一切都是自然而然的。人类只有和大道同步才能做到收放自如、进退有度，才能达到失也是得、退也是进的境界。

【为人之道】

曾国藩功成身退以自保

太平天国起义爆发后，清政府曾经多次派八旗兵和绿营兵去镇压。但是，八旗、绿营在太平军面前连连败北。为了对付太平军，清廷想了个新招，即命令全国各省立即兴办地方团练，然后共同对付太平军。

当时，曾国藩是清廷的在籍侍郎，因为母亲病故，在老家湖南湘乡守丧。他得知清廷命令各省可以兴办地方团练的消息后，便以在籍侍郎的资格受命帮办湖南团练。没过多久，一支以洋枪洋炮装备的军队出现在湖南大地。这支军队叫作湘军，由水师和陆师组成。

湘军是曾国藩一手炮制的，它与清政府的其他军队完全不同。清政府的八旗兵和绿营兵皆由政府编练。遇到战事，清廷便调遣将领，统兵出征，事毕，军权缴回。湘军则不然，其士兵皆由各哨官亲自选募，哨官则由营官亲自选募，而营官都是曾国藩的亲朋好友、同学、同乡、门生等。由此可见，这支湘军实际上是"兵为将有"，从士兵到营官所有的人都绝对服从于曾国藩一个人。这样一支具有浓烈的封建个人隶属关系的军队，包括清政府在内的任何别的团体或个人要调遣它，是相当困难，甚至是不可能的。

湘军成立后，首先把攻击的矛头指向太平军。在曾国藩的指挥下，湘军依仗洋枪洋炮攻占了太平天国的部分地区。为了尽快将太平天国的起义镇压下去，在清朝正规军无能为力的情况下，清廷于1861年11月任命曾国藩统率江苏、安徽、江西、浙江4省的军务，这4个省的巡抚（相当于省长）、提督（相当于省军区司令）以下的文武官员，皆归曾国藩辖制。自从有清以来，汉族人获得的官僚权力，最多是辖制两三个省，因此曾国藩是有清以来获得最大权力的汉族官僚。对此，曾国藩并没有洋洋自得，也不敢过于高兴。他头脑非常清醒，时时怀着戒惧之心，居安思危，审时韬晦。

事实上，曾国藩的韬晦是非常必要和重要的。因为当曾国藩率湘军攻占了湖北省省城武昌的消息报告到清廷后，朝廷上下反应不一。咸丰皇帝喜形于色，对身边的大臣们说："没有想到曾国藩这样一个书生，竟有这样大的本事，建立下如此丰功伟绩。"众大臣听皇帝夸奖曾国藩，不仅产生了妒意，而且有戒备之心，怕曾国藩的出现危及自己的既得利益。因此，有的人在皇帝夸奖曾国藩后就不失时机地提醒咸丰帝说："曾国藩在家为其母守丧时，已不是清廷的官员。这样一个在籍侍郎居然能一呼百应，从者万人，此恐非国家之福。"本来很高兴的咸丰皇帝听到这么一说，其脸色立即由晴转阴，很长时间陷入沉思，一语不发。曾国藩对清廷皇帝、大臣们的心态是很了解的，所以他在率湘军镇压太平天国起义中取得了一定成绩时，没有喜形于色，而是非常谨慎。

后来，太平天国起义被镇压了下去之后，曾国藩因为作战有功，被封为毅勇侯，世袭罔替。这对曾国藩来说，真可谓功成名就。但是，富有心计的曾国藩此时并未感到春风得意，飘飘然。相反，他却感到十分惶恐，更加谨慎。他在这个时候想得更多的不是如何欣赏自己的成绩和名利，而是担心功高招忌，恐遭狡兔死、走狗烹的厄运。他想起了在中国历史上曾有许多身居权要的重臣，因为不懂得功成身退而身败名裂的例子。曾国藩决心以历史作镜子，在功成名就之时，妥筹保身良策。曾国藩思来想去，采取了如下行动：

一方面写信给其弟曾国荃，嘱劝其将来遇有机缘，尽快抽身引退，方可"善始善终，免蹈大戾"。曾国藩叫弟弟认真回忆一下湘军攻陷天京后是如何渡过一次政治危机的。湘军进了天京城后，大肆洗劫，城内金银财宝，其弟曾国荃抢得最多。左宗棠等人据此曾上奏弹劾曾国藩兄弟吞没财宝，清廷本想追查，但曾国藩很知趣，进城后，怕功高震主，树大招风，急办了三件事：一是盖贡院，当年就举行会试，提拔江南人士；二是建造南京旗兵营房，请北京的闲散旗兵南来驻防，并发给全饷；三是裁撤湘军4万人，以示自己并不是在谋取权势。这三件事一办，立即缓和了多方面矛盾，原来准备弹劾他的人都不上奏弹劾了，清廷也只好不再追究。这就是曾国藩叫弟弟认真回忆的那次政治危机。现在他写信给弟弟，要他尽快抽身引退，也是"以退为进"的上上之策。

上篇　道经

·039·

另一方面他上奏折给清廷，说湘军成立和打仗的时间很长了，难免沾染上旧军队的恶习，且无昔日之生气，奏请将自己一手编练的湘军裁汰遣散。曾国藩想以此来向皇帝和朝廷表示：我曾某人无意拥军，不是个牟私利的野心家，是位忠于清廷的卫士。曾国藩的考虑是很周到的，他在奏折中虽然请求遣散湘军，但对他个人的去留问题却只字不提。因为他知道，如果自己在奏折中说要求留在朝廷效力，必将有贪权恋栈之疑；如果在奏折中明确请求解职而回归故里，那么会产生多方面的猜疑，既有可能给清廷留下他不愿继续为朝廷效力尽忠的印象，同时也有可能被许多湘军将领奉为领袖而招致清廷猜忌。

其实，太平天国被镇压下去之后，清廷就准备解决曾国藩的问题。因为他拥有朝廷不能调动的那么强大的一支军队，对清廷是一个潜在威胁。清廷的大臣们是不会放过这个问题的。如果完全按照清廷的办法去解决，不仅湘军保不住，曾国藩的地位肯定也保不住。

正在朝廷思考如何解决这个问题时，曾国藩的主动请求，正中统治者们的下怀，于是下令遣散了大部分湘军。由于这个问题是曾国藩主动提出来的，因此在对待曾国藩个人时，仍然委任他为清政府的两江总督之职。这其实也正是曾国藩自己要达到的目的。

【从政之道】

宰相退隐保命

在中国古代，仕途不是一条平坦的大道，它充满了荆棘和险恶，因此很少有人能在政治舞台上终其一生。明智者，会审时度势，急流勇退，因此他们得以安度晚年；愚钝者，当退不退，垂死挣扎，或者身败名裂，或者身首异处，下场极其惨烈。

唐朝玄宗时，有一名宰相叫萧嵩，他为人正直，为官清廉，深受玄宗赏识。这使他遭到另一名宰相的妒忌，因此处处受到排挤。他势单力薄，无力反击，只好上书皇帝，请求还乡。

玄宗很纳闷，问他："我并没有厌倦你，你为什么要还乡？"

萧嵩说："我蒙受陛下的厚恩，任职宰相，富贵已到了极点，趁陛下还未厌倦我的时候，我尚能平安退下。等到陛下一旦厌倦我了，我的头颅都难以保住，到时恐怕回都回不去了。"玄宗听他言之有理，于是答应了他的请求。

他回乡后，修园造林、修身养性，得以安度晚年。如果不知及时引退，在险恶的政治环境中，他的性命也会难以保全。

商鞅功成不退惨遭酷刑

商鞅变法是中国历史上十分著名的变法，新法的推行取得了很明显的成效。当初商鞅到秦国后，通过孝公宠臣景监的引荐，"四说"秦孝公。第一次说以"帝道"，孝公听得昏昏欲睡，于是责备景监说："你推荐的人是个狂妄之徒，他讲的道理迂阔无用，你怎能向我荐举如此迂腐之人？"

几天后，商鞅又说以"王道"，这一次孝公承认商鞅博闻强记，但认为他这次所谈的学说不适用于现在的秦国。又过了五天，他又以"霸道"去游说，秦孝公觉得商鞅的这种学说有实用价值，态度热情起来。第四次见秦孝公时，他谈变法强国之术，秦孝公大悦，连续共谈三天而无倦容，最后令商鞅为左庶长，主持秦国变法。

新法的具体内容是改革旧制，以图富国强兵。但改革旧制就是向整个旧势力挑战，必然遭到激烈反抗。商鞅仗恃秦孝公的坚决支持，不顾为此得罪人。

首先得罪了许多说长道短的人。商鞅认为新法公布，他们就应照法行事，而不能议论新法本身，否则将他们从咸阳销掉户口，发配边疆做戍卒。又得罪了以甘龙、杜挚为代表的旧官僚，他们二人攻击新法，被贬为庶人。又得罪了秦国宗室贵族的许多人，最后得罪了太子驷，为自己准备好了掘墓人。

新法的第一条就是迁都咸阳，太子驷表示反对迁都，并说变法是错的。商鞅报请秦孝公处罚太子，因太子是未来的君主，不能施以肉刑，便施刑于太子的师傅，将太傅公子虔处以劓刑（削去鼻子），太师公孙贾黥面。还有一个重要人物姓祝名欢，身份可能是巫祝之官，也被商鞅以非议新法罪名杀掉。

说新法不好不行，要受处罚；说新法好也不行，也要受处罚。新法施行后，有人又来说新法的好话，商鞅又下令将这些人逐出咸阳，迁往边城。

新法是富强之道，但商鞅没有考虑新法发布实施应有个过程，应给百姓一个思想接受和行为适应的过程，而一味严酷量刑，甚至稍有触犯就处死刑。

太子被得罪了，太子师傅受了肉刑；宗室贵戚被得罪完了；一些朝臣被得罪了，颂扬新法和非议新法的许多咸阳人都被得罪了。商鞅的变法虽然从本质上来说会受到全国百姓的支持，但商鞅执法严苛却使一些百姓怨恨，而且变

上篇 道经

法是自上而下的，上面的人，树敌太多。而他是一个从外国来秦国做官的人，在秦国本无根基，又树敌太多，凶险在潜伏着。但商鞅对此毫无察觉。

周显王二十九年，他率兵伐魏，计俘魏将公子印，大败魏国。秦孝公论功行赏，封商鞅为侯，将商（今陕西商县东南）地十五邑封给他，从此人们称他商君，历史上称他"商鞅"也由此而来。商鞅更是洋洋得意。

就在他被封为侯，食商地十五邑后，一天一个叫赵良的人来见他。这个赵良，原是他的熟人，见面后商鞅因已暴贵而得意，并表示愿意和赵良交朋友，意思是赵良现在可以沾他一些光。赵良苦口婆心劝他要深思祸福荣辱盛衰之道。

商鞅问赵良："我大治秦国，你不高兴吗？干吗还劝我身退呢？"

赵良答道："一个人能听相反的声音才是聪；能正确审视自己才叫明；能战胜自己才叫强。你决不可因贪名位和追求享乐而绝了自己的后路啊！"

商鞅不听规劝，反而洋洋自得地摆出自己变法的功劳，并问他与五羖大夫（即帮助秦穆公建成霸业的百里奚。他原为虞国大夫，被晋俘获后作为陪臣送到秦国，出走到楚国后又被秦穆公用五张黑羊皮赎回重用，因此被称为"五羖大夫"）相比谁更有才能。

赵良答道："五羖大夫辅佐秦孝公成为西戎霸主，但自奉甚俭，暑不张盖，劳不坐车，在国都内行走不带随从和仪仗。他死后，秦国男女流涕，不大懂事的孩子都不再唱歌，这是他施德于百姓的原因。可是你商君相秦后，急功求成，伤人太众，积怨蓄祸太多。自己又大肆享受富贵，外出时前呼后拥，武士横刀持剑，仪仗排场那么讲究。"

最后，赵良指出了商鞅的危险处境："上面有人恨你，百姓对你只是怕而不感激你，你处境危险像早上的露珠一样，还想延年益寿求长享富贵吗？我看你还是归还封地和官爵，到边远地方耕田灌园自食其力去吧！如不听我的劝告，一旦当今君王过世，秦国不知有多少人想抓住你杀掉你，你的失败身死可翘首而待！"但自以为功业成就正在人生巅峰的商鞅哪里听得进赵良的话。

赵良的精辟分析很快就被严酷的事实证实了。周显王三十一年（公元前338年），秦孝公死去，当年的太子嬴驷继承君位，即历史上的秦惠文王。他的那位被割了鼻子含恨七年杜门不出的太子师傅公子虔，指使人告商鞅谋反。秦惠文王派人去逮捕商鞅，商鞅逃到魏国。魏国记恨他前番用诡计俘虏公子印之仇，怎肯收留他，派人将他引渡回秦国。商鞅被魏人押入秦境后，又寻机逃跑到自己的封地商。秦惠文王当年的另一位师傅，即被商鞅处以黥刑的公孙贾率兵来抓捕商鞅。

就这样，商鞅当初变法时的反对力量一齐反扑过来。商鞅被押到咸阳后，秦惠文王下令将他处以"五牛分尸"的车裂之刑。

商鞅之死有历史的客观原因，但主观上商鞅倚仗秦孝公一人支持伤人太众，执法太苛刻，功成后贪恋富贵而不知急流勇退，也是致命的原因。

第十章　长而不宰

【原文】

载营魄抱一①，能无离乎？专气致柔②，能如婴儿乎？涤除玄览，能无疵乎？爱民治国，能无以智乎？天门开阖③，能为雌乎④？明白四达，能无为乎？生之畜之⑤，生而不有，为而不恃，长而不宰，是谓玄德⑥。

【注释】

①载：用作助语词，相当于夫。营魄：即魂魄。抱一：即合一。②专气：即集气。专：结聚之意。③天门：解释不一，一说指耳目口鼻等人的感官；一说指兴衰治乱之根源；一说是指自然之理；一说是指人的心神出入即意念和感官的配合等。此处依"感官说"。④雌：泛指阴柔之性，此谓宁静、静笃。⑤畜：养育、繁殖。⑥玄德：指玄妙幽深的德行。

【译文】

形神合二为一，能不分离吗？聚集精气达到柔和，能像婴儿一样纯真吗？清除私心杂念，能心明如镜没有一点瑕疵吗？爱民治国能不用智慧自然无为吗？口鼻开闭，呼吸吐纳，内心能保持宁静状态吗？高明通达，能大智若愚吗？生长万物，养育万物，生长而不占有，养育而不自恃有功，滋养万物而不主宰它们，就称作自然无为最高深的德性。

【评析】

人类被称为动物之灵长，主要是因为人类拥有精神和意志，能够进行独立思考和判断。这样一来，人类对自己周围的事物便有了自己的评判标准，人的主观意识便发挥了它的能动作用，人们就是通过这种主观对客观的思索，来改造周围的世界的。然而，人的灵魂和意识所能发挥的作用，有很大的局限性，所以我们难免会犯错，造成无法挽回的损失，我们为此懊悔、痛苦，拥有情感体验是人类区别于其他生物的显著标志之一。人和其他生物为什么会有这种区别呢？其他生物为什么没有痛苦和烦恼？

我们常常会有心有余而力不足的感觉，也会有力有余而心不足的深切体会。这主要是因为我们人类的灵魂和肉体经常处于分离的状态，无法达到合二为一的境界。灵魂是长翅膀的，它总能飞跃到一个很高的高度，而我们的肉体却显得很笨重，它无法和灵魂一起飞翔，于是就出现了灵魂在一处，肉体在一处的景况；我们也可把灵魂比喻成理想，肉体比喻成现实，理想和现实总有很远的一段距离，而且美丽的理想在残酷的现实面前常常会变得不堪一击。理想和现实常相分离的状态，常常会令我们痛苦、无奈而又彷徨。

现在我们来探讨前面提到的两个问题，人之所以有痛苦、懊悔的情感体验，是因为人类有七情六欲，当我们的情感需求和自身欲望得不到满足时，我们就会感到迷惘和失落，这种情感获得的根源还在于人的肉体和灵魂的不统一。而其他生物则不同，它们的身体和心理是合一的，它们不具备完整的心理精神体系，不能独立思考，也无法进行意识判断，他们对任何事物都不会敏感，因而也不会感到失落或痛苦。

我们常用"庸人自扰"来形容无端地痛苦和烦恼的人，因为平庸，所以才会无端地痛苦，无端其实是有端，只是这个端微乎其微、不值得计较罢了。在现实生活中，有多少人能不被凡事困扰呢？不被凡事困扰者，只有两种人，一是圣人，一是婴孩。婴孩不谙世事，万事皆清，头脑混沌，不知何物为何物，不知何事为何事，只知饿了就吃，困了就睡，不去思考，一切顺应人的自然本性，当然不会有烦恼和痛苦，他的灵魂和肉体是合二为一的。圣人不是天生的，他也必然经过了庸人的阶段，他感受过痛苦和烦恼的滋味，他不想让自己再度痛苦，他明智地选择了和大道同步：做到了灵魂和肉体和谐统一；做到了专气致柔而如婴孩；做到了心镜明净，而无瑕疵；做到了如雌性无欲而逍遥；做到了不受知识的局限而透悟真理。

"专气致柔"就是把自己的精神和元气凝聚起来。如果我们能够聚集体内精气而长久保持婴儿般的柔软体态，就能长盛不衰。我们必须经过心灵的活动才能达到精神和元气相合，心灵就像一面镜子，宇宙万象通过此镜尽览无

上篇　道经

·045·

余，镜面必须经常擦洗，去其污垢才能明察世间百态。

作为统治者治理国家也是如此，要像婴儿一样无欲无为，顺应自然本性，而不加任何人为的因素，前面的章节中我们已讨论过多次，无为而治，才是真治。采取强硬措施不但不利于安定民心，反而会酿成天下大乱。所以，要顺应百姓自身的自然规律，才能收到较好的治理效果。

【为人之道】

叶天士搓脚心除病人心病

叶天士是明末清初的名医，人们都说他医术高明，但也说他的医术很怪异。一天，一位病人前来就医。只见来者双目红肿，一直不停地流泪，老远就听见他在呻吟。一进门就扑到叶天士面前求救，叫嚷道："恐怕我的眼睛快要瞎了，您救救我吧！"叶天士详诊细察一番，询问了发病经过后，说："依我看，你这眼病只需几帖药就能治好，只是，眼病痊愈的七天后，你的两只脚心会长出恶疮，那倒是关乎性命的。"

病人一听脸色顿时变成土色，差一点就要下跪，他哆哆嗦嗦地恳求治疗。叶天士告诉他："你也不用着急，方法还是有的，你按照我说的，自然会保你平安无事。"

病人连说："什么方法，我一定照办！"

"你每天睡前和晨起后，用手搓两脚心各360次，一次不少，一次也不能多，如此坚持七日，方能渡过难关。"病人牢牢记住名医叶天士的话，对此深信不疑，回家后诚心诚意地搓脚心，不敢有丝毫的怠慢。七天很快就过去了，每天搓脚心720下，最后，眼睛果然渐渐消肿了，红血丝也消退了。脚心安然无恙，非但没有长什么恶疮毒瘤，反而觉得神清气爽。他心想，这个叶天士真是名不虚传。

病人准备了丰厚的礼品前往叶天士那里道谢。"多谢神医救命之恩！只是不知道这眼病和脚心有何联系？"

叶天士笑着说："我只不过是治了你的心病而已！我记得你刚来的时候，就忧虑不已，以为自己要成瞎子，可见你这个人疑心重，好担心。其实，你的眼病是内火太旺，忧虑只能火上浇油，你不去想它反而很快就好了。可是，你这人心事如此重，无论我说什么都不由你不想。所以，我说的"长危乎性命"的恶疮，你自然就不会注意眼睛的疼痛，而且揉搓脚心可以降火定神、补肾强身。我所谓的恶疮也是子虚乌有，目的是让你转移注意力，眼病自然就好了。"

【从政之道】

楚庄王大智若愚治国有方

楚庄王即位之初，有三年的时间将国家大事抛在一旁置之不理，成天纵情欢乐。

一开始，大臣们觉得他刚登基，便没有说什么。但时间一长，大家便开始对庄王担忧起来。尽管庄王张贴过"谏者处以死刑"（有敢提意见者处死）的告示，仍有些忠心耿耿的大臣敢于冒死求见庄王，直言进谏，但都没有好的结果。

有一天，大臣伍举求见庄王，对庄王说："大王，臣想请您猜一个谜语。"

"哦，爱卿好兴致呀，快说与寡人听听。"庄王表现得很有兴趣。伍举道："山冈上有一只鸟，但三年时间它既不叫也不飞，请问大王，这还能算是鸟吗？"

庄王一听，心中已有数，表面却不动声色。沉吟了一会儿，他才说道："三年不飞，一飞冲天；三年不鸣，一鸣惊人。寡人明白你的意思，你先回去吧。"

伍举便退了出来，心想：莫非大王知道我的意思了？如果真是这样，那可太好了。

可是，几个月过去了，庄王依然如故，不仅没有收敛，反而变本加厉。奸臣们暗自窃喜，忠臣们则忧心如焚。

这一日，大臣苏从再也忍不住了，他直言不讳地对庄王说："大王，臣认为您是一国之君，不能终日只知纵情享乐，而应该专于朝政，治理国家。"庄王未置可否，反而提醒他："苏爱卿，你应该看到寡人贴出的告示了吧，进谏的人将被处死，你不知道吗？"

"臣知道，但如果大王能因此而觉悟，臣甘愿一死。"

"好了，大家都下去吧，寡人累了，想休息一下，好好想一想。"

·047·

退朝后，大臣们聚在一起，面面相觑，谁也不知道庄王葫芦里卖的是什么药。而被庄王宠幸的那些奸臣则暗自窃喜：没准儿这次把那些老顽固们一块处死呢，谁让他们多管闲事。

然而，他们的如意算盘打错了。庄王此后不再纵情享乐，而是开始致力于政治革新。他首先把那些鼓动他吃喝玩乐的谄媚之人严加处分，接着又重用曾经冒死进谏的伍举、苏从等人，励精图治，使整个国家的面貌焕然一新。

第十一章　无之为用

【原文】

三十辐共一毂①，当其无，有车之用②。埏埴以为器③，当其无，有器之用。凿户牖以为室④，当其无，有室之用。故有之以为利，无之以为用。

【注释】

①辐：车轮中连接轴心和轮圈的木条。毂：车轮中心的圆木，用来穿插车条并连接车轴。古代车轮由三十根辐条所构成。②无：指毂的中间空的地方。③埏埴：即和陶土做成供人饮食使用的器皿。埏，是搅和。埴，是泥土。④户牖：门窗。

【译文】

三十根辐条凑集到车毂的周围，正是因为它们拱成一个空壳，才成就了车的用途；糅合黏土制作陶器，正是因为它的中心是空的，才成就了容器的用途；开凿门窗建造房屋，正是因为它的中间是空的，才成就了房屋的用途。总而言之，"有"可得利，"无"可为用。

【评析】

这一章老子讲的是"无"和"有"的辩证关系问题。"无"和"有"相互矛盾，而又相互依存。没有"无"也无所谓"有"，它们是对立统一的关系。必须明确指出的是这里的"无"和"有"和第一章讲的"无"和"有"是完全不同的概念和范畴。

老子举了三个例子来说明问题。车轮中间空无，可以用来放车轴，从而发挥车子的功用；瓷器中间空无，可以用来盛东西，从而发挥了瓷器的功用；房子中间空无，可以用来住人，从而发挥了房子的功用。

同样的例子不胜枚举，老子通过这三个简单易懂的例子说明了这样一个道理：任何一个物体，它有形的地方只是为了实现某一目的而设置的便利而已，而真正起作用的正是它虚无的地方。他把"无"作为主要对立面来考察，这具有很大的片面性，如果没有车轮、瓷器、房子这些有形物体的存在，中空的"无"在哪里存在呢？它又如何发挥作用呢？所以片面强调"无"的作用是不合理的。

虽然老子把"无"作为主要对立面是片面的，但就老子对"无"和"有"的辩证关系的整体而言，这一思想体系具有很大的借鉴意义。在现实生活中我们常把"无"当成"有"，为根本不存在的东西烦恼、忧愁，比如有人幻想自己抽奖中了五百万，原本是穷光蛋的他，不知道该如何利用这笔巨额财产，他躺在床上苦思冥想，太阳爬上了山他毫无知觉，别人都去辛苦开垦荒地挣钱谋生去了，他依然躺在床上，沉浸在自己美丽的幻想里，日子就这样一天天过去了，他依然像做美梦似的躺在床上不愿起来，最后他饿成皮包骨头，一点力气也没有了，直到临死前他还在幻想：我的烤鸭该上桌了……

在现实生活中，有像上面说的"无"中生"有"的幻想家，也有不知道如何正确对待"有"的人，而且这种人不占少数，我们大多数人都会犯这样的错误。对于我们自己拥有的东西，我们该如何正确对待呢？我们应该始终保持虚无的态度：做到"有功"而不自居，"有才"而不自傲，"有力"而不乱用，等等。"有"和"无"是互相转化的，我们拥有的东西也会瞬间化为乌有，只有保持虚无的心态和境界对待自己拥有的东西才能真正地拥有它们。

【为人之道】

痴心妄想

世界上所用的事物，好像都是以"有"的形式存在着的。我们都见过"有"，可是谁又见过"无"呢？老子却通过上面的例子，发现了"有"和"无"之间的微妙关系。然而，把"无"的东西硬当作是"有"，为它烦恼，为它生出恶念，也是相当愚蠢的。

从前有个人非常贫穷，每天都过着吃了上顿没有下顿的生活。即使是这样，他还是不愿意脚踏实地地干活，一天到晚做着发财的美梦。

一天，他出去的时候偶然在草堆里拾到一个鸡蛋，这下他简直大喜过望，兴冲冲地奔回去，还没进门就大叫："我有家产了，我有家产了！"

妻子忙问："家产在什么地方？"

他小心翼翼地拿出拾来的鸡蛋给妻子看，说："喏，这个就是。只不过必须等到十年之后，家产才能有呢。"

于是，他便和妻子商量说："我拿这个鸡蛋去找邻居，借他家正在抱窝的母鸡孵它。等小鸡孵出来，我从中挑个母鸡。小鸡长大后可以下蛋，一个月又可以孵出15只鸡。两年之内，鸡生蛋，蛋生鸡，这样可以得到300只鸡，300只鸡能够换来10金。我用这10金可以买来5头母牛，母牛又生母牛，3年以后可以得到25头母牛。母牛生下的小母牛，又可以再生母牛，再过3年又可以得到150头牛，这样，又可以换得300金了。我拿着这300金去放高利贷，3年之中又可以得500金。这500金中，用三分之二买田产房屋，用三分之一买僮仆、小妾，我便可以与你一起快乐自在地度过晚年了，这不是很快活的事吗？"

妻子开始还好，听到末几句话，不由勃然大怒："什么，你还敢买小妾！"一下子气不打一处来，趁着丈夫不注意，扑过去一下把鸡蛋打碎了，说："那就不要留下这个祸根！"丈夫一看鸡蛋和梦想一起被打碎了，气极了，取过鞭子狠狠地抽打妻子。打完了还不解气，又到衙门去告状，说："这个恶妇，偌大的家业败得一文不剩，我请求杀了她。"官老爷奇怪地问："你的家业在哪里呢？现在又败成了什么样子？"

这个人便从拾到一个鸡蛋说起，一直说到要买小妾，原原本本地告诉了官老爷。官老爷想了想，就命令衙役把他妻子抓了起来，呵斥她说："这么大的一个家业，被你这个恶妇一拳就毁尽了，不杀了你不足以抵罪！"接着就下令架起油锅，将油烧得滚开。

那妻子见了吓得面无人色，号啕大哭起来："官老爷啊，你可得做主啊，我是冤枉的啊！"

"说，你还有什么冤枉！"

"我丈夫说的一切都是还没有成为事实的事，为什么要烹我呢？"

官老爷说："你丈夫说买妾，也是没有成为事实的事，你为什么要嫉妒呢？"

· 051 ·

妻子说:"道理是这样,但是铲除祸根要早啊!"

官老爷听了笑了笑,放她走了。

在这个故事中,丈夫煞有介事地将"无"当作"有",妻子竟还为了这个被丈夫片面夸大了的、实际上根本就不存在的"无"而大发脾气,丈夫和妻子真是又愚蠢又可笑。在现实生活中也是一样,我们不管做什么事,都要踏实,不能学这对夫妻把原本属于"无"的东西作为"有"来看。

第十二章　圣人为腹

【原文】

五色令人目盲①，五音令人耳聋②，五味令人口爽③，驰骋畋猎令人心发狂④，难得之货令人行妨⑤。是以圣人为腹不为目⑥，故去彼取此⑦。

【注释】

①五色：指黑白赤黄青五种颜色。②五音：指宫商角徵羽五种声音。③五味：指辛辣酸苦咸五种滋味。口爽：意为味觉失灵，生了口病。古代以爽为口病的专用名词。④驰骋：指车马疾行。畋猎：打猎获取动物。畋（tián）：打猎之意。⑤行妨：伤害操行，行为离开正轨。⑥为腹不为目：只求温饱安宁，而不为纵情声色之娱。腹：在这里代表一种简朴宁静的生活方式。目：代表一种巧伪多欲的生活方式。⑦彼：指为目的生活。此：指为腹的生活。

【译文】

五彩缤纷使人眼花缭乱，音乐喧嚣使人听觉失灵，美味佳肴过量使人舌不辨味，纵情狩猎使人心发狂，奇异珍宝使人行为不轨，圣人只求三餐温饱，不逐声色之娱。所以应当舍弃物欲的诱惑和华而不实的虚名，而保持简单素朴而又满足的生活。

【评析】

在佛教中，我们人类的感觉器官被分成了六类：眼、耳、鼻、舌、身、意。这六个器官分别感知着色、声、香、味、触、法六种尘世境界，正因为感知了这六种境界，所以人类便产生了喜、怒、哀、乐、忧、思六种意识，正是这六种意识的存在，才使我们原本平静的内心充满了欲望，当欲望得到满足时我们狂喜，当欲望得不到满足时我们的内心备受煎熬，我们的灵魂有一种想要出窍的痛苦，我们就仿佛跳入了火海般难以解脱、不能自拔。因而我们原本明净的心境被蒙上了厚厚的尘垢，我们敏锐的感觉变得麻木而又迟钝。

"五色令人目盲"，这里的"五"并不是一个确数，五色并不是就指黑白黄绿青五种颜色，它是一个不确定的概念，泛指五颜六色、五彩缤纷。"目盲"也不是指瞎眼，而是指令人眼花缭乱的事物，使我们的眼睛丧失了辨别事物本原的能力。眼睛的功用就是观察事物的，一旦我们观察到的事物真假难辨时，我们常常会陷入迷惘的境地。

懂得了"五色令人目盲"的道理，"五音令人耳聋"也就不难理解了。单一的声乐会令人心旷神怡，会让人精神放松，从而得到美的享受，然而再动听的声音，一旦和别的声音混杂起来，其美的享受就会瞬间变成痛苦的煎熬，这是生活在喧嚣的闹市区的人们渴望田园生活的最好注脚。

我们在理解"五味令人口爽"时可以参照以上两句话的解释。人的口舌具有感知各种食物味道的能力，它能敏锐地品尝出酸甜苦辣等滋味，然而过多地品尝各种风味的美味佳肴，就会使人的口舌麻木，无法辨别各种美味了。人的口舌是专门用来享受美味的，一旦丧失了鉴赏美味的能力，给我们自身所造成的损失是不可估量的。

"驰骋畋猎令人心发狂"，畋猎即狩猎，狩猎曾是早期人类谋生的唯一手段，也是人类最早开展起来的生产和军事活动，人类的动物本性最早在狩猎中得到了鲜明的印证。综观人类狩猎活动的发展历程，狩猎始终是带着血腥和暴力性质的杀戮和掠夺行为，它是充满野性的不文明行为，这种行为使人们的精神变得疯狂和残忍，疯狂和残忍的心理状态是滋生社会动乱的根源。

何谓"难得之货"？为什么说难得之货会使人的行动受到损害呢？我们按老子的思想进行推延，可以得出"难得之货"就是正在社会上流行的稀有珍贵之物，比如金银珠宝、华衣美食、玉璧、铜器、羽饰、武器等物品。正是"难得之货"的珍贵稀有性，强烈地撩拨起了人们占有它的贪婪欲望，在这种欲望的驱使下，人们的行为突然变得怪异反常，盗贼爬房越脊、穿窬走户，甚至不惜草菅人命；权臣互相倾轧、钩心斗角、尔虞我诈，等等。

从以上的阐释中，我们可以看出，"五色""五味""五音"之所以会伤害我们的器官，是我们自身的欲望无限膨大的缘故。最后老子提出"是以圣人为腹不为目"，一句极其通晓明白的话，点明了圣人的生活方式：只满足吃饱肚子这一低级需求，而不满足眼睛欣赏外物的欲求。

老子这一章的论述并不是反对人们享受生活，而是警醒人们追求享受要适可而止，不可无限制地满足自己的贪欲。他希望人们能够丰衣足食，建立内在恬淡宁静的生活方式，而不是外在私欲的满足。一个贪婪满足自己外在私欲的人，就会产生自我疏离感，心灵难免会愈发空虚。因此，老子提醒我们，要彻底摒弃各种外在欲望的诱惑，始终保持内心清净满足，才能生活得自在快乐。在物欲横流的今天，很多人无法抵挡物欲的诱惑，不惜代价地满足自己的声色欲望，眼睁睁地看着自己堕落消沉，甚至走上犯罪的道路，这些人的价值观和道德观被严重扭曲变形。所以，在物质文明高度发达的今天，我们静心聆听老子的教诲仍然具有十分重要的意义。

【为人之道】

孟浩然归隐山林浑然忘我

孟浩然是唐代颇有名气的文人，富有灵气，其文采卓尔不凡。他年轻时，和其他人一样，希望靠着自己的诗书和才华求取功名，光耀门楣。但是年轻气盛的他锋芒太盛，结果因为一首诗惹怒了唐玄宗，从此仕途不济。孟浩然见做官无门，就怅然地离开了古城长安。

经过一段时间的静坐冥思，他大半参透了人生之味和宦海沉浮，于是归隐田园，寄情于山水，过着逍遥自在的生活。

当时，朝中有一位清官韩朝宗，身兼数职：既是荆州大都督府长史，又担任着襄州刺史，还是山南东道采访处置使。他久闻孟浩然的才华和名气，并且深知孟浩然的遭遇，于是有心举荐他。韩朝宗深得皇上信赖，曾经为朝廷发掘了许多栋梁之才，如果这次孟浩然和他一同去长安，应该有很大的希望。在韩朝宗的一番劝说之下，孟浩然答应了，并和他约好出发的时间。

可在临行前，有一个和他意气相投的朋友前来拜访，孟浩然兴致勃勃地和他把酒谈笑，竟然把去长安的事抛到了九霄云外。韩朝宗左等也不见人来，右等还是没有半个人影，大失所望，只好一个人走了。

从此，孟浩然彻底地脱离了仕途的俗念，忘情于变幻多姿的大自然中，从中汲取灵感，并以山峦、树木、松月、飞鸟和鸣蝉等为素材，创造了意象万千的诗歌。

一天，孟浩然与一位朋友走在乡村的小道上。道旁修竹幽篁，别有一番风韵，孟浩然禁不住驻足观赏。远处的渔夫收拾好渔网，在暮色中归来。孟浩然赶忙上前，询问渔夫的收获，然后仔细端详篓子里的鱼儿，看完后，莫名其妙地笑了。朋友觉得他的举止有些怪异，问："你在想什么呢？有什么好笑的事情吗？"

孟浩然开心地说："刚才看到那翠竹，诗兴大发，琢磨出两句，其中有竹和鱼。只是平时没有注意竹有多少节，鱼有多少鳞，所以刚才看了个明白，心中甚是高兴！"说完就爽朗地笑了。

孟浩然在淳朴的田园中生活了大半辈子，以山水为伴，浑然忘我，创作了许多流传后世的名篇佳作。这位隐逸之士一直隐居至终老，诗人李白专门有诗称赞他为"白首卧松云"。

孔子因见国君好色而离卫

孔子是我国伟大的思想家。有一次，他到了卫国，住在好友卫国大夫蘧伯玉家。

卫灵公有个夫人叫南子，是个风流的女人。

她听说大名鼎鼎的孔丘来了，心里十分羡慕，就嚷着要见见这位博学先生。

南子派人去对孔子说："凡是愿与我国国君结为兄弟的，必定要来见我才行，而我也想见见他。"孔子本来对南子没有兴趣，第一次婉言辞谢没有去。可南子又派人来请孔子。

孔子没办法，只好去了。

孔子一进南子的宅室，就一本正经地向她施礼。南子见孔子一表人才，就风情万种地走出帏帐回拜，还说了一大堆轻薄的话来引诱孔子，希望他能留在卫国。

会面后，孔子倒没觉得怎么，学生子路可气坏了，怪孔子言行不一，不该和这种女人见面，更不该对她以礼相待。

孔子说："我原不愿见她，但她却五次三番托人来请，既见面就得以礼相待嘛。"

孔子在卫国住了一些天。有一次，卫灵公约孔子一同外出。出宫后卫灵公与夫人南子同乘一辆车，宦官坐在右边陪乘；孔子坐在后面第二辆车子上跟随。

卫灵公见又是美女陪侍，还有才子跟随，心里十分得意，张张扬扬地在市上经过，引起好多人的注意，卫灵公觉得很体面。

孔子却对此深以为耻，他深有感触地说："人们是这样喜好漂亮女人，而不喜好德行啊，我从未见过效法高尚品德如追求美女那样的！"

没过几天，孔子就离开了卫国。

【从政之道】

陈后主沉迷酒色终误国

陈后主名叔宝，字元秀，小名黄奴，宣帝的嫡长子。梁承圣二年（553年）十一月戊寅，生于江陵。次年，西魏攻下江陵，宣帝被迫迁往长安（今陕西西安），后主留在穰城。天嘉三年（562年），回到建邺（今江苏南京），被立为安成王世子。

太建元年（569年）正月甲午，后主被立为皇太子。太建十四年正月甲寅，宣帝崩。第二天，始兴王陈叔陵叛乱，被处死。两天后，太子在太极前殿即皇帝位。

夏五月，皇帝任命吏部尚书江总为尚书仆射。祯明二年十一月，又立皇弟叔荣为新昌王，督匡为太原王。当时的局面似乎比较稳定，后主便日益骄纵，不思外难，沉湎在酒色中，不理国政，在他身边的嬖人侫臣佩珥戴貂者50人，美貌女子丽服巧态随从在身边的有1000余人。后主常令张贵妃、孔贵人等8个人夹坐在自己身边，江总、孔范等10人也常参与这样的饮宴，称作"狎客"。往往是先让8位女子制好彩笺，在上面书写五言诗，10位客人相继唱和，吟诵慢的要罚酒。君臣畅饮，通宵达旦，成为常事。又大修宫殿，无休无止。江津市头都要征税，名目百端。刑罚残酷，牢狱常满。

隋文帝对仆射高须说："我为百姓父母，岂可限于一衣带水而不加拯救？"命令人造战船。有人建议秘密建造，隋文帝说："我要替天行诛，何须秘密办理，假使把造船木投入江中，而他能改过，我又有何求！"后主接纳了西梁的萧瓛、萧岩后，隋文帝更为愤怒，任命晋王杨广为元帅，督率80位总管进行讨伐。又将揭露后主20项罪行的玺书送到陈朝。书写了30万张诏书，分传到江南各地。

诸军南下，江滨镇戍相继报告。新任命的湘州刺史施文庆、中书舍人沈客卿掌握机密大权，对这样的报告都压下不上奏。

此前，萧岩、萧瓛来投奔时，德教学士沈君道梦到殿前有一巨人，红色衣服，武士冠带，头伸到栏上，挥动胳臂发怒道："哪能忍受叛萧误大事。"后主听说后，很忌讳二萧，所以把他们两人都分散到远处：任命萧岩为东扬州刺史，萧瓛为吴州刺史。又派领军任忠出任吴兴太守，以控扼上述二州。又任命南平镇守江州，永嘉王陈彦镇守南徐州（今江苏镇江）。按着又召二王来赴次年元旦的朝会，命沿江防守的舰船，都跟随二王返回都城，向归附的梁人显威，因此江中没有一只作战船只。上流各州兵马，都被杨素大军拦阻不能东下。都城士兵尚有十余万人。

听到隋军渡江的消息，后主说："王气在此，齐兵来了三次，周兵也来了二次，无不被摧败。虏今若来必自取灭亡。"孔范也说隋兵没有渡江的可能。只是奏乐纵酒，作诗不停。

三年春正月初一，朝会时，大雾弥漫，吸入鼻内都感到辛酸。

后主一直昏睡，该吃午饭时才起身。这一天，隋将贺若弼自广陵渡江，韩擒虎自横江渡江，分兵利用清晨袭击采石，顺利地攻克了采石，进而攻下姑孰（今安徽当涂），驻兵新林（在今南京西南）。这时贺若弼也攻下了京口（今江苏镇江），沿江戍守者望风而逃。贺若弼分兵切断通往曲阿（今江苏丹阳）的要道后，攻入曲阿城。采石戍主徐子建到京城告急。后主亲率大军出征，任命萧摩诃为皇畿大都督，樊猛为上流大都督，樊毅为下流大都督，司马消难、施文庆都任大监军，重重悬赏，分兵把守要害，僧侣、尼姑、道士也都要服役守城。

很快，贺若弼攻下了南徐州，韩擒虎又攻陷了南豫州（今安徽当涂）。隋军南北并进。贺若弼进军钟山，驻兵白土冈东南，陈军大败。贺若弼又乘胜进攻宫城，烧北掖门。这时，韩擒虎率兵自新林抵达石子冈，镇东大将军任忠投降，并引导韩擒虎由朱雀航到达宫城，自南掖门进入。城内的文武百官都逃出来了，只有尚书仆射袁宪、后阁舍人夏侯公韵侍奉在后主身边。

袁宪劝后主在殿上端坐，正色以待。后主说："锋刃之下，不可及当，吾自有计。"于是逃到井边。二人苦劝无效，用身子盖住井口，后主与他们争夺了许久才跳入井中。沈皇后在宫中如平常一样。太子陈深十五岁，闭门而坐，舍人孔伯鱼侍奉在一旁。

隋军士叩门而入，陈深在座中慰劳道："戎旅在途，不至劳也。"接着，士兵对着井口呼叫后主，后主不应。要扔石头，才听到后主的叫声。用绳子往上拉，拉起时都很惊奇为什么这么重，到出井后，才发现原来后主与张贵妃、孔贵人三人一同被拉上来。隋文帝听说后大惊。

三月，后主与王公百官由建邺出发，来到长安。被宽赦后，隋文帝给了他丰厚的赏赐，几次引见，在三品官员的行列。每次有后主参与的宴会，怕他伤心，令不奏吴地乐曲。后来，监守后主的官员报告道："叔宝说，既然没有官职，每次参与朝拜时，请求能有一品官的名号。"隋文帝说："叔宝全无心肝。"监守官员又说："叔宝常沉醉，很少有醒的时候。"隋文帝让限制他饮酒，但接着又说："任其性，不然，何以度日。"不久，文帝又问监守官员叔宝的嗜好。回答说："嗜驴肉。"问饮酒多少，回答道："与子弟们一天能吃一石。"隋文帝大惊。

后主随从文帝往东方巡视时，登芒山，陪文帝饮酒，赋诗道："日月光天德，山川壮帝居。太平无以报，愿上东封书。"上表请文帝封禅，文帝答诏谦让不许。后来隋文帝来到仁寿宫，常陪同宴饮，到后主出去时，隋文帝看着他说道："此人败亡难道不是由于酒吗？有作诗工夫，何如思虑时事。当贺若弼渡江到京时，有人用密信向宫中告急，叔宝因为饮酒，便不拆阅。高颖进到宫中时，那封密信还在床下，未开封。这真可笑，大概是天亡陈国。过去符氏征服的国家，对亡国之君都高官厚禄。只知求虚名，不知违天命，给他们这些人高官，是违反天命的。"

上篇 道经

第十三章　宠辱若惊

【原文】

宠辱若惊，贵大患若身①。何谓宠辱若惊？宠为下。得之若惊，失之若惊，是谓宠辱若惊。何谓贵大患若身？吾所以有大患者，为吾有身。及吾无身，吾有何患？故贵以身为天下，若可寄天下；爱以身为天下，若可托天下。

【注释】

①贵：珍重、珍视。

【译文】

得宠和受辱都会感到担惊受怕，把大患看得和自身的生命一样重要。什么叫得宠受辱都使人感到担惊受怕呢？因为当得宠的人处于地位卑下的位置时，得宠会使他惊吓，失宠亦使他惊恐不安，所以说宠辱都使人担惊受怕。什么叫怕自己身体遭到大祸呢？我之所以有大祸，因为我有这个身体，若我没有这个身体，我有什么祸害呢？所以能做到贵身忘我去治理天下的人，才可将天下重担托付给他，像爱护自己的身体一样爱护天下的人，才可将天下重担交给他。

【评析】

这一章主要讨论两个问题，一是"宠辱若惊"，一是"贵大患若身"。人是情感动物，对荣辱这种情感体验十分敏感，当我们得宠的时候内心是喜悦的，但这种喜悦是短暂的，因为人有患得患失的弱点，得到宠爱并不会令我们永远快乐；同样，当我们受到别人的冷眼、辱骂、轻视的时候，我们也会表现出不安、惊恐,人类自身的弱点决定了人无论得到宠爱还是得到屈辱都会忧心忡忡,惶惶不可终日。所谓"贵大患若身","贵",以之为荣,看重;"大患",极强的忧虑;"若",如。得宠就惊喜,受辱就惊惧;把心中的忧虑看得与自身的生死存亡同等重要,"宠辱若惊,贵大患若身"是世间常人的普遍心态。

  老子为了便于我们理解,对以上两句作了解释:"何谓宠辱若惊?宠为下,得之若惊,失之若惊,是谓宠辱若惊。何谓贵大患若身?吾所以有大患者,为吾有身;及吾无身,吾有何患?""有身",心里还存有自身的利益;"为",就是因为;"及",如果;"无身",无自身利益之念。为什么世间常人会存在那种普遍的弱点呢,老子在把他提出的世间常人在人生精神诣求中的普遍弱点作了解释之后,又分析了产生这种心态的原因,那就是世间常人还在念念不忘其自身利益,还去为自身利益患得患失,于是老子又提出了他所提倡的人生精神追求观,老子没有直接告诉人们他所提倡的人生精神追求观是什么,而是用可当大任者和不能当大任者的对比来说明人们应该有什么样的人生精神追求观:"贵以身为天下,则可以托天下,爱以身为天下,乃可以寄天下。"如果以自身的患得患失去治理天下,那么你只配寄身于天下做个普通之人而不配去治理天下;如果你像爱惜自身那样爱惜天下,那么就可以把天下事托付给你,让你去治理天下。老子所提倡的人生精神追求观,就是把自身融于天下之中,没有自己的利益只有天下的利益。自第九章至此,老子讲的都是修德而非修道,修道要比修德更高一个层次。修德讲求"生而畜之,生而不有,为而不恃,长而不宰"。讲求"无之以为用"。讲求"爱以身为天下"。而修道讲求的是纯粹的自然和无为。

  一般人对于身外的宠辱荣患十分看重,甚至许多人重视身外的宠辱远远超过自身的生命。人生在世,难免要与功名利禄、荣辱得失打交道,许多人是以荣宠和功名利禄为人生最高理想,目的就是为享荣华富贵、福佑子孙。总之,人活着就是为了寿、名位、货等身外之物。对于功名利禄,可说是人人都需要。但是,把它摆在什么位置上才好呢?如果你把它摆在比生命还要宝贵的位置上,那就大错特错了。老子从贵身的角度出发,认为生命远远贵于名利荣宠,要清静寡欲,一切声色货利之事,皆无动于衷,然后可以受天下之重寄,而为万民所托命。

上篇 道经

【为人之道】

李白宠辱不惊救国危

天宝元年，李白来到京城赶考。他听说考官是太师杨国忠，监官是太尉高力士，二人皆爱财之辈，倘不送礼，纵有天大的本事也落第。李白偏偏一文不送。

考试那天，李白一挥而就。杨国忠一看卷上李白的名字，提笔就批："这样的书生，只好与我磨墨。"高力士说："磨墨算抬举了，只配给我脱靴。"便将李白推出考场。

后来，有个番使来唐朝递交国书，上面全是一些密密麻麻的鸟兽图形。唐玄宗命杨国忠开读，杨国忠如见天书，哪里识得半个？满朝文武，亦无一人能辨认。唐玄宗大怒。后来，有人推荐李白。国难当头，李白没有推脱，他走上金殿，接过番书，一目十行，然后冷笑说："番国要大唐割让高丽176城，否则就要起兵杀来。"

玄宗一听，急问百官有何良策？群臣面面相觑。李白说："这有何难，明日我面答番书，令番国拱手来降。"玄宗大喜，拜李白翰林学士，赐宴宫中。

次日，李白上殿，对唐玄宗说："臣去年应考，被杨太师批落，被高太尉赶出。今见二人，臣神气不旺。请万岁吩咐杨国忠给臣磨墨，高力士与臣脱靴，臣方能口代天言，不辱君命。"

玄宗用人心切，顾不得许多，就依言传旨。杨国忠气得半死，忍气磨墨，然后捧砚侍立；高力士强吞怒火，双手脱靴，捧跪在旁。

李白这才舒一口气，写了一封陈述利害的诏书，番使听后吓得魂飞魄散，连连叩头谢罪。

第十四章　无状之状

【原文】

视之不见名曰夷①，听之不闻名曰希②，搏之不得名曰微③。此三者不可致诘④，故混而为一⑤。一者，其上不皦⑥，其下不昧⑦，绳绳不可名⑧，复归于无物。是谓无状之状、无物之象，是谓惚恍。迎之不见其首，随之不见其后。执古之道，以御今之有⑨。能知古始⑩，是谓道纪⑪。

【注释】

①夷：无色。②希：无声。③微：无形。④诘：追问、索问。⑤一：本章的一指道。⑥皦：光明之意。⑦昧：阴暗。⑧绳绳：不清楚、连绵不断。⑨有：指具体事物。⑩古始：宇宙的原始，或谓的开端时期。⑪道纪：道的纲纪，即道的规律。

【译文】

看它看不见，称它为"夷"。听它听不到，称它为"希"。摸它摸不着，称它为"微"。这三者形象难以区分开来，所以是浑然一体的一。所谓"一"，它的起始不清晰，它的末尾不暗昧，它绵延不绝地、无始无终地发展变化，难于给它形容命名，又总要回到没有物体的虚无状态。这就叫没有形状的形状，没有具体物象的物象，这就叫作惚恍。迎着它看不见它的前头。跟随着它看不到它的后面。遵循现实存在的道的规律，来驾驭现实，来探知远古，这就是道所要求的法则。

【评析】

　　这一章主要讨论道的形象和规律问题，老子提出了"夷""希""微""惚恍""道纪"五个概念。

　　何谓"夷"？我们的肉眼无法看到的东西，我们称之为"微"，看不见并不代表它不存在，只是它无法被我们用眼睛认知罢了。我们站在平地上极目远眺，看到的东西是极其有限的，地平线那一边的东西我们是看不见的；我们必须借助仪器才能看到微生物，而肉眼根本看不见。但我们必须肯定的是地平线那一边确实存在着一些事物，微生物确实是存在的，它们都不以人的意志为转移，这正像大道不以人的意志为转移一样，它是客观存在的，并时时刻刻在对人发生影响，我们只有认识到了这一点才能更好地遵循大道的规律，而不是与大道背道而驰。

　　何谓"希"？希就是我们的耳朵无法听到的声音，它的特点是细小、缈远、轻微，这一特点决定了它不可能被我们听得真切，除此之外，还有距离因素，我们所能听到的声音有一定的范围，所以距离也会令我们无法听到一些声音，大道即使有声，也不会被我们听见，因此我们常说"大道无声"。

　　何谓"微"？微就有小的意思，小是相对的，当一个东西小到无法被我们摸着时，我们就称它为微。

　　大道就是那个看不见听不见摸不着的东西，它无法用我们的视觉、听觉、触觉所感知。希、夷、微这三个概念无法穷究道的本源和真正内涵，它们是不可分割的一个整体，我们称之为"一"。

　　何谓"惚恍"？我们说大道是一个东西，东西应该是有形象的，但它却看不见摸不着，它是一个超乎物质世界的东西，它若有若无、若隐若现，无法用概念来涵盖，只能用心灵去通达；无法用感官去体验，只能用身心去感知。对于这种模糊而又深奥的、亦真亦幻的状态，我们称之为"惚恍"。

　　为了便于表述上的需要和方便，我们必须给"道"加以定名，所以就称"道"为没有形状的形状、没有具体物象的物象。"惚恍"虽显牵强，但它是所有词语中最能表现这一点的了。为什么这么说呢？因为大道是支配万物的，但它又存在于冥冥之中，无迹可循；同时它又是多变的，是不易被人把握的。它没有前进和后退、没有运动和静止，没有光明和黑暗，所以它是永恒的，是生生不息、绵延不绝的。当我们感觉到它的存在时，它又恢复到无迹可寻的状态中了，它恍惚缥缈、若有若无，若明若暗、令人捉摸不定。

何谓"道纪"？简言之就是大道的纲纪和规律。认识和理解"道纪"比认识大道本身更有意义，大道的规律和纲纪能有效地指导我们的日常生活，一旦我们的行为顺道而行，我们就能一帆风顺、事事遂心；相反，如果我们逆道而行，我们的行为就会受阻，甚至遭受祸患。

【经商之道】

胡雪岩据情况不守一方灵活出击

胡雪岩为自己的蚕丝生意和帮办王有龄湖州官府的公事，几下湖州，结识了湖州颇有势力的民间把头、现正做着湖州"户房"书办的郁四。胡雪岩凭着他的仗义和识见，也因为他帮助郁四妥善处理了家事，深得郁四敬服，为了报答胡雪岩，郁四做主，为胡雪岩娶了寡居的芙蓉姑娘。

芙蓉姑娘的娘家本来也是生意人，祖上开了一家很大的药店，牌号"刘敬德堂"。传至芙蓉姑娘父亲一辈时也还能勉强支持，不料她父亲十年前到四川采办药材，在三峡新滩遇险船毁人亡。她的叔叔外号"刘不才"，本来就是一介纨绔，极尽挥霍还特别好赌，接下家业不到一年就无法维持，药店连房子带存货都典给了别人。不过刘不才非常顾及脸面，自己穷困潦倒，却不同意侄女失身给人做"偏房"。芙蓉再嫁，他不肯认胡家这门亲戚。他即使到了告贷无门的地步，都不肯押出自己手上的祖传秘方，以为只要秘方还在，"家底"就还在，心里还想着有一天要重振家业。

胡雪岩娶了芙蓉姑娘，对刘不才不能不管。人们认为他有两个选择，一是按郁四的想法，送刘不才一笔银子，不再与他发生任何关系；一是按芙蓉的想法，由芙蓉劝刘不才拿出祖传秘方，胡雪岩帮忙卖掉，让他自己生活。

胡雪岩却不这样想，他要认这门亲戚，借刘不才开一家药店。他凭自己的眼光，看出药店生意是一个相当不错的行业。乱世当口，军队行军打仗，转战奔波，需要防疫药；大兵过后定有大疫，逃难的人们生病之后要救命药。因此只要货真价实，创下牌子，药店生意就不会差。而且，开药店还有活人济世行善积德的好名声，容易得到官府支持，同时还能为自己挣得好名声。

不过自己不懂这行生意，刘不才懂，只要能将他收服，帮他改掉身上的毛病，他就可以起大作用，而且他手上的祖传秘方也正好可以充分利用。想妥之后，胡雪岩请郁四帮忙，摆了一桌认亲宴，在宴席上便谈妥了药店开办的地点、规模、资金等事项。

胡雪岩的"胡庆余堂"就是这样立起来的。在其后的几十年中，"胡庆余堂"成为名闻天下的老字号药店，不仅成为胡雪岩的一个稳定财源，也使他赢得了"胡大善人"的好名声。

第十五章　善为士者

【原文】

　　古之善为士者①，微妙玄通②，深不可识。夫唯不可识，故强为之容③：豫兮，若冬涉川④；犹兮，若畏四邻⑤；俨兮，其若客⑥；涣兮，若冰之释⑦；敦兮，其若朴⑧；旷兮，其若谷⑨；混兮，其若浊⑩。孰能浊以止，静之徐清⑪？孰能安以久，动之徐生⑫！保此道者不欲盈⑬。夫唯不盈，故能敝而新成⑭。

【注释】

　　①善为士者：得道之人。②玄通：通达。③强：勉强。容：形容。④豫：原是野兽的名称，性忧虑，引申为迟疑，慎重。⑤犹：原是野兽的名称，性警觉，此处用来形容警觉。⑥俨：俨然，形容神态庄严、恭敬。⑦释：解、消融。⑧敦：敦厚老实。朴：未经加工的木材。⑨旷：空阔。⑩混：混浊。⑪孰：谁，哪一个。⑫安：静态。⑬盈：丰盈，满。⑭敝而新成：推陈出新，去故更新。

【译文】

　　古时那些善于运用道的规律的人，见解微妙而且精深玄达，达到了常人无法理解的地步，这样的人的风貌品格特征这样形容：行事稳妥谨慎啊，就像严冬赤脚过河。忧虑谋划啊，就像提防四方邻国来围攻。恭敬严肃啊，像做宾客一样。融和可亲啊，就仿佛正在消融的冰。敦厚质朴啊，像未经雕琢的原木。旷达开阔啊，像空旷的山谷一般。混同不孤傲啊，像江河浊流一样。谁能够在混浊的流水中静止下来，静止后慢慢澄清；谁能够使静而不萌发的东西运动起来，使其慢慢显露生机。遵循道的规律的人不提倡盈满、过度，所以凡事宁可亏损缺失而不可成全完满。

【评析】

老子承接上一章的内容,讲解领悟了"道纪"之人的情貌特征。大而言之,得道之人有良好的人格修养和心理素质,有很强的静定功夫。表面上清静无为,而实质上蕴藏着极大的潜能,他们极富创造性,只是不愿显山露水。他们静谧幽深,难以测识。老子对得道之人的形体特点作了详尽的概括,我们归结为以下七点,并逐一进行解析。

一是"豫兮,若冬涉川",豫,警惕、慎重的样子。全句的意思是说得道之人的每一步行动都是无比警惕、小心的,就像冬天赤脚过河一样小心谨慎。我们都知道在冬天沿着冰面过河是十分危险的行为,一般人经常遇到这种情形,所以在处理事情时往往表现得粗心大意;而得道者无论遇到什么事都会表现出谨慎的处世态度,就如同冬天涉河一般。

二是"犹兮,若畏四邻",犹,小心、犹豫的样子。全句的意思是说得道之人好像畏惧自己的邻居一样,在日常生活中处处严格要求自己,约束自己的言行使之不逾越常规;制止自己的行动使之不嚣张放肆干扰邻居的生活。人是群居动物,得道之人也是人,他们不可能生活在人世之外,他们要生存就必须与周围的人建立密切的联系,离群索居不是真正的得道之人,当他们和周围的人进行交流的时候就不可避免地发生矛盾,处理矛盾的过程最能反映一个人的道德观和处世哲学,周围的人(邻居)对其评价的高低是至关重要的,因为它最能映射一个人的真正本质。

三是"俨兮,其若客",俨,庄严肃穆的样子。全句的意思是得道之人无论在什么场合、在什么情形之下,都会把自己摆在客人的位置,小心谨慎、严肃认真地对待人和事,而不会随随便便地对待日常生活问题。从生命的本质意义上来考察,人是人生路途上的匆匆过客,是大自然的普通客人,和其他的生物一样,没有生和死的选择,这是大道的必然规律,得道之人和大道同步,他们乖乖地做客人,严肃认真地对待日常生活琐事,和世间的庸人有本质的不同,庸人以大自然的主人自居,势必以尊贵的态度对待自己而以嚣张的态度对待自然,庸俗之人以损害自然为代价来满足自己的私欲,最后以毁灭自己而告终。老子主张以客人般严肃认真的态度度过自己的一生,而不是以玩世不恭的态度混过一世。

四是"涣兮，若冰之释"，涣，涣散；释，消解，形容冰解冻的情形，比喻得道之人从自己的欲望、梦想、抱负、追求、知识等重负中解脱出来，恢复为本我，就会有难以言表的轻松愉悦、悠然自得。这种感觉就像是冰封了一个冬季的河水在春风的吹拂下慢慢消融，是一种轻松的惬意的感觉。得道者之所以会有这种感觉是因为他们懂得如何释放自己，老子把得道者的觉悟恰当地比喻为冰封消融，从而焕发出自然的勃勃生机；从得道者自身而言，他们能冲破束缚自己的追求、意念、思维，完成自己对自己的征服。他们不执着于一事一物，了无牵挂，自然也就逍遥自在。

　　五是"敦兮，其若朴"，敦，内在端庄、厚重；外在朴素、自然。全句的意思是得道之人以其端庄厚实的本质能轻易地抵御外界的干扰和诱惑，因而表现出返璞归真的外在形象。敦厚实在的品格是人类社会一直提倡和赞颂的，简单朴素的生活方式也是人类社会所提倡的。我们常用浑金璞玉来形容那些不炫耀、敦厚朴实的人，得道之人就如同浑金璞玉，具有真材实料但默默无闻。

　　六是"旷兮其若谷"，旷，开阔、宽广；谷，比喻像山谷一样虚空。全句话的意思是得道之人心胸辽阔，就如同山谷一般空虚高深。他们能够藏污纳垢、包容万物，无所谓仇恨，没有亲戚和仇敌的对待，心中充满了友善，和没能体悟大道的人有本质的不同，没领悟大道的人喜欢洁净而厌恶污秽，有分别就有烦恼和祸患。得道之人处污秽无所谓污秽，处清洁无所谓清洁，与外在世界浑然一体，他也就无所谓痛苦烦恼、祸患和灾难了。没有了这些分别，他也就显得自在无为、随心所欲了。

　　七是"混兮，其若浊"，混，混同；浊，混浊。得道之人是清醒的，清醒的最高境界是，混浊的外在形象、透亮明净的内心，他和污浊的世界同为一体，不隔离不生疏，这是修道的最高境界，也是修道的终点，它是平淡无奇的，没有浓墨重彩、大肆渲染，而是不显山露水，于平淡中见道之真谛。

【为人之道】

张良勤修内心成奇才

　　汉朝的开国元勋张良在他读兵法之前，几次刺杀秦始皇都未成功。后来，他因品德高尚而得到《太公兵法》，并努力研习，学成后辅助刘邦，为汉朝的建立立下了汗马功劳。

有一天，年少的张良前往集市，路过一座桥。一位白发苍苍的老人迎上前来，对他说："我的鞋子不小心掉到河里去了，你能帮我捞上来吗？"张良二话不说就下河帮老人把鞋捞上来。等他上来时，老人又说："我右脚的鞋又掉下去了，你再帮我捞一次吧！"于是，张良又按照老人的指示下到河中去捞鞋。老人就这样三番五次地支使张良，他都照办了。

老人满意地点点头说道："孺子可教也，五日后你到这座桥下等我吧！"

五天后，张良见天快亮了，就赶紧起身到桥边见那位老人。到了那里才知老人已等候多时了。

"你应约而来，却不守时。年纪轻轻却比我这个老年人还晚到！"老人严肃地说，"再过五天你还在这里见我。"

五天很快过去了，张良一听见鸡鸣就赶紧起身，一路小跑赶到桥上，可是老人还是比他早到。老人一脸的怒气，严肃地说："你再过五天来找我！"

张良觉得非常惭愧，心想：我身为年轻人却连一个老人都不如。他决定下次一定要先到。第四天的晚上，张良不敢合眼，生怕自己睡过了头，等到半夜，他就动身到桥上等候。这一次，老人还没有到。一会儿老人来了，看见张良比自己先到，十分高兴，说："年轻人就应该多多努力，勤奋起早！"说完，老人拿出一部《太公兵法》，传授给他。

张良得到这本书后如获至宝，每天早早起床，仔细攻读，用心揣摩。后来，他掌握了其中的精髓和过硬的军事本领，刘邦统一天下的时候，张良辅佐他，为他出谋划策，立下了大功。

【从政之道】

张之洞言行谨慎安享终生

张之洞每次遇事都能够保持头脑清醒，行事谨慎，就是在立宪这样的大问题上也不例外。

张之洞主张立宪法、设议院的立场是鲜明的，态度是坚决的，要求也是迫切的，但这并未使他鲁莽行事。

清廷发布预备立宪上谕的第二天，便颁发了改革官制的谕令。命载泽、荣庆、奎俊、铁良、徐世昌、陆润庠、袁世凯等诸大臣共同编纂改革官制方案，又令端方、张之洞、周馥、岑春煊等督臣派司道大员进京随同商议，紧接着，又编订地方官制。在编制时又分两层。第一层为各省设行省衙门，督抚总理政务，略如各部尚书，藩臬二司略如各部丞；合并各司道局所，分设各司，酌设官，如参议者领之，司以下设曹，以五品至九品官分掌之；每日督抚率属官，定时入署，共同商议各事；各府州县公牍直达省；每省设高等审判厅，受理上控案件，行政司法，各有专职。第二层是：督抚经管外务、军政，兼监督一切行政、司法；布政使管民政，兼管农工商；按察使专管司法方面的行政，监督高等审判厅；设财政司，专管财政、交通；学、盐、粮、关、河各司道仍照旧制。

张之洞对地方官制改革的方案提出了许多异议，基本上持反对态度。他在1907年1月2日致军机处厘定官制大臣的电文中说："此次官制之应如何改定，自以有关立宪之利害为主，其无关宪法看，似可不必多所更张，转致财力竭蹶、政事丛脞、人心惶扰。"这些表明他主张缓进、审慎行事。如他不同意裁撤知府，其理由是："一府所辖，少则四五县，多至十县，各县距省遥远，极远者至二三千里，若有知府犹可分寄耳目，民冤可申理，灾荒可覆勘，盗匪可觉察"，因而撤知府"势有难行"。又如合并各司道一事，他认为各司各自有印，各自有稿，若合为一署，"无此广大廨舍能容许多官吏，能存许多案牍"，再如各省高等审判厅一事，他认为："一省之中臬司即为高等审判厅矣，另设厅何为"，至于第二层办法，他反对的理由是："尤多窒碍之处，民政以警察为大端，乃臬司分内事，今乃不属臬司而属藩司，理财乃藩司分内事，今乃又别立财政司……藩、学、臬、运、粮、盐、关、河权限本自分明，互相混淆，乃亦议改变则尤可不必矣！"总而言之，他认为改革官制各条，"似不尽与立宪关涉，窃谓宜就现有各衙门认真考核，从容整理，旧制暂勿多改，目前先从设四乡谳局选议绅、董事人手，以为将来立宪之始基，如能实力奉行，此尚是达民情、采公论之实际，亦可稍慰环海望治之心。"

张之洞认为，立宪事关乎根本政治体制改革，牵涉到统治集团的切身利益，不可能一蹴而就。所以，他主张稳妥缓进。结果他在朝廷里受顽固势力的冲击最少。

由于张之洞一直谨慎行事，他得到了皇上的信任、老百姓的爱戴，一生都未遭遇大的变故。

【经商之道】

丰田英二谨慎行事，大获商机

丰田汽车公司之所以成为汽车行业的巨头，是因为丰田英二不贸然行事，能耐心等待时机，更能抓住时机。

1950年，丰田公司因危机的到来，被迫将工业公司和销售公司分离。当时负责技术部门的董事丰田英二，深知即使他提出重新合并的建议，在当时也是行不通的。

丰田英二在决定丰田的未来发展方向时，久久未作出决定，这是因为他认为条件不成熟，即便勉强行事也是要失败的，与其胎死腹中，还不如耐心地等待时机的到来，一举成功。

英二在深思熟虑考察各种条件的同时，还要衡量各方面的利弊，直到20世纪80年代初，丰田两家公司才终于结束了长达32年的产销分离，诞生了全新的丰田公司，英二的等待终于有了丰硕的成果。

在处理丰田赴美建厂一事上，丰田英二也同样小心谨慎，耐心等待时机的成熟。

丰田进军美国，在日本汽车厂商中，是继本田、日产之后的第三家，为此不少人抱怨为时太晚，会长丰田英二和社长丰田章一郎的回答是："我们在等待时机，我们的行动并没有落后。"由于采取了谨慎的战术，丰田公司终于顺利地打入了美国汽车市场。

丰田英二是个善于抓机遇的人，善于等待，当机遇没有来时，他静如处子；一旦机遇来临，他则动若脱兔。俗话说："欲速则不达。"等待看起来似乎是消极怠工，其实是一种慎重的行事方式。等待并不等于落后，如同长跑，起步早的不一定能最终得到冠军。

丰田懂得这些道理，做事谨慎，使丰田汽车公司顺利地发展，一天天地走向壮大。

第十六章　没身不殆

【原文】

致虚极，守静笃①。万物并作②，吾以观其复③。夫物芸芸，各复归其根④。归根曰静，是谓复命⑤。复命曰常⑥，知常曰明⑦。不知常，妄作，凶⑧。知常容，容乃公⑨，公乃全，全乃天⑩，天乃道，道乃久⑪，没身不殆⑫。

【注释】

①虚、静：都指人心灵的空明状态。极：指极端、极度。②作：生长，发展，指生命活动。③复：反复，循环往复。④芸芸：茂盛，纷繁的样子。根：根源，初始状态。⑤复命：复归本性。⑥常：常态，指万物变化的永恒规律。⑦明：明达，明了。⑧妄作：轻举妄动。⑨容：包容。⑩天：上天，自然界的天。⑪道：天道，自然规律。⑫没身：终身。殆：危险。

【译文】

达到虚无的极端境界，固守宁静达到厚重忠实。在万物的生长发展中，我用虚静之境界去观察万物的发展变化规律。万物都向其初始状态回归，回复到初始状态叫作静，静叫作天道所归的命。回复其生命历程是宇宙永恒法则，明了宇宙永恒法则叫作明智，不明了宇宙永恒法则，轻举妄动就会招来祸害。认识宇宙永恒法则就能包容一切，包容一切就会大公无私，大公无私可为天下君王，天下君王应合天理法则，天理法则必符合"道"，符合"道"就能长久，终身没有危险。

【评析】

这一章老子提出了"虚极""静笃""静""常""明""容"等概念。"致虚极，守静笃"。"致"春秋古义有"委身"之义，"将身置于静寂无极的虚空中"。这是修行中的一种内觉状态，非修行者很难理解这句话。修道者在修行中，全身心融入太虚之中，达到了物我两忘之境，并非茫然一片，一点真我静守着湛然的纯一，这就是"守静笃"。

"复命曰常，知常曰明。不知常，妄作，凶。"老子告诫"万物生生灭灭是大道法则，知而不干涉是智睿，如果凭借自己的神通妄加干涉必遭凶险"。凶险何谓？因为你违背天道，必遭天谴！

"知常容，容乃公，公乃全，全乃天，天乃道，道乃久，没身不殆"。知道了天道的规律法则，才可以涵容一切，不倚仗神通妄加干涉。做到涵容一切才会无私无欲；做到了无私无欲才可能神机博大；神机博大才可能神融太虚；神融太虚才可能回归生命的本源，只有回归那生命本源才会永存不息。即使有一天我们的肉身该终结了，我们的真我——元神可以安然回归，不会遭到任何风险。

【为人之道】

李士谦清静无为好善乐施

李士谦，字子约，赵郡平棘（今河北赵县）人。他很小的时候，父亲就去世了，侍奉母亲以孝著称。母亲曾经呕吐，怀疑是中毒，于是他就跪下尝舐。他的伯父是魏岐州（今陕西凤翔）刺史李场，对他的行为深深叹赏，常称赞他说："这个孩子是我家的颜回。"后来他为母亲守丧，哀痛过度以至骨瘦如柴。

因为自己从小就成了孤儿，所以他从不饮酒吃肉，口不出杀生之言。亲戚朋友聚会时，他总摆下盛酒食的器具，面对端坐。

有一次，丰盛的食物满布面前，但他先摆上黍子，对众人说："孔子称黍为五谷之长，荀子也说先吃黍稷，古人所倡，能违背吗？"老少肃然，不敢放肆，退下后相互议论道："见到君子，才知我们这些人德行不好。"士谦闻后自责说："怎么能被人疏远，以至于到了这步田地！"

他家中富有财产，自奉俭约，常以布施为务。州里有无力经办丧事的，士谦总是为之奔走，缺什么随时供给。如有兄弟之间分家不均，以至相互不和、争讼的，士谦听说后拿出钱财，补给少的，使他与多的相等。兄弟往往惭愧不安，转而相互推让，最后都成为讲道理的人。有一次，一头牛误入了他家田地，吃了他家的田禾，士谦便把牛牵到阴凉处喂养，比它的主人还要耐心。如果他远远看到有人偷割他的禾苗，他就默然躲避。他的家仆曾经抓到一个偷粮的人，士谦用好话慰解说："都是穷困逼得他这样啊，按照情理不应该责罚他。"立即命令家仆把他放走。他的家奴曾经与乡人董震因酒醉比武，董震勒住他的喉部，把这个家仆勒死了。董震惶惧请罪，士谦对他说："卿本无杀心，何必致歉！但可远走他乡，不要被官府抓住。"他性情宽厚，都与此相类。

后来有一次，他还拿出数千石粮食，贷给乡民，碰到歉收之年，乡民无法偿还，都来致歉。士谦说："本是我家余粮，原本想的是救济，哪能用来求利呢？"于是将乡民全部叫来，准备酒饭，当面烧掉债契，说："债已了结，请不要再以此为念。"让大家都放心回家去。第二年大丰收，乡民争着来还债，士谦都拒绝了，一点也没有接受。他年又发生大灾荒，死人很多，士谦竭尽家财，为人煮粥，赖以活命者将近万人。他又率人收埋骸骨，所见到的都加以埋葬。到春天，又拿出粮种，分给贫乏人家。赵郡乡民对其感恩戴德，抚摸自己的子孙说："这是李参军的遗惠啊。"有的对士谦说："君多有阴德。"士谦说："所谓阴德是什么呢？如耳鸣，自己独自听到，他人不知道的东西。现在我所做的，我自己都知道，那里有什么阴德！"

开皇八年（588年），士谦死在家中，时年66。赵郡的男女老少听说后，都痛哭流涕地说："老天为什么不让我们死，而让李参军死呢？"参加葬礼者有一万多人。乡人李景伯等以士谦修德于家乡，列举其事迹，到尚书省为先生请求谥号，被扣压而无结果，于是一起在墓地为士谦树碑纪念。

第十七章　功成事遂

【原文】

太上，下知有之①；其次，亲而誉之②；其次，畏之；其下，侮之③。信不足焉，安有不信。悠兮其贵言④，功成事遂⑤，百姓皆谓我自然。

【注释】

①太上：至上、至高无上的，这里指最高统治者。②誉：赞誉，美誉。③侮：侮辱。④悠兮：悠闲自在的样子。贵言：指不轻易发号施令。⑤遂：成功。

【译文】

最高明的统治者，民众只知道他的存在；次一等的，民众尊重他赞颂他；再次一等的，民众害怕他；更次一等的，民众轻视他、侮辱他。统治者的诚信不足，民众自然不信任他。统治者谨严慎微不随意发号施令，事情自然而然会圆满成功，老百姓都说"我们本来就是这样的"。

【评析】

这一章老子主要论述统治者治理国家的问题，他主张无为而治，无为的真正内涵是无不为，只有达到了这一境界，国家才能安定，人民才能富足。那么统治者怎样才能做到无为而治呢？

老子说大道无言而长存，大道无为而长能，真正是无为而无不为。我们也常说"强扭的瓜不甜"，这是有道理的，因为人之所以强扭，是因为没等到瓜熟蒂落，没等到长熟的瓜怎么会甜呢？这是人们没有顺应自然规律，其必然会自食苦果。这里的自然规律也可称之为道。在现实生活中，一旦我们违背大道就会受其惩罚，为了不受大道的惩罚，我们就必须合乎大道。一旦我们合乎了大道，就会自由自在。推而言之，统治者要想不受大道的惩罚就要顺应大道，做到无为而治。

老子在这一章里将统治者分为四个等级，他们分别是：太上、其次、其次、其次。

"太上"有两个意思：一是最高明的统治者；二是遥远的上古时代。这里指最高明的统治者。最高明的统治者实行无为而治，对国家和人民的治理采取了一种自然主义的放任政策，这种政策的特点是尽量减少自己对国家和人民施加强有力的影响，不增加人民的经济负担，不对外进行大规模的扩张，因而民众感觉不到他的存在。最高明的统治者采用的是顺应自然规律的方法，不对人民的生活进行干涉，人民获得了真正的自由，所以生活得自在安乐，因为生活得富足、安乐，所以民众无怨尤的对象，也就感觉不到统治者的存在了。

"其次，亲而誉之"，这是次一等的统治者，这种统治者的特点是给人民以恩惠，人民亲近他赞誉他，他施惠于民，但不高高在上，不让人民感觉到他的特殊性，他可亲可敬，和人民相处融洽。

"其次，畏之"，这种统治者声色俱厉，经常摆出盛气凌人、不可一世的神态，让百姓见了就害怕，他制定出苛刻的规章制度，这些规章制度的制定直接威胁到了人民的生命财产，老百姓对其又恨又气又惧怕，常常处于暗无天日的悲惨境地。

"其下，侮之"，这是最下等的统治者，这种统治者专横跋扈，不把老百姓放在眼里，甚至不把他们当自己的子民，而是当作奴隶横加奴役、剥夺、辱骂。老百姓对此非人的待遇很是恼怒，他们背后咒骂统治者，侮辱其人格，恼怒至极，他们会揭竿而起，举起推翻统治者的大旗。

真正做到对人民实行无为而治的统治者，不会轻易向人民发号施令，他们慎言谨行，决不破坏老百姓的生活规律，老百姓遵循自然规律生活，自然会国富民强。统治者不费任何精力国家就得到了治理，百姓得到了安宁，生活富足安定的百姓感觉不到统治者的治理，觉得这一切都是自然而然的，本来就是这样的。百姓有了这种感觉自然心中没有感激，没有感激也就无所谓仇恨，没有仇恨国家自然太平。

【从政之道】

李浑失信惨遭杀身之祸

李浑，字金才，陇西成纪（甘肃秦安）人，隋初李穆的长子。

北周时，他在杨坚手下做官。杨坚建立隋朝后，考虑到李穆手握重兵，担心他反叛，就派李浑去招降，李浑对父亲反复陈述利害关系，李穆才归降。杨坚封李穆申国公，李浑也因此升官，授上议同三司（相当于宰相），封武部公，到炀帝时，升为大将军，权势显赫。

不久。李穆的孙子李筠去世。隋文帝和群臣商议为李穆重新立嗣。李浑很想占据嗣位，就亲自找妻兄宇文述帮忙。宇文述当时官居右卫大将军，封爵上柱国，在朝中地位尊宠显贵，聚财无数，但仍不满足。

李浑知道宇文述十分贪婪，把自己的想法告诉宇文述，并以巨额金钱引诱他："如果你能帮我取得袭封之位，我一定以国家赋税收入的一半进奉给您。"宇文述利欲熏心，为之心动，便欣然同意。

宇文述与当时的皇太子杨勇关系很好，并统领保卫杨勇的军队。他知道杨勇忠实厚道，很受皇上宠爱，只要他向皇上建议定会准奏。于是他进宫对杨勇说："立嗣按礼法以长为先，长子死了，就应选立诸子中贤良有才能的人。现在申国公的长孙死了，我看申国公的子孙多数贪慕声色，整日游乐狎妓，根本不配继承申国公的封号爵位，只有金才素来有功于国，除了他没有人可袭封申国公的嗣位。"杨勇认为他说得有理，就劝说文帝让李浑入嗣。文帝没有反对，就下诏让李浑承袭李穆的嗣位，转封他为申国公，李浑因此获得大批资财。后来又在宇文述的帮助下，李浑升官至右骁卫将军。隋炀帝时，追赠李穆为成国公，李浑依然袭封，官职又进一级，为右骁卫大将军，俸禄和权力大为提高。

李浑袭封李穆的所有封爵，变得日益放纵贪婪，根本无心兑现自己对宇文述的承诺。宇文述等了很久，仍不见李浑给自己送钱来，心中愤恨不已。一次喝醉了，对友人于豪亮说："我为官这么多年，圣恩隆重，百官敬畏，却被小小的金才戏弄了一把，我至死都不会忘记！"李浑听说，也不以为意。从此两人就结下了很深的矛盾。

不久，隋炀帝出兵讨伐辽东。有个方士安伽陀善于占卜预算未来之事，他对炀帝说："将来肯定是姓李的人当天子！"并劝说炀帝杀尽天下姓李的人。宇文述探知此事，大为高兴，认为自己报仇的时刻已到，于是诬陷李浑，他对炀帝说："伽陀的话，现在有了征兆。我与金才本是亲戚，最近听说他举动反常，为了陛下的江山，也不能徇私不报。"炀帝惊问其故。他说："金才经常和其亲信李敏、李善衡等人日夜聚会，密谋大事，有时连晚上都不睡觉。李浑是朝中大臣，家世隆盛，自己手握禁兵，不应该这样辜负陛下的恩宠，望陛下明察。"炀帝说："你说得很对，就请查实。"

宇文述非常高兴。他派大将裴仁基领兵包围李浑府邸，把李浑等人拘捕到案。又派左丞元文都、御史大夫裴蕴合审谋反罪状。元、裴二人多次审问，毫无收获，据实上报炀帝。炀帝令宇文述想办法审出奸谋。

宇文述暗自着急。他想只能从他妹妹宇文氏下手了。于是他亲自到牢狱中，召出妹妹，劝诱她说："夫人您是天子的外甥，不愁找不到贤良的夫君。李敏、金才的姓刚好与预言相合，天子准备诛杀他们，已经无可救药。夫人你应当保全自身，如果你出来作证，我担保你不会受到牵连。"

宇文氏惊惧不已，说："我不知道怎么办才好，希望兄长教我。"宇文述说："你说李家图谋造反，并说金才曾对李敏讲：'你上应预言，当作天子。现在皇上喜欢对外用兵，骚扰百姓，隋朝灭亡的时刻到了，我们俩应共同谋取皇位。假如皇上去征辽，我们俩必定出朝为大将，每人有两万多兵马，合则为5万之众；再发动诸房子弟一起随军出征，他们必将分领兵马，到时候机会一到，首尾响应，杀向皇上的御营，那么一日之间，天下就是我们的了。'"宇文述一边说，一边让宇文氏写下来。写完后在封口处写上"上密"二字。

宇文述进宫向炀帝呈上宇文氏所录，说："我已经得到金才等人的反状，现在有金才的妻子的表述为证据。"炀帝看后，流着眼泪说："我杨氏江山差点儿倾覆，幸亏依靠你的辛劳，才使奸佞之谋昭然若揭。"

炀帝于是下诏诛杀李浑、李敏等人，家族被牵连者达32人。

【经商之道】

仗义守信：精于此道方能成长远之事

胡雪岩常说："做人无非是讲个信义。"做生意与做人，本质是一致的。一个真正成功的商人，往往也是一个信义之人。胡雪岩正是仗义守信，才获得比一般人多的成功。

胡雪岩的钱庄开业不久，接待了一位特殊客户。此人名叫罗尚德，是驻杭州绿营兵的千总，他存入阜康一万两银子，既不要利息，也不要存折。原来他在老家时，是个赌徒，定下婚约不提婚期，却因好赌，用去岳父家一万多两银子，最后岳父家提出只要罗尚德同意退婚，宁可不要银子。这下刺激了罗尚德，他不仅同意退婚，并发誓做牛做马也要还上银子。

罗尚德后来投军，辛辛苦苦十多年熬到六品武官的位置，又省吃俭用，积蓄了这一万两银子。前几天接到命令，要到江苏与太平军打仗，因为没有亲眷相托，因而存入阜康钱庄。他既不要利息，也不要存折，因为既相信阜康钱庄的信誉，也因自己打仗生死未卜，存折带在身上是个麻烦。

得知这一情况后，胡雪岩当即决定：虽然对方不要利息，自己也仍以三年定期的利息照算；虽然对方不要字据，也仍立字据交由刘庆生代管。

罗尚德后来在战场上阵亡。临死之前，他委托两位老乡将自己在阜康的存款提出，转给老家的亲戚。两位同乡没有任何凭据就来到阜康钱庄，办理转移手续，原以为会遇到一些刁难或麻烦，甚至阜康会赖账。他们却没想到除为证实他们确是罗尚德的同乡，请人出面作证外，没费半点周折，就连本带利为他们办了手续。

其实，罗尚德手上没有任何字据，帮他来办理这笔款的人，也同他没有很大关系，倘若否认这笔存款，当然无可厚非，在商场上也并不是没有前例。但阜康却不肯这样做，从这一点上，我们能够看出胡雪岩仗义而守信的人品。

阜康付出了罗尚德的那笔存款，两个帮罗尚德办理取兑的同乡回到军营，讲了他们的经历，使阜康的声誉一下子在军营传开了。许多官兵把自己的积蓄甘愿长期无息地存在阜康钱庄，从而引来了大批的存款。

信用是一个人立身行事之本。孟子说："人而无信，不知其可也。"一个全无诚信可言的人，一定会为众人所不齿；一个讲信用的人，一定会有人与你一起打天下。

第十八章　大忠大义

【原文】

大道废，有仁义①；智慧出，有大伪②；六亲不和，有孝慈③；国家昏乱，有忠臣。

【注释】

①大道：指社会制度和秩序。②智慧：聪明，智巧。③六亲：指父、子、兄、弟、夫、妇。

【译文】

因为大道废了，才彰显仁义；智谋出现了，才产生狡诈、虚伪；父、子、兄、弟、夫、妇之间不和睦了，才知道是谁孝慈；国家动荡混乱了，才看出所谓忠臣。

【评析】

我们人类是最复杂的情感动物，我们拥有自己的思想和意志，能够进行思考和特立独行，在处理问题时有自己独特的想法和行为准则。人类虽然由大道生而且在大道中发展壮大，但随着人类的智慧的开启，人类愈发狂妄自大、唯我独尊起来。人类忘记了自己的由来，不再遵循自然大道，这种对大道的漠视态度，使得我们离人道越来越远。

偏离大道越来越远带来的直接后果是人类自取灭亡，为了避免这种惨剧的发生，人类人为地制定了一些行为规范来加以约束，于是一些政令条文、奖惩制度、政策法规随即出现。这些政策法规虽然在一定程度上缓解了社会压力,但它不能从本质上解决问题。

废止大道的必然后果是有所作为的开始,有了作为也就有了好和坏的区分,对于好的、正确的我们加以褒扬、赞颂;而对于坏的、错误的我们大加鞭挞、惩治,只有这样才能保证社会的正常运转和协调发展。

何谓"仁义"?仁,我们从古人的组字结构来考察,二人为仁。为什么需要二人呢?因为没有比较就没有鉴别,有参照物才能进行区别对待。再者就是没有人和我们对应,我们也就不能称其为人了。孔子曾这样定义仁,他说:"仁者爱人。"连自己的同类都不爱的人,还配称人吗?这种行为还配叫仁吗?义,正义、道义、义气。仁和义合起来就是仁义,仁义在本章中指那些合情合理、合乎道义并热爱同类的行为。仁义是相对的概念,它是与不仁义相对而言的,仁义能带来和睦安定,而不仁义必将招致祸患和攻击。人们明白了这个道理之后,就纷纷行仁义,这是人们有智慧的象征。

人是有欲望的动物,由于欲望的驱动,人们难免会利用各种手段来满足自己的私欲,有些人为了职位高升,对上级溜须拍马,达到了登峰造极的地步;有些人善于为自己的罪责开脱,不惜蒙骗别人,颠倒黑白;也有些人成天摆出一副忠实的面孔,其内心早已打好了坑害别人的小算盘,他们使用种种伎俩,只为一己私利。他们心中没有半点仁义,却要装出十足仁义的样子,其虚伪本质掩藏在华丽的外表和花言巧语里,他们越是装得仁义,越能得到大的好处。这种运用聪明处处蒙骗别人的行为就叫大虚伪。

"伪"字何解?人为即伪。人为就是人有意去做的而不是顺应自然的行为,是违背了大道的行为,所以我们称人为的东西都是虚伪的,都不是朴素自然的了。人在作为的时候往往会掺杂进自己的智慧,所以就有了尔虞我诈、钩心斗角等不良行为,虽然这些行为是在暗中进行的,掩盖在虚伪的外衣下,但还是能被人感知,甚至被人揭露和批判。

只有六亲不和睦了,才会提倡孝和慈,为什么这么说呢?六亲不和睦是人有智慧的结果,有智慧就会有私欲,私欲得不到满足时必然会发生矛盾和争斗,这种争斗由小及大会危及国家的安宁,于是不得不制定一些行为准则:做儿女的应该孝顺自己的父母;做父母的应该慈爱自己的孩子。也就是孝和慈。当我们的心中没有这些概念的时候,就无所谓孝和慈,大家其乐融融,无老无少、无长无幼,一派祥和的景象。而一旦头脑中有了这样的标准,我们再也无法自由了,我们要时时处处考虑自己的行为是否出格,别人站在他自己的角度看我们的行为，稍有不慎就会被人横加指责，其乐融融的祥和景象就会被破坏。

"国家昏乱，有忠臣。"这句话不能单纯地理解为国家混乱了，才有忠臣，而应当理解为，在国家安定的情况下，人民富足、自由，有忠臣又有何用武之地呢？这就如同高明的统治者，不被人所知道一样，忠臣在和平安定的时期是不会显山露水的，只有在国家出现混乱的危急关头他才会挺身而出，拯救国家于危难之中。

【为人之道】

陆氏兄弟争死取义感天动地泣鬼神

唐玄宗时的奉礼郎陆南金是一个十分讲究兄弟情义的人。开元初年，太常寺少卿卢崇道犯罪流放岭南，因为一肚子的冤气，又不甘心屈死瘴乡，就历尽艰辛逃回东都洛阳。当时，陆南金由于母亲去世，守孝在家。卢崇道是他在太常寺的上司，两人私交很好。卢崇道逃归洛阳后，躲躲藏藏，无处安身，迫不得已，借吊孝为名，来到陆南金家里，将自己的冤屈处境向陆南金一一讲明。陆南金很同情他，便冒险让他躲在自己家里。

过了不久，卢崇道逃走的事被发现了，官府发文缉捕他归案。不久，他的仇人了解到他的行踪，便立即向官府告发。

朝廷即刻派人将他搜出收捕，而且委派侍御史王旭主持审理这起犯官私逃案件。窝藏逃犯的陆南金自然也被牵连进去，投了监狱。结果，陆南金被定为死罪。

陆南金有个兄弟叫陆赵璧，平时只是个好读书的富家公子，并无特异之处。当他得知兄长被判为死罪后，马上来到主持审案的侍御史王旭那里，声称收留卢崇道全是自己的主意，与兄长没有半点关系，自己愿意承担一切罪责，请求释放兄长，自己情愿留下受死。而陆南金则严词痛责弟弟，向侍御史王旭重申自己是卢崇道的朋友，收留他完全是出自朋友义气，是自己的事，与弟弟无关，弟弟只是为了救自己而自诬，这是国法所不允许的，自己的罪责不能由他代替。

陆南金兄弟争死，让侍御史王旭十分吃惊，他把陆赵璧叫来详细推问究竟。陆赵璧应对不出来，不得不承认他不认识卢崇道，但他又放声大哭，泣不成声地恳求："我哥哥是家中长子，又善于主持家事。而今老母刚刚去世，尚未安葬，小妹又待出嫁，家里的这些大事都要他安排料理。至于小人，从小娇惯顽劣，事事不如兄长，留我在世，于国于家无益，经过深思熟虑，自愿请求代兄受死，但求恩准。"说罢叩头不止。

侍御史王旭被陆家兄弟深深感动了，他将事情的经过和陆家兄弟争死全义的事奏告皇帝。唐玄宗也很赞赏他们舍生取义的表现，特下诏宽免了陆南金的罪行。

【经商之道】

吉田忠雄以"仁"取胜

吉田忠雄是日本吉田工业公司的总裁，被人称为"拉链大王"。他所经营的公司，早已成为日本最大的拉链制造公司，据说他们生产出的拉链长度，足够在地球到月球之间往返两次半。

吉田忠雄有自己一套独特的经营方略，简而言之，就是遵循"善的循环"。对此，他有自己的说法："如果我们散布仁慈的种子，给别人以仁慈，仁慈就会循环给我们，仁慈在我们和别人之间不停地循环运转。"他认为，企业赚钱多多益善，但是利润不可独吞。为此吉田把利润分成三部分，推行"利润三分法"，即以质量较好的产品及低廉的价格，再让利三分之一给消费者，三分之一给销售公司产品的经销商及代理商，另外的三分之一给自己企业的员工和股东。

根据这个原则，吉田忠雄要求公司员工在本公司的储蓄账户上存款，公司则每月按高于日本银行的定期利息支付给存款员工，这对公司员工产生了极大的吸引力，鼓舞着他们对公司投资计划的积极参与。正是吉田忠雄注重搞好人际关系，积极创造了"人和的环境"，才博得了各方的赞誉，提高了企业的自身形象，最终赢得了长期、稳定的巨额利润。

给别人以仁慈，仁慈就会循环给我们，和气才能生财。商人们要牢牢记住这样一个原则。

【从政之道】

伊尹迫不得已软禁商天子

夏朝的最后一个皇帝是夏桀，他在位时荒淫无道，滥杀忠臣良将，政权岌岌可危。

与此同时，夏朝的一个属国商国渐渐强大起来，国王成汤在相国伊尹的帮助下，内修德政，发展军事力量，对外逐步征服周边小国，最终于公元前11世纪，灭掉桀王，建立商朝。

伊尹本来是成汤推荐给桀王的，但桀王只同他谈了一次话，以后再没有理过他。成汤见夏王对伊尹不予重用，于是请他到商国并拜他为相，授予国政。伊尹不负众望，帮助成汤发展农耕，铸造兵器，训练军队，终于灭了夏朝。成汤临终把大权交给了相国伊尹，嘱托他尽心辅佐自己的三个子孙。伊尹答应了他的要求。

成汤有三个子孙：外丙、中壬、太甲，是商朝很有作为的三个王。但太甲继位的前三年，并没有致力于天下大业，而是整日沉湎于酒色之中。

伊尹曾以长者的身份劝告他，又以相国的权力威胁他，但太甲在治国为民上仍毫无心思。伊尹使尽各种方法，想令太甲改过自新，以继承成汤的基业，创造商朝鼎盛，无奈太甲仍不以为然，冥顽不化。

有大臣向伊尹劝道："当年先主在位时，你帮他灭掉夏国；先主仙逝，你又辅佐三位人主，已经报答了先主的知遇之恩。现在你既然无能为力，又何必强求呢？你不如带上金银财宝，找一个青山绿水的地方，隐居下来，安享晚年！"

伊尹训斥那位大臣道："为人臣子，应当在国家危难时挺身而出，劝诫皇帝，这才是良臣。如果都像你所说，在君主英明、太平盛世时，大臣都在朝堂食俸禄；而一旦风起云变、国君不明事理时，便隐蔽起来，那么，要我们大臣又有什么用处呢？"

那大臣听完，哑口无言，急忙向伊尹请罪。

尽管如此，伊尹还是免了他的职，并当众公布那大臣的口舌之罪，众人听了无不畏惧。

太甲也知道了这件事，表示赞同。伊尹乘机又劝太甲，太甲仍是不听。无奈，伊尹便将太甲关进南桐宫，责令他反省，他则亲自主持朝中事务整整三年。

　　经过三年反省，太甲终于悔悟。伊尹又亲自把他接出来，将政权交还给他。

　　太甲重新登上皇位，励精图治，使商朝达到了鼎盛时期。这其中，伊尹功不可没，他当了三十多年的商朝相国，为商朝的统治奠定了坚实的基础。

第十九章　绝圣弃智

【原文】

绝圣弃智，民利百倍①；绝仁弃义，民复孝慈；绝巧弃利，盗贼无有。此三者以为文不足②，故令有所属③：见素抱朴，少私寡欲④。绝学无忧。

【注释】

①圣：这里指自作聪明。②此三者：指智慧、仁义、巧利。文：粉饰。③属：归属。④素：没有染色的丝。朴：没经雕琢的木。

【译文】

杜绝智慧，抛却巧辩，民众获益百倍之多。杜绝仁慈，抛弃道义，民众才能回复到子孝亲慈。杜绝机巧，抛弃私利，盗贼也就没有了。以上智辩、仁义、巧利三者不易分辨清楚，所以应定义解释清楚，实际应呈现纯真，保持质朴，减少私心，减少欲望，弃绝学习，能做到这些，就没有忧患了。

【评析】

开篇点名"绝圣弃智"，我们不免产生疑惑，瞪大眼睛问一句："聪明睿智和巧言善变乃人人向往之，为何要杜绝和抛弃？"智慧是好东西，这一点谁也不可否认，但好的东西不一定有好的用途。也就是说，如果将聪明才智用于为人民服务，用于积善养德，那无疑是好的，是应该大力提倡的，但如果用到损人利己的事上去，是十分可怕的事情，还不如没有智慧。

在远古时期，我们人类和自然是和谐相处的，人类吃的、用的无不直接取于自然，那时候人类的头脑不发达，不认为自己比别的动物聪明和高明，远古人和动物为友、和植物为伴。然而随着人类智慧的增长，人类开始自高自大起来，认为自己是万物的主宰，我们人类开始践踏蹂躏万物，露出了不可一世的丑恶嘴脸；然而大自然不吃人类那一套，它以各种方式惩罚人类的"无知"，这是人类为拥有智慧付出的代价。人类拥有智慧的另一个突出变化，那便是阶级的出现，人类从此出现了压榨和纷争，变得虚伪、狡诈和丑陋，因而有了欺诈、猜疑和互相残杀，这也是人类的智慧增长的不良后果。

有这样一个故事：客机在大沙漠里失事，幸存者只有十一人，这十一人中，有大学教授、政府要员、公司经理、部队的军官、家庭主妇……另外还有一个傻子。沙漠白天的气温高达五六十摄氏度，如果不能及时找到水源，那人很快就会被渴死。求生的欲望强烈地在每个人的心中疯长，他们拼命地去寻找水源，然而，大沙漠却给人开玩笑，当他们看到一片绿洲、狂奔而去，绿洲却在瞬间消失了，他们就这样一连几次被愚弄之后，发现所谓的绿洲只是海市蜃楼，他们为此黯然神伤，决定等死。而唯有傻子不知道什么是海市蜃楼，他只知道口渴，只知道要喝水，在人们已完全丧失希望之后，他还在找水，最后他爬上一个沙丘找到了水，他呼喊着狂叫着飞奔而去，没有人理会他，三天后，当救援人员找到他们时，发现除了傻子还活着，其他十个人全都死了。

傻子不懂什么叫海市蜃楼，不懂什么叫欺骗，当然也就不会猜疑，不会决定等死，而那些人相反，是他们的聪明才智将他们推向绝路，傻子因"傻"得福，是"傻"救了他的命。

此章并不是倡导我们都做傻子，而是警醒我们不要用自己的智慧去猜疑人、伤害人，要做到质朴淳厚、少私寡欲。

【经商之道】

从小事上赢取顾客的信任

贝尔特拉摩公司是美国的一家颇有名气的公司，实力十分雄厚。它的成功秘诀是什么呢？

贝尔特拉摩公司通过许多小事得到了顾客的终生信任，从而为自己拉来许多回头顾客。在美国加州的门罗公园旁边的一家贝尔特拉摩公司的酒店，就能很好地说明这一点。

一天，有一位消费者来到该酒店打算买一箱酒，以备办公室开晚宴用。在柜台边，消费者递给售货员一张美国运通公司信用卡。运通公司的办事机构正忙于别的工作，一时只有令人心烦的忙音，售货员在电话上花费了三四分钟的时间，才获得公司对信用卡的证实。售货员把信用卡还给消费者，随手从柜台里的糖果盒里取出一枚5美分一条的薄荷口香糖放入食品袋中，并说："实在抱歉，耽误了您的宝贵时间。要知道，我们非常看重您的惠顾。希望您不久后再次光临。噢，祝晚会成功！"

很明显，美国运通公司电话占线并不是售货员的过错，但售货员主动把这个责任承担起来，他也不评判美国运通公司到底如何，更不发脾气，而是自己主动向因占线而久等的消费者道歉。事后，这位消费者深有感触地说道："他赢得了我们终身的信任！我们今后会毫不犹豫地继续走向那个'售货员赠5分钱糖果的商店'去购买东西。"

像这样的小事在这个店里时常发生，就这样，对这家商店产生好感的顾客越来越多，这家商店的销售额也因此不断上升。像这样的分店在贝尔特拉摩公司随处可见。

不难看出，要在商海中独占鳌头，就要意识到"面向消费者"的重要性。由于它直接关系到产品畅销与否，经济是否繁荣。因为购买商品的是消费者而不是市场，市场又是由消费者造就的。尊重消费者，礼貌待客，脚踏实地，认认真真给消费者良好的售后服务，那也就给对手设置了沟通消费者的障碍。

这一提供优质服务的做法并不需要技术推动，但却能让公司在市场营销中获得持久的优势。这种竞争优势不用大张旗鼓地宣传，也不用讲究生产条件如何，而是来自持之以恒地把日常普通事情做得好上加好，从而在竞争中占绝对优势。身边有很多小事，纵然它们都微不足道，但从这些小事中能充分体现一些企业家成功的秘诀。

贝尔特拉摩公司就是这样的一个公司，善于从小事上取得顾客的信任。

第二十章　而贵食母

【原文】

唯之与阿，相去几何①？美之与恶，相去何若？人之所畏，不可不畏。荒兮，其未央②哉！众人熙熙③，如享太牢，如春登台④。我独泊兮，其未兆⑤，如婴儿之未孩⑥；儽儽兮，若无所归⑦！众人皆有余，而我独若遗⑧。我愚人之心也哉，沌沌兮⑨！俗人昭昭，我独昏昏⑩。众人察察，我独闷闷⑪。澹兮，其若海；飂兮，若无止⑫。众人皆有以，而我独顽似鄙⑬。我独异于人，而贵食母⑭。

【注释】

①唯：恭敬地答应。阿：怠慢地答应。这是区别尊贵和卑贱的用语。②荒兮：广漠空远的样子。未央：未尽。③熙熙：形容纵情奔放、兴高采烈的样子。④太牢：古代祭祖礼牛、羊、猪三牲俱全为太牢。⑤未兆：没有征兆，预感，形容无动于衷、不炫耀自己。⑥孩：同"咳"，形容婴儿的笑声。⑦儽儽兮：疲惫懒散的样子。⑧遗：不足，匮乏。⑨沌：混沌无知。⑩昭昭：聪明光耀的样子。昏昏：昏昏沉沉的样子。⑪察察：严厉苛刻的样子。闷闷：沉闷无语。⑫澹：辽远广阔。⑬有以：有为，有本领。鄙：低下、低能。⑭食母：食：食用。母：比喻万物根源的道，道是生育天地万物之母。

【译文】

唯诺和呵斥，相差多远？美好和丑恶相差多远？为人所害怕的亦应该害怕怕他的人。这其中的道理，茫茫然啊，无尽头。众人都去寻欢觅乐，好像去参加丰盛的宴会，又像春天登台观赏美景；而我独淡泊宁静啊，不萌生寻欢作乐的念头，就像婴儿还不会发出笑声。外无文饰啊，无所归就。众人都富足，我独匮乏。我有一个愚人的心肠啊，混沌无知也。俗人都光耀自炫，我独昏昏昧昧啊。众人都精明审察，我独懵懂啊。幽远啊，似大海无所止。众人都有作为，我独愚顽且鄙俗。我独期望与别人相异，而贵养根本。

【评析】

此章是老子的思想独白，也是老子思想的精华。可以称得上《道德经》一书的重点。

老子开篇提出反问：唯之与阿，相去几何？唯是唯诺顺从的意思；阿是呵斥，引申为反对之意。整句话的意思是顺从和反对有多大的距离呢？善之与恶，相去若何？意思是善良和邪恶能有多大的距离呢？仅在一念之差罢了。

在常人看来美和丑是一对相对存在的概念，人们普遍偏爱美好的事物，而讨厌丑恶的事物。因为这种心理的驱使，人们往往不惜一切代价去追求美好的事物，当追求得到满足时就欣喜若狂，而一旦无法实现自己的愿望便闷闷不乐，烦恼和忧伤等坏情绪便接踵而来。得道之人却不同，他们心目中无美和丑的区别，一切顺应自然，决不刻意追求什么，也就无所谓得和失，也就不会有痛苦和烦恼了。一个人整日闷闷不乐，不但是一种最残酷的自我折磨，而且会影响别人的心情。带着忧愁和烦恼生活的人，其人生质量大打折扣，更不会有什么人格魅力了，试想这样的人生还有什么乐趣可言呢？

老子将众人和自己作了极其鲜明的对比，当众人都沉浸在春天般的美景、享用着丰盛的大餐时，我却独自甘于寂寞，怀着无比淡泊宁静的心境，就如同刚出生的婴孩般的无为状态。众人借助外在的事物（美食、美景）而乐，一旦外在的事物消失了，他们的快乐也就不存在了。得道之人明白外在境界转瞬即逝，并非本质，所以他们要保持淡泊恬静的心境。

众人都有强烈的占有欲望，所以他们利用自己的聪明才智你争我夺，在混乱的世道里大有收获，直至绰绰有余，而我却好像丢失了什么东西一般。我在众人的眼里是多么愚笨的人啊！众人在收获到财富、地位、名利后必然会不甘寂寞，大肆炫耀。而我却采取昏昏沉沉、迷迷糊糊的生活态度。正因为我愚笨，所以我心灵空虚，了无牵挂，无为而自在，烦恼和忧愁自然会远离我而去。聪明人凡事都要争出个所以然来，以不知强为知，不聪明强装聪明。他们凡事都要斤斤计较，辩它个明明白白、一清二楚，而我却哑口无言、闷闷不语。众人都要有所作为，而我却清净寡为，这在众人看来我是多么冥顽不化、卑鄙下贱啊！

老子对众人的思想没有作出任何批判，他只是通过众人的思想来反衬自己的思想，起到了极其鲜明的对比效果。老子追求"沌沌"、"昏昏"、"闷闷"的思想境界，他认为自己之所以和众人的思想不同，就是因为自己注重以洞察万物的根源来滋补自己的灵魂。万物之根源就是大道。老子整日处于大道之中，无言无为、无欲无求，自然也就无忧无虑、无伤无痛、逍遥自在，可谓真正的至乐境界。

【为人之道】

生前淡泊名利，死后康乐为名

春秋时期，武城人黔娄，是曾子的弟子，先曾子死去，曾子带着弟子们前往武城吊唁。黔娄妻衣衫褴褛，面容憔悴，但举止文雅，彬彬有礼。她把客人一一让进灵堂，守候在黔娄灵前。黔娄的尸体停放在门板上，枕着土坯，盖着一个破麻布单子，弃头露足。曾子说："斜着盖，就可以把他的整个尸体盖严了。"黔娄妻说："斜着盖虽然盖严尸体还有余，倒不如正正当当盖不严好。他活着时，为人正而不斜，死了把麻布盖斜了，并非他自己的意思，是我们强加给他的，如何使得？"曾子哭着说："黔娄已经死了，应该封他个什么谥号呢？"黔娄妻不假思索地说："以'康乐'为谥号。"曾子感到奇怪，问道："黔娄在世时，食不饱腹，衣不暖体，死后连个能盖住全身的单子也没有。活着时，虽然整日能看到酒肉，但是吃不到，死后也无法用酒肉祭祀，怎么能称为'康乐'呢？"

黔娄妻慷慨陈词："他活着的时候，国君曾经想让他做官，把相国的重要职位交给他，他以种种理由推辞掉了，这应该说他是有余贵的；国君曾经恩赐粮食三万斛给他，也被他婉言谢绝了，这应该说他是有余富的。他一贯吃粗饭，喝淡茶，但是心甘情愿；他的职位虽然低下，却安心满足。他从不为自己的贫穷和职位低下而感到悲观、伤心，也从不为富有和尊贵而感到满足和高兴。他想求仁就得到了仁，想求义就得到了义。因此，我认为他的谥号应该为'康乐'。"曾子觉得她的话很有道理，感叹道："唯斯人也，斯有斯妇！"

黔娄就是这样一个淡泊名利的人，他的妻子同样也是。这种人生观，连曾子也发出了斯人斯妇的感叹。

【从政之道】

吕僧珍立身谨慎受皇封

吕僧珍字元瑜，是东平郡（今山东济宁市北）范县人，家世居广陵（今江苏扬州）。从南齐时起，吕僧珍便随从萧衍。萧衍为豫州刺史，他任典签。萧衍任领军。他补为主簿。建武二年（495年），萧衍率师援助义阳抗御北魏，吕僧珍随军前往。萧衍任雍州刺史，吕僧珍为萧衍手下中兵参军，被当作心腹之人。萧衍起兵，吕僧珍被任为前锋大将军，大破萧齐军队，为萧衍立下大功。

吕僧珍有大功于萧衍，被萧衍恩遇重用，其所受优待，无人可以相比。但其从未居功自傲恃宠纵情，而是更加小心谨慎。当值宫禁之中，盛夏也不敢解衣。

每次陪伴萧衍，总是屏气低声，不随意吃桌上的果实。有一次，他喝醉酒，拿了桌上一个柑橘，萧衍笑着说："卿真是大有进步了。"拿一个柑橘被认为是大有进步，可见吕僧珍谨慎到了什么程度。

吕僧珍因离乡日久，上表请求萧衍让他回乡祭扫先人之墓。萧衍为使其衣锦还乡，光宗耀祖，不但准其还乡，还任其使持节、平北将军、南兖州（今江苏扬州）刺史，即管理其家乡所在州的最高行政长官。然而，吕僧珍到任后，平心待下，不私亲戚，没有丝毫张狂之举。吕僧珍的从侄，是个卖葱的，他听说自己的叔叔做了大官，便不再卖葱了，跑到吕僧珍处要求谋个官做。吕僧珍对他说："我深受国家重恩，还没有做出什么事情以为报效，怎敢以公济私。你们都有自己的事干，岂可妄求他职，快回葱市干你的本行吧！"吕僧珍的旧宅在市北，前面有督邮的官府挡着。乡人都劝吕僧珍把督邮府迁走，把旧宅扩建。吕僧珍说："督邮官府自我家盖房以来一直在北地，怎能为扩建吾宅让其搬家呢？"遂不许。

吕僧珍有个姐姐，嫁给当地的一个姓于的人，家就在市西。她家的房子低矮临街，左邻右舍都开买卖的店铺货摊，一看就是下等人住的地方。但吕僧珍常到姐姐家中做客，丝毫不觉以出入这种地方为耻。

君子立身处世，贫贱不能移，威武不能屈，富贵不能淫。这是封建社会中理想的做人准则。然而，这并非常人可以做到。更有甚者，有人贵而忘贱，得志便猖狂，恣意妄为，最终身败名裂。吕僧珍可谓深知立身之道的智者，他功高不自居，身贵不自傲。从而使皇帝对他更加信任。吕僧珍58岁时病死，梁武帝萧衍下诏说："大业初构，茂勋克举，及居禁卫，朝夕尽诚。方参任台槐，式隆朝寄：奄致丧逝，伤恸于怀。宜加优典，以隆宠命，可赠骠骑将军、开府仪同三司、常侍、鼓吹、侯如故。"不但如此，吕僧珍还被加谥为忠敬侯。吕僧珍善有其终，当和他立身谨慎是分不开的。

第二十一章　惟道是从

【原文】

孔德之容，惟道是从①。道之为物，惟恍惟惚②。惚兮恍兮，其中有象③；恍兮惚兮，其中有物；窈兮冥兮，其中有精④。其精甚真，其中有信。自古及今，其名不去，以阅众甫⑤。吾何以知众甫之状哉？以此⑥。

【注释】

①孔：甚，大。②恍惚：飘忽不定的样子。③象：形象、物象。④窈：深远，微不可见。冥：幽暗，暗昧，深不可测。精，最细微的物质性的实体。⑤甫：通父，引申为事物之原始。⑥此：指道。

【译文】

大德者唯一服从的是大道。道这个东西，恍恍惚惚。惚啊恍啊，其中有形象啊；恍啊惚啊，其中有实物啊。深远啊暗昧啊，其中实存不虚，实在的东西很真，其中有信验可凭。从今上溯到远古，它的名字永远不会消失，用它以认识万物的演化。我怎么知道万物演化的进程与结果呢？是从道认识的。

【评析】

这一章老子提出了"德"的概念，从造字法来看，"德"字从"彳"从"目"从"心"，"彳"是行走的意思，整个字可以理解为眼睛看到的心行。大道无形，大道无声，只能通过我们的思维去体认，而德却能被人看到，它是人类对道体认后所采取的行为，也就是说德是道在人类身上的体现，德是形式，道是内容。

在这一章里，老子对大道再一次作了形容：它是恍恍惚惚、似有似无的。然而在恍惚之中有一种形象存在着，那就是宇宙的大形象；在恍惚之中还有一种物质在流转，那就是大气在流动。这个大形象和大气在恍惚之中存在着，非常幽暗深远，虽然我们无法看到它们，但是其中却有着精致微妙的东西真实地存在着，那正是事物的本质所在，这一本质已超出了我们人类所能认识的范围，虽然我们不能真正地认识它们，但我们能真切地感知到它们的存在，这是因为它们有信期，这就如同潮水，如期而至。我们在生活中摸索到了这一规律，并从中感知到了大道的存在和它带给我们的影响。

大道是恍惚，大德是什么呢？老子说："大德是唯大道之命是从的。"大德与大道是相融相通的，它像大道一样恍恍惚惚、幽暗深远。道是德的根本，德是道的显现。无道就无德，有道就有德，合道者有德，不合道者无德。这样一来老子所建构的道德体系也就基本上完善了。道体现在宇宙万物上，所以它代表的是宇宙观和世界观。德对于我们人类而言，它是品格、是德行、是成功者所具备的内在素质的标准性外化，它能被人看到，被人解读。只有真正领悟大道的人才能拥有大德，才能将德行发挥到极致。这就是大道和大德的关系，我们只有对大道和大德的关系问题作深入的探究，并将它们在实践中加以验证，才能领悟大德的真意，从而建立正确的价值观和人生观。正确的价值观和人生观的确立，对于我们人类而言，具有十分重要的意义。有道德修养的人能得到大家的敬仰，并作为人生的楷模在社会上流传。

老子和他的《道德经》之所以流传至今，并得到极力推崇和赞扬，其中最重要的一点是因为人是高等动物，追求美德和高贵的灵魂，人类成全了《道德经》；反过来，《道德经》又为人类建构道德体系提供了依据，没有人就无所谓道德，没有道德也就无所谓人类。

【从政之道】

化大狱为小惩，迎来皆大欢喜

江西南康县民王琼辉，性格粗犷，好打抱不平。一天，罗玉成的家人在王琼辉家门口欺凌弱者。王琼辉一怒之下，将这个恶奴抓进他的院子里打了一顿。罗家知道消息后，以为这是太岁头上动土。两家本有嫌隙，没事还虎视眈眈，既然王家挑起事端，罗家可就等到了大打出手的机会。因此，以罗玉成的兄弟罗玉汝为首，一下子纠合家丁、族人，以及依附于罗家的游民、地痞、佃户等200来人，还有跟着看热闹的好几百人，提刀扛棍，围住了王家院子。罗玉汝等人不仅夺回了肇事家人，还把王琼辉拉出去，捆在一棵树上猛抽猛打，打得死去活来，才扬长而去。

王琼辉兄弟5人便到县里状告罗玉成纠集暴徒行凶打人。当时南康知县不在，由县丞吴履受理此事。他知道争斗情况后，马上差人将行凶首恶4人捕捉到县里，准备惩处。但王氏兄弟嫌惩罚的力度不够，扬言："倘若官府不管，我们就要杀进罗家，拼个同归于尽。"

吴县丞知道王家兄弟已经不能控制感情，稍一放纵，一场悲惨的械斗就要发生，死伤将不知多少，后果将不堪设想。如对罗家兄弟处理过严，后果同样不堪设想：罗家兄弟会更加痛恨王家兄弟，也会自行解决，造成一场械斗的发生。还有可能报复官府。因此，他把王琼辉叫来，反复对他陈说利害，劝他冷静克制，不要铸成大错。

他问王琼辉："那天只有罗家的人围住你家吗？"

王琼辉答："不是。"

"共有多少人？"

"1000多人。"

"1000多人都骂你、打你了吗？"

"动手打的就那几个，跟着叫骂的也不多，大多数人是瞎起哄、看热闹的。"

"只有那么几个人打你、骂你，你弟兄几个就要兴师动众，提刀乱砍，血洗罗家满族、满门，这行吗？而且你知道众怒难犯的道理吗？如果罗家全族也像你们这样不要命蛮干，拿刀使棍杀到你们家里，他们族大人多，你们的妻儿老小还有命吗？杀了你们全家，虽说还有王法惩治他们，可到那时你又能获得什么？你悔都没法悔了！听我的话，老老实实听候县里发落，我会公正地严惩祸首、替你解恨的。"

在吴县丞警之以法、晓之以理、动之以情的感化下，王琼辉放弃了原有的打算，趴在地上叩头说："小民听老爷的话，求老爷给小民做主！"

吴县丞劝住了王琼辉后，就将捕来的罗玉汝等4个凶手押到他们打王琼辉的地方，当着王琼辉的面，每人重打几十大板。对于这4个凶手来说，他们也觉得合理，因为他们把王琼辉打得死去活来，因此事后他们也愿意向王琼辉赔礼道歉。就这样，一场眼看酿成血祸的纷争，终于在吴县丞的恰当处理下平息了。

第二十二章　圣人抱一

【原文】

曲则全，枉则直①；洼则盈②，敝则新；少则得，多则惑。是以圣人抱一为天下式③。不自见，故明；不自是，故彰；不自伐，故有功④；不自矜，故长。夫唯不争，故天下莫能与之争。古之所谓"曲则全"者，岂虚言哉⑤？诚全而归之。

【注释】

①枉：曲，委曲。②洼：低洼。③抱一：守道。一：道。式：模式，范式。④伐：夸。⑤虚言：空话，假话。

【译文】

树木长得卷曲不合规矩反而会免除先伐之祸，屈就反而伸展，低洼反而充盈，破旧反而生新，少取反而多得，贪多反而迷惑。所以圣人掌握万事归一的法则，可以治理天下。不单凭自己所见，反能看得清楚；不自以为是，反能受崇敬；不自我夸耀，反能见功劳；不自高自大，反能长久。正因为不和世人相争，所以没有谁能与他相争。古人所说"曲则全"的道理，怎能只是一句空话呢？对于辩证法对立统一规律，只能诚心诚意去遵循。这就是人们常说的自然之道。

【评析】

老子开篇就引用了古语：曲则全，枉则直；洼则盈，敝则新；少则得，多则惑。这六个词分别指代六种完全不同的事物，它们共同反映一个道理，那就是"委曲求全",对于我们人类而言,这是一种低姿态的生活态度。对于除人以外的诸多生物而言,委曲求全确实能保全它自己,以免受外来的伤害,这在一定程度上可以将其界定为一种大智慧。

在生物圈中存在着环环相扣的食物链,各种生物为了生存而免受淘汰,纷纷显示出自己的生存技巧。蛇是一种最柔软的动物,正因为它的柔软,它才可以任意改变自己的形状,以逃避敌人,并自由前行而不受外界环境的阻挠。试想:如果蛇像一根大木棒一样坚硬,它还能自由前行吗?这乍听起来是一个十分可笑的问题,问题的根源在于它违背常理,即我们所说的大道。大道虽然看不见摸不着,但却能被我们所感知,德是道的体现,体现了道的无行无为。蛇本身不是道也不是德,它只是体现道和德的万物中的一种,作为灵长类的人类是最能体现道和德的载体。

我们经常用青松的孤傲和柳树的温顺来形容完全不同的处世风格,青松不畏惧严寒,傲然挺立,任凭外界风暴雷电的狂虐。而柳树却不同,它随风而舞动,姿态妩媚。态度的不同就必然造就了两种完全不同的命运:青松折干倒地而死;柳树左右摇摆,保持平衡,什么也没有受损,反而得到了杨柳依依的美名。我们应该学习柳树,以"曲"而保"全"。

几何定理的证明中,有时会用到逆证法,也就是倒着推理,我们在此也不妨使用逆证法来推断。如果我们从全的方面去求全,直的方面去求直,必然无法达到目的,这是因为全的方面会走到它的反面曲,直的方面会走到它的反面枉。所以,我们为了达到全,不妨先曲;为了达到直,不妨先枉。

得道之人最明白这个道理,他们永远处在曲和枉的境界里,所以就无为地得到了全和直,也就无所谓曲和全、直和枉了。没有了概念和分别,也就没有了矛盾,没有了矛盾也就没有了痛苦,没有了痛苦也就自在无为,和大道同步了。

圣人(得道之人)的眼里没有自己,自然也就没有别人或他物,所以没有任何东西遮蔽,自然会清澈明亮,也就什么都能看得见了。圣人没有等级观念,自然没有善恶是非的标准,自己没有对错,别人也无所谓善恶了。他们不自夸,也不损人,自然会得到别人的赞扬、拥护和爱戴。他们对于自己的成绩从不夸耀,心中没有功过的概念,自然也就不会骄傲。常人则不同,有点成绩就沾沾自喜,到处炫耀,开始别人还能容忍,最后别人也就厌烦了,自然无法得到别人的认可和称颂。

最主要的是圣人没有分别心，对所有的事物都不会分别对待，无所谓名利，一切顺应自然，淡然而宁静。他们不会与人进行残酷的你争我夺，始终和大道合为一体，万物皆源于大道，和大道同体的人岂不是拥有了宇宙万物，还有什么可争夺呢？得道之人不与人争，也就没有得；没有得，也就没有失。没有得失也就无所谓患得患失，没有患得患失也就没有痛苦的折磨。没有痛苦是美好的人生，这是不与人争夺的结果。

前面我们讲到大道和大德的关系，委曲求全是一条智慧的处世方略，这是解悟大道之人的行为，也可以说是真正的大德。

【为人之道】

刘秀委曲求全以自保

西汉末年，绿林赤眉起义爆发，刘秀、刘伯升兄弟也在南阳起兵。后来义军联合起来，推刘玄为帝。在义军发展过程中，刘秀兄弟逐渐显示出超人的才智和胆识。特别是在昆阳一战中，刘秀临危不乱，以少胜多，取得了昆阳大捷。然而大胜之后，义军开始分裂。有人对刘玄说："刘秀兄弟才识过人，且屡立战功，势力越来越大。二人难以久为池中之物。此时不除，将来必为祸患。"刘玄觉得言之有理，便下令杀掉刘秀的哥哥刘伯升，刘秀本人也将大祸临头。

刘秀这时正在带兵攻打昆城附近的县城。听到哥哥被杀的消息，非常悲痛。他明白自己功劳太大，遭到皇帝刘玄的猜忌，性命悬于一线之间。本来他是久怀自立之心的，但若这时起兵反叛，自己势力尚弱，无异于以卵击石。逃跑吧，身家性命或许能够保住，千秋大业则付之东流。思来想去，刘秀决定效孙膑装疯、以柔克刚之计。于是急令收兵，匆匆赶回宛城，叩见皇上。一到殿上，他"扑通"一声跪伏在地，向刘玄连声谢罪，流着泪说："我们兄弟没有听从陛下的旨意，是天大的罪过。我们百死莫赎！"刘玄本就觉得杀害功臣有些过分，见刘秀如此自责，反而不知如何是好。

旧时的部下听说刘秀回来了，纷纷前来探望。有人说些激愤的话，刘秀总是借口有事，敬而远之。为了表明立场，哥哥的丧礼，他也不去参加，而且一点儿悲痛的表情都没有；一日三餐，总是饮酒作乐，谈笑风生；跟别人谈话，绝口不提自己在昆阳大捷的功劳，总是显出一副唯唯诺诺的样子，不停地责备自己，说皇上如此器重自己，自己却有负他的期望。刘秀的表现传到更始帝耳中，更始帝的警惕之心马上松懈下来。他觉得刘秀对自己这么忠心，怎么会背叛呢？后来，反而深深内疚起来，后悔听信谗言，杀害功臣。刘秀不但躲过了此次劫难，还被加封为破虏大将军。后来，刘秀看准时机，离开了更始帝，在河北建立了自己的队伍。他以河北为基础，扫荡群雄，终于统一了天下。

刘秀之所以能取得成功，主要在于他恰到好处地运用了委曲求全的处世策略，为了积聚力量，他低三下四、忍辱负重，上天不负苦心人，最后他取得了成功。

【从政之道】

勾践忍辱尝粪为灭吴

公元前494年，吴王夫差为了报杀父之仇，发动兵马，向越国进攻。吴军在梅山之战大获全胜，越军被打得落花流水，几乎全军覆没，退守在会稽山。越王勾践眼看着就要国破家亡，要求跟吴王讲和。吴王提出了一个条件，他要越王夫妇到吴国给自己当仆人。勾践与大臣文种和范蠡经过一番谋划之后，答应携着妻子心甘情愿侍奉夫差。

夫差的大臣伍子胥极力反对，要求直接杀死勾践，以绝后患。夫差有心要羞辱勾践，拒绝了伍子胥的建议。他在先父阖闾的墓旁建了一所简陋的石头房子，将勾践夫妇安置其中。里面没有床铺，他们就铺上干草；以前的王袍也被换上了奴隶的服装。他们整日蓬头垢面，替夫差养马、劈柴挑水、做饭洗衣，俨然奴隶一般。为了麻痹夫差，让他放松对自己的警惕，勾践想方设法讨好夫差，博取他的信任，甚至不惜亲自舔尝他的粪便。

一次，夫差生病，腹泻不止，便令勾践暂时回避一下。勾践连忙说："贱臣过去曾从师学医，了解一些医术，如果让我观察一下您的粪便，我就可以判断您病情的轻重。"说完就亲口尝了尝夫差的粪便，向夫差说他的病很快就会好。

夫差疑惑地问："你如何知道？"勾践回答说："贱臣曾听医师说：粪者，谷味也，体健其味重，体病其味轻。贱臣刚才尝过大王的粪便，味酸而稍苦，可见没有什么大碍！稍加调养就可以了。"夫差叹息道："勾践今日如此对我，这些是我宠信的大臣和儿子都做不到的啊！勾践对我的确忠心耿耿！"感动之余，吴王决定释放勾践夫妇回国。

勾践回国以后，发愤图强，笼络群臣，教养百姓。十年卧薪尝胆，他的国力大大增强，他便等待时机讨伐吴国，以雪耻辱。勾践虽然报仇心切，但并未鲁莽行事，他时常对众人说："两国交兵，除将士有必死之心，战马有一日千里之力外，后方补给是很重要的，有许多国家征伐别国时，都是因为后方补给跟不上，才被迫撤离的。我军若与吴国交战，一战必胜还可，若成两军对峙，便不妙。所以欲灭其国，先灭其粮草，此乃上上之策啊！"

但是，吴国地大物博，哪有轻易断粮之理？吴国的农夫多得像海滩的沙粒，难道能把他们全杀了不成？为此，勾践一筹莫展，整日思虑败吴之策。

一日，忽报有吴国使者来见，原来他们是来讨债的。几年前，越王向吴王借了十万斛粟米，现在吴国想要讨回以备耕种。因为吴国粮仓都只供应一年的粮食，如今正值耕种季节，正要用十万斛粟米回去散给百姓播种。

越王想了一想，便向使者恳求道："短时间很难凑齐这么多粟米，容宽限几日，定当派人送回吴国，不需再来人取。"

吴使爽快地答应了，勾践便命令百姓将粟米蒸熟，然后来官府换取两倍的生粟米。百姓们见有利可图，都日夜不停地蒸粟米。不几日，勾践便派人将十万斛熟粟米交给了吴王，并称这种粟米最适合播种之用。吴王见米粒大而饱满，便相信他，命人拿去播种，可百姓播种后却都不发芽，吴国因此大闹饥荒。

勾践乘机发兵讨伐吴国。吴国由于粮食供应不上，军队战斗力下降，五湖决战，夫差大败。越军包围了夫差的王宫，杀死宰相，活捉夫差。吴王没想到昔日舔尝自己大便的人竟然倾覆了自己的国家，他请求世世代代为越国附庸。勾践一心欲痛雪当年的耻辱，断然拒绝，夫差被迫自杀。

堂堂一国之君，肯为奴仆，已是不可思议，还能尝粪便，其忍辱之心真是无人可比。如果盲目反抗不起任何作用，那就用百倍的忍耐为既定的目标暗中积蓄力量，总会有出头的一天。

第二十三章　道亦乐得

【原文】

希言自然。故飘风不终朝①，骤雨不终日。孰为此者？天地。天地尚不能久，而况于人乎？故从事于道者同于道，德者同于德，失者同于失②。故同于道者，道亦得之。同于失者，道亦失之。信不足焉，有不信焉。

【注释】

①飘风：狂风。朝：早晨。②失：指失道或失德。

【译文】

少发政令合于自然。狂风刮不了一个早晨，暴雨下不了一整天。谁制造的狂风骤雨呢？是天地。天地形成的狂风暴雨尚不能长久，又何况人的狂妄行为呢？所以，从事于道的人合于道，从事于德的人合于德，失德失道的人，就会失去它们。合于道的人，道会乐于帮助他。合乎德的人，道就会使之有德。合乎失的人，道就会使他失道失德。

【评析】

这一章接着上一章的道和德讲起，论证了人们必须与道和德相一致才能真正顺应自然，只有做到天人合一，才能从自然中受益。

对于统治者而言，少发号施令是合乎自然规律的。为什么这么说呢？自然界的狂风都刮不到一个早晨，暴雨下不到一整天，这是因为自然界的万事万物都是相对平衡的：疾生疾灭、迟生迟灭、有生有灭、无生无灭……

老子在这一章里论述了统治者实施不言之教的重要意义，并通过自然界的变化来说明问题，比喻贴切，具有很强的说服力。他通过大家都熟悉的自然现象来阐释遵循自然规律的大道和大德，我们人类做事只有合乎自然法则才能长久，具体而言就是少生分别而合于自然，合乎自然也就是按照大道和大德来行事，按照大道来行事的人，大道也乐于得到他，愿意和他和谐相处；按照大德行事的人，大德也乐于得到他，和他永远在一起，而不合乎道德的人，道德自然远离他，最后什么好处也得不到。

　　天地在我们的眼里是神秘莫测的，而且蕴含着巨大的力量。即使蕴藏着巨大力量的天地，也必须遵循自然的道德规律，我们人类无法和天地相比，天地的巨大都无力对抗自然，更何况藐小的人类呢？我们只有不违背自然规律，做到合道合德，才能和大道德融为一体，并从中获得无限的益处；与之相反，如果我们违背大道大德不但得不到益处，而且会受到大道大德的遗弃，和大道大德相背离，必然会遭遇痛苦和灾祸。人具有主观能动性，正是这种主观能动性决定了人类会受到自然的奖惩，当人的行为合乎自然规律时，人就能从自然中受益，一旦违背自然规律行事，必然会受到自然惩罚。很多事例无不证明了这一点，比如人们为了眼前的小利，对森林乱砍滥伐，最后导致泥石流滑坡，死伤惨重。这样的例子还有很多，这里不再一一列举。总之，违背大道大德就等于自我毁灭。

【从政之道】

晋文公胜在守诺

　　官员守诺，才能得到百姓的信任，如此才可政令通行。

　　一天，晋文公同大臣子犯讨论图霸之事。文公说："如今百姓已逐渐安居乐业，我想使用他们，你看如何？"子犯答道："目前百姓虽然安于生计，但还不知道您讲不讲信用，也还不了解信用的作用，因此不宜使用。"

　　于是，晋文公在平时处理政务中，注意取信于民，并且在伐原的战争中，做了一次守信义的示范。

　　当年，晋文公帮助襄王安定王室后，周襄王为了奖励文公，赐给晋文公四个邑，即阳樊、温、原、儹予。从而使晋国的土地扩展到了黄河北岸。然而，在襄王赐予的四个邑中，原邑不愿意归顺晋国。不得已，文公只有起兵用武力征服。

晋文公同大将赵衰来到原邑。在此之前，原邑的首领原伯贯欺骗其部下和臣民，说晋兵在收归阳樊时，把阳樊的百姓全部都杀了。原人听后既恐惧又憎恨晋军，共同发誓死守原邑。随同的赵衰见此情景，对文公说："原人之所以不服我们晋国，是因为我们与原之间没有信用往来的缘故，君主如果取信于原人，那么原地不攻自然就会归我们了。"文公采纳了赵衰的谋略，与原人约定，如果三天内晋军攻不下原邑，我们便自动解围而去。同时还向士兵宣布：只围3天，只带3天口粮。

到了第三天，有原人偷跑出来向晋军报告说："城中已经探知晋军未屠杀阳樊的百姓，准备明天晚上偷偷打开城门，迎接晋军。"晋军一些将领得知这一消息，要求文公等一等再撤兵。文公坚决不同意，说："信用是一个国家的最大财富，要得到人民的支持，全靠它。我已经发出3天为期的命令，现在如果不按期退兵，就是失信。如果我们为得到原邑而失掉信用，那就得不偿失了。"

翌日天一亮，文公就下达了撤退令。晋军立即解除对原邑的包围。原邑民众见此情景，都说："晋侯宁失城，不失信，真是一位有道之君。"百姓纷纷在城楼上插上降旗，有的还偷跑出城追随晋军，原伯贯想阻止也阻止不住。晋军退了不到30里，原邑就派人来投降。

晋文公在赵衰的陪同下，单车进入原城，百姓见此，更是欢欣鼓舞。原伯贯来见文公时，文公以王公卿士的礼节相待，并将原伯贯的家迁到河北。又委任赵衰为原地大夫，兼领阳樊。留2000兵戍守，然后班师回晋都。此次行动，使文公在民众中建立起了更高的威信。

古人云：人无信不立。其实，一个国家、一个企业，没有信用也是难以立起来的。因此，靠信义来树立权威，就是一条重要的谋略。靠信义树立起来的权威往往基础更牢固，更具有持久性。

第二十四章　自是不彰

【原文】

企者不立①，跨者不行②，自见者不明，自是者不彰，自伐者无功③，自矜者不长④。其在道也，曰余食赘形，物或恶之⑤，故有道者不处。

【注释】

①企：踮起脚跟，脚尖着地。②跨：阔步行走。③自伐者：自我夸耀。④自矜者：自吹自擂。⑤余食：残羹冷饭。赘形：因饱食而长出多余的肉。

【译文】

踮起脚跟用脚尖站立，是站不牢靠的；大跨步前行，是走不远的；只看见自己的人不能明辨事理；自以为是的人辨不清是非；自我夸耀的人显不出功劳；自高自大的人不可能长久。以上这些行为从"道"的观点来看，只能称得上残羹赘瘤，惹人厌恶，所以有道之人是不做这些事的。

【评析】

在上一章中，老子讲述了合乎"道德"和不合"道德"的不同，这一章老子接着讲述不合"道德"的结果，这是老子思想中极富精义的部分。老子用极其精炼的语言向我们阐释了人的主观意志和客观规律之间存在的矛盾，进一步点明了自己的观点：人只有按照客观规律办事，遵循自然大道，才能收到良好的效果，才能不使行为和结果太过偏离、太过对立，矛盾太过尖锐。

"企者不立，跨者不行"，用脚尖是难以站立的，这是人的身体结构决定的。身体的全部重力都落到了两只脚上，所以脚长得厚实、宽阔，足以支撑起沉重的身躯，而一旦改变这种平衡，将全身的重力都集中到脚尖上，它是无法承担这一重任的，因为脚尖太瘦弱了，它根本没有能力完成这一任务，如果我们硬要将这一重任强加给它，这一强迫性的行为本身就是违背自然规律的，也就是所谓的不合"道德"。踮起脚跟用脚尖站立，其目的是为了站得高看得远，但脚尖不堪重负，所以只能是事与愿违，脚尖本身并没有错，错的是人的思想和行为违背了大道，其结果必然失败。同理，跨的意思是三步并作两步地走，这种走法是不科学的，因为一条腿抬起来还没等落下就要走第二步，这怎么可能呢？跨者是为了快才跨，但就这么一跨就走不了路了。跨是情绪焦躁的表现，由此可见，急于求成、焦急烦躁办不成事。跨这一动作本身也没有错，关键在于我们的动作和行为是否能达到目的，如果不能达到目的就是违背自然规律，就是违背大道和大德的行为，自然无法达到我们预期的目的和渴望的结果。

"自见者不明，自是者不彰，自伐者无功，自矜者不长。"这几句在前面的章节中已经出现过，如此重复出现就是为了强调指出不合道德是有百害而无一益的。其中始终贯通着大思想家老子以退为进、委曲求全的处世哲学。既然是"曲则全"，那么不故意去表现、张扬自己是比较明智的行为；自以为是的人是无法彰显自己的能力和优势的；自我炫耀是没有什么功劳可言的；自高自大是不能长久的。总之，以上的行为和结果恰恰是背道而驰，这根本不是我们期望得到的结果。老子形容这些行为是残羹赘瘤，是令人作呕的东西。

我们可以从中领悟出：做人不能太虚荣、太张扬、太妄自尊大。在这个物欲横流的社会，人心变得越来越浮躁，虚荣心日增，我们如何身处闹市而抛却浮华，做一个大道大德之人？这是很多人都关心的问题，可是针对这个问题，没有人能给我们一个切实可行的答案。老子作为一个几千年前的思想家，他的思想体系，对现代人而言依然具有很大的借鉴意义，他对大道的透析及形成的处世哲学是我们人类的思想瑰宝。

【为人之道】

杨修恃才傲物招杀身之祸

三国时期，曹操手下有位才子，名叫杨修。他不仅才华出众，而且反应机敏，聪颖过人。最初，曹操非常看重他。不过，杨修一向恃才傲物，锋芒太露，不但使曹操渐渐生出反感，而且最终引来杀身之祸。

杨修善于揣摩曹操的心思。有一次，曹操命人新修了一座花园，修好后带人来参观。曹操觉得很满意，只是临走时在花园门上写了一个"活"字。等曹操走后，杨修对修园人说："主公嫌花园的门太宽阔了，请你把它改窄点。"

修园人不解其意，杨修便说："你没看见主公刚才在门上写的'活'字吗？门与'活'合在一起，正是一个'阔'字。这就是告诉你们，花园的门太宽了，必须改小。"众人听了，都说有道理。于是，修园人按照杨修所说的去办。过了几天，曹操再次来参观时，发现花园门改小了，连连称好。

又有一次，有人送曹操一盒酥饼。曹操在饼盒上写了"一合酥"三个字，便放在桌子上。恰巧杨修进来看见了，便把大家叫来，想分吃酥饼。

可是，这盒酥饼是送给曹操的，谁敢轻易品尝？看到人们迟疑不动，杨修就说："主公在盒子上面写了'一合酥'三字，分开来念就是'一人一口酥'。所以你们尽管放心吃好了，出了事由我来承担。"

大家觉得他说得对，便纷纷上前将酥饼一抢而光。曹操知道此事后，虽然没说什么，但心里却对杨修的自作主张有些反感。

后来曹操率军攻打刘备，在定军山大败。曹操感到进退两难，但却不愿轻易撤兵。一天晚上，大将夏侯惇走进帐来，向曹操询问当晚夜巡的口令。曹操正在吃饭，手中拿着一块鸡肉，就随口说了"鸡肋"二字。

夏侯惇出帐后，就把这个口令告诉了夜巡的将士。杨修听到后，便吩咐手下人赶快收拾行囊，准备撤退。有士兵把此事报告了夏侯惇，他有些迷惑，赶忙问杨修。

杨修说："鸡肋，鸡肋，食之无味，弃之可惜！主公是不想在此恋战了，他虽然没有直接说出来，但心里已经准备要班师回朝了。"

夏侯惇早有耳闻，对他的话深信不疑。回到帐中后，也命令手下人收拾物品为撤军做准备，并派人通知了其他将士。

这一消息，有人很快报告给曹操。曹操一听，不禁勃然大怒，他早就对杨修的恃才之举有厌恶之心，立刻命人以蛊惑军心为由将杨修推出斩首。

第二十五章　道法自然

【原文】

　　有物混成，先天地生。寂兮寥兮①！独立而不改，周行而不殆②，可以为天地母③。吾不知其名，字之曰道，强为之名曰大。大曰逝④，逝曰远，远曰反⑤。故道大，天大，地大，王亦大。域中有四大，而王居其一焉⑥。人法地，地法天，天法道，道法自然。

【注释】

　　①寥：广阔无形。②殆：停止。③母：万物之根本。④逝：指道的运行周流不息。⑤反：本作"返"，意为返回到原状。⑥域中：宇宙之中，空间之中。

【译文】

　　有一个浑然天成的东西，在天地形成以前就已经存在了。它寂寂无声而又广阔无形，它独立长存而永不衰竭，周而复始而不停息，可以看成宇宙万物的根本，我不知道它的名字，勉强将它叫作道，我再勉强替它起个名字叫作大。它广大无边而周流不息，周流不息而伸展遥远，伸展遥远而返回本原。所以说道大、天大、地大、人也大。宇宙中有四大，而人居其中之一。人取法于地，地取法于天，天取法于道，道取法于自然。

【评析】

　　这一章里老子再一次阐述了道的性质和规律，道是物质性的，是最先存在的实体，但这个实体看不见摸不着，既寂静又空虚，不以人的意志为转移，无所不在地运行而又永不止息。大道无形，它没有形状可供我们辨认，但它确实是一个东西，但这个东西很特别，它不同于我们所能认识的东西，它是一个混沌的整体，在天地生成之前就已经存在了，因而它是超越了时空概念的东西，我们无法用肉眼看到它的样子，无法用耳朵听到它的声音。我们看不到、听不到并不代表它不存在。

　　我们能真实地感知道的存在，它就在我们的身边，并影响着我们的行动，制约着我们的行动，一旦我们的行动违背了大道，它就会毫不客气地惩罚我们。道是永恒存在的，它恍恍惚惚，我们只能勉强地称之为"道"。道独立存在，没有等级，没有分别，它是绝对独立的。因为没有等级，没有矛盾的方面，因此永远不会走向它的反面，不会改变，所以它恒久不变。它是一个整体，它无所不在，遍及整个宇宙，从这个意义上说它是衍生天地的根源。

　　在这一章中，老子提出了一个新的概念"大"，这个大和我们平常所说的小不是相对的概念，在这里，大代表一种形象，是一种虚空的形象，用来比喻大道的本质。大道要运行，而且因为大，所以它的运行速度极快，等到运行到一定的极限，它会自动返回，所以它永远不会枯竭。我们将一杯水洒到地上，水会顺势而流，当流到极限时它就不能再流了，于是停止，然后蒸发，直至消得无影无踪。而大道不同，它永远也不会枯竭，其中最主要的原因是大道能返回到它的原始状态，从而保留自己的实力，以达到周而复始的运行。

　　因为道"大"，所以道生出的天大、地也大，人是万物之灵长。人有自己的思想和意志，只有人能认识到大道的存在，所以可以称得上大。老子将存在于茫茫宇宙间拥有巨大能量的四种事物作了排序，它们的顺序为：道大、天大、地大、人大。在这里老子把人和大道、天地并列起来，是因为人能体认到大道的存在，能够感知到天地的力量，能够将自己融合到道、天、地中。

　　道是大而且玄奥的，它生成了天地万物，而它又是如何产生的呢？它是自然而然生成的。"道法自然"的意思是道是自然生成的，它向自然学习，效法并顺应自然。道是至高无上的，连它都要向自然学习并顺应自然，何况人类呢？能无视自然而自高自大吗？但人类确实犯了这个毛病，人类自以为自己有独立的思想，头脑聪明，所以就以万物的主宰自居，大肆屠杀牲畜，恣意毁坏森林和植被，我们总忘了在我们的头上还有大道和天地，它随时都会来惩罚我们的贪婪、无知和狂妄。所以我们决不可自以为是，要和天地合二为一，要学习大道包容万物的胸襟，和大自然和谐相处。只有这样我们才不会有烦恼和痛苦，才会过得逍遥自在，无所为而又无所不为。

上篇　道经

【为人之道】

庄子性情淡泊道法自然

庄子的智慧是超然的，仿佛是天空中的行云，悠然自得。

有一天，秋高气爽，太阳已爬在半空，庄子还长卧未醒。忽然，门外车马滚滚，喧嚣非凡，随后有人轻轻叩门。

原来是楚威王久仰庄周大名，欲将他招进宫中，辅佐自己完成称霸天下的事业。

楚威王便派了几位大夫充当使者，抬着猪羊美酒，携带黄金千两，驾着驷马高车，郑重其事地来请庄周去楚国当卿相。

半个时辰过后，庄子才睡眼惺忪开门出来。

使者拱手作揖，说明来意，呈上礼单。

不料庄子连礼单瞟也不瞟一眼，仰天大笑，说了一套令众使者大跌眼镜的话：

"免了！千金是重利，卿相是尊位，请转告威王，感谢他的厚爱。

"诸位难道没有看见过君王祭祀天地时充作牺牲的那头牛吗？想当初，它在田野里自由自在；一旦作为祭品被选入宫中，给予很好的照料，生活条件是好多了，可是这牛想不当祭品，还有可能吗？还来得及吗？

"去朝廷做官，与这头牛有什么差别呢？天下的君主，在他势单力孤、天下未定时，往往招揽海内英才，礼贤下士。一旦夺得天下，便为所欲为，视民如草芥，视功臣为敌手，真所谓'飞鸟尽，良弓藏；狡兔死，走狗烹'。

"你们说，去做官又有什么好结果？放着大自然的清风明月、荷色菊香不去观赏享受，偏偏费尽心机去争名夺利，岂不是太无聊了吗？"

使者见庄子对于世情功名的洞察如此深刻，也不好再说什么，只得怏怏告退。

其中一位使者还如临当头一棒，勘破数十年做官迷梦，决定回朝后上奏威王，告老还乡。

庄周仍然过着无忧无虑的生活。登山临水，笑傲烟霞，寻访故迹，契合自然，抒发感情，盘膝静坐，冥思苦想，在贫穷中享受人生的快乐和尊严。

李泌超然物外解人忧

　　李泌是唐朝时著名的大臣，他曾经辅佐过三朝皇帝，分别是肃宗、代宗、德宗，官位至宰相，并被封为邺侯。唐朝唐太宗、武则天和唐玄宗前期，达到了中国封建王朝最辉煌的时期，可是自唐玄宗后期开始，内乱纷扰，民不聊生。唐肃宗、代宗、德宗时期更是每况愈下，朝廷内官吏腐败，外加连年的战争，整个国家处于风雨飘摇的状态。李泌就是这时的宰相。

　　起初，李泌雄心勃勃，一心想帮助皇帝重整大唐江山，使唐朝再次出现"贞观之治"那样的鼎盛时期。可是，人不能违背历史规律的发展，唐朝已经到了寿终正寝的时候，任凭再多的贤臣辅佐，也不能挽救它衰败的命运。更何况，朝中奸臣当道，李泌等少数贤臣根本就不能施展拳脚。李泌经过多年的官场生涯，看透了其中的黑暗和唐朝灭亡的大势，于是辞官回乡。谁知，李泌走后，朝中无人能担当宰相的大任，没有办法，皇帝又派人来请李泌出山。李泌说什么也不肯再入朝为官。皇帝派了几拨儿说客，都没有说动李泌。皇帝十分生气，心想：好你个李泌，这么不给寡人面子，派了那么多的大臣请你，你都不肯回来，成心和我过不去，看我不收拾你。于是，皇帝下旨吓唬李泌，如果不肯入朝，就把他流放到蕲春——一个偏远的地方。可是李泌依旧不肯服从。这下皇帝真的动气了，果然把他发配到了蕲春。

　　此时，韦斌正负责蕲春的防务。他对李泌十分景仰，虽说李泌作为罪人被流放到此地，但韦斌还是对李泌很尊敬，而且处处照顾他，给他安排了住处，配备了仆人。还经常请李泌到自己府上喝酒谈天。韦斌虽然才能一般，但是为人豪爽，喜欢结交朋友，尤其是有本事、有才华的朋友。因此，他的朋友很多，他也喜欢经常邀朋友来家小聚。这天，韦斌又请了些朋友来家共进晚餐，其中包括李泌。仆人们在凉亭为他们准备了丰富的酒菜，两旁侍女为他们提着灯笼照明。

　　大家照例是相互敬酒，互相嘘寒问暖。可酒宴才刚刚开始不久，就听到"咕咕，咕咕"的猫头鹰的叫声，其声音很是令人毛骨悚然。民间有句流传很广的话，叫作"夜猫子进宅，尤事不来"。韦斌是个很迷信的人，听到猫头鹰的叫声，脸色立刻变了，刚才那一脸的兴奋也一扫而光，代之为沮丧，还痛苦地流下泪来。客人们忙问韦斌："您怎么了？"韦斌说："夜猫子进宅，无事不来。看来我要走霉运了，可怜我上有老，下有小，唉！"说着，更加伤心

上篇　道经

·113

了，禁不住哭出声来。客人们也被韦斌的话感染了，都没了兴致，再想想大唐目前的景况，真的是没好日子过了。李泌看到这，哈哈大笑，说："大家不要伤心，夜猫子的叫声是吉祥的，大家都试着这么想，别怕它的叫声，痛痛快快地喝酒聊天！"客人们经李泌这么一说，情绪都慢慢好了起来，开始把猫头鹰的叫声当作吉祥的声音，甚至还盼望它叫，于是，整个夜晚大家都感到过得很愉快。

第二十六章　静为躁君

【原文】

重为轻根①，静为躁君②。是以圣人终日行，不离辎重③。虽有荣观④，燕处超然⑤。奈何万乘之主⑥，而以身轻天下？轻则失本，躁则失君。

【注释】

①重：沉重，稳重。②躁：急躁，躁动。③辎重：古代军队中载运器械、粮食的车辆。④荣观：华丽的住所。⑤燕处：安居之地。⑥万乘之主：乘指兵车的数量。万乘之主就是指拥有一万辆兵车的大国之君。

【译义】

稳重是轻率的控制者，静定是躁动的制服者。因此君子整天行事都不轻举妄动，虽然有豪华的楼台亭榭，但他安闲静处、超然脱俗。为什么拥有万辆兵车的大国君王，却轻视自己而重治天下呢？轻浮失去自身，躁动失去君位。

【评析】

这一章紧承上一章的内容，讲述了自然对人的制约及我们为何要顺应自然的问题。

老子一开始就举出了两对矛盾的现象：轻重、动静，在前面的第二章中出现过美丑、善恶、有无、难易、长短等对立统一概念，第十三章中出现过宠辱，这些概念的提出和论述，真实地反映了老子朴素的辩证法思想，他认为矛盾是普遍存在的，任何事物都不是孤立存在的，而是相互依存相互制约的。

在重和轻的关系问题上，老子认为：重是轻的根本，轻是由重决定的，如果只注重轻而忽略重，就会失去根本。正是因为有了重，轻才能得以存在和维系。我们可以设想地球没有重力会是怎样的一种情景，我们无法站稳脚跟，无法进食，生命的延续不再可能，那是十分可怕的事情。老子认为在动和静这一对矛盾中，静是根本，动是其次。在这里，轻可引申为轻浮，动可引申为躁动不安。我们知道轻浮和躁动都是人格缺陷所映射出来的不良行为举止，是我们成功的大敌，这种举止在很大程度上反映了我们违道而行带来的后患，不顺应自然大道必然受到惩治。

圣人（得道之人）是如何合道而行的呢？圣人整天在行事，却从来不轻举妄动，而是慎重考虑后再行动，决不会表现出轻率、焦躁的样子，是因得道之人顺应了天道，而不是恣意妄为。他们虽然有可供享受的华丽的亭台楼院，但他们身居其中，却怡然自得，超然对待安逸的环境，而不是心浮气躁，沉迷其中。在物质生活极度丰富的今天，我们该如何看待物质财富，是坦然地享受它们，还是依旧过简朴的生活？这是一个摆在我们面前的问题，我们该如何给出一个圆满的答案？老子那顺应自然的观点兴许能给我们一些指引，物质是人创造的，它生不带来死不带去，我们活在这个人世间，如果一味拒绝繁华富足的生活，日子未免过得单调乏味，追求物质和金钱本身并没有错，享受双手创造的财富并没有错，但必须强调一点，那就是我们必须锻炼自己创造价值的能力，不去劳动而只追求享受是不合大道的，是应该为我们所摒弃的。

最后，老子将矛头指向了"万乘之主"，即大国的国王。当时的统治者过着纵欲色靡、奢侈轻浮的生活，他们狂妄、自大、焦躁、轻率，在老子看来，一国之君应当持重、守静，而不是轻浮、焦躁、轻举妄动。统治者以沉湎于玩乐享受为重，而以治理国家大事为轻，这是有违"重为轻根，静为躁君"的天道的，所以只会落下"轻则失根，躁则失君"的下场，历史上有违大道的暴君、昏君无不是以这样的残局收场，遭到后人的唾骂和鄙弃。

【为人之道】

善于自制：成吉思汗斩鹰悟道成大业

成吉思汗能取得伟大的成就，与他善于制怒有关；而他之所以善于制怒，则与他的一段传奇经历有关。

有一次，成吉思汗带人去打猎。他们一大早便出发，可到了中午仍没有收获，只好返回帐篷。成吉思汗不甘心，便独自一人走回山上。

烈日当空之下，他沿着羊肠小径向山上走去，一直走了好长时间，他感到口渴。不久，他来到了一个山谷，见有细水从上面一滴一滴地流下来。成吉思汗非常高兴，就从皮袋里取出杯子，耐着性子去接一滴一滴流下来的水。

当水接到七八分满时，他高兴地把杯子拿到嘴边，想把水喝下去。就在这时，一股疾风猛然把杯子从他手里吹了下来，将水弄洒了。成吉思汗又急又怒，抬头一看，原来是自己的爱鹰捣的鬼。他非常生气，却又无可奈何，只好拿起杯子重新接。

当水再次接到七八分满时，又有一股疾风把水杯弄翻了，原来又是他的鹰。成吉思汗非常愤怒，于是，他一声不响地拾起水杯，再从头接着一滴滴的水。当水接到七八分满时，他悄悄取出尖刀，拿在手中，然后把杯子慢慢地移近嘴边。老鹰再次向他飞来，成吉思汗迅速拿出尖刀，把鹰杀死了。

由于他的注意力过分集中于杀老鹰，疏忽了手中的杯子，杯子掉进了山谷里。成吉思汗无法再接水喝了，不过他想到既然有水从山上滴下来，那么上面也许有蓄水的地方，很可能是湖泊或山泉。于是他忍住口渴的煎熬，拼尽气力向上爬。终于爬上了山顶，发现果然有一个蓄水的池塘。

成吉思汗兴奋极了，立即弯下身子想要喝个饱。忽然，他看见池边有一条大毒蛇的尸体，这时他恍然大悟："原来飞鹰救了我一命，正因它刚才屡屡打翻我杯子里的水，才使我没有喝下被毒蛇污染了的水。"

成吉思汗明白自己做错了，他带着自责的心情、忍着口渴返回了帐篷。他对自己说："从今以后，我绝不在生气的时候作决定！"这一决心，使成吉思汗避免了很多错事，给他的雄图霸业带来了莫大的帮助。

孟子说："骤然临之而不惊，无故加之而不怒，此之谓大丈夫。"

很多有智慧、有成就的人，也都反复告诫人们：千万别被愤怒左右。如果一个人动不动就怒火中烧，结果就会伤人伤己，不可能与别人融洽相处和友好交往。一旦如此，便会失去理智，难以保持清醒的头脑、作出正确的判断，因而做错事、蠢事的概率便大大增加。所以，必须学会自制，这不仅是一种很高的人生修养，而且是人在社会上生存、发展所必不可少的能力。

【从政之道】

借惩暴君，巧谏国王

一天，魏文侯心情不错，就命乐师弹琴，魏文侯亲自起舞，诵赋。魏文侯一副全心投入的样子，使在场的每一个人都为之感动。没想到大王还有这样高超的本领，平日里大王在朝上很是威严，大臣们都有些害怕。今天见大王有如此闲情雅致，在场的大臣们也很兴奋，有的也不禁翩翩起舞；不会跳舞的就在旁边不住地点头，夸奖大王跳得好，诵得妙。魏文侯看到大臣们这样欣赏自己的表演，就更加高兴了。于是就即兴作了一首赋，当他朗诵到"让我的话无一人敢违背"时，乐师突然停止鼓琴，并将案上之琴举起来向魏文侯砸去。刚才那其乐融融的气氛一下子烟消云散，代之而来的是紧张的氛围，两旁的大臣吓得瞪直了眼。魏文侯也大惊，幸亏两旁武士眼疾手快，一把抢过乐师手中的琴，并牢牢地把乐师按在地上。

魏文侯实在太生气了，本来自己今天心情很好，却被乐师搞得一塌糊涂，恨不得一口一口撕下他身上的肉。他坐在桌旁，吹胡子瞪眼，喘着粗气，怒视着乐师。两旁大臣都有些害怕，心想，这个乐师，太大胆了，竟然敢打大王，不是找死吗？乐师却神态自若，安静地趴在地上。魏文侯看到乐师竟然这种表情，就更加气愤了，大喊："执法官来了没有？我要治这不知天高地厚的乐师的罪。"执法官忙快步跑到魏文侯面前，弯腰鞠躬，说："大王，臣在，您有何吩咐？"魏文侯说："按照我国法律，臣属打君主，应该判什么罪？"执法官说："禀报大王，应判死罪。"说完，魏文侯喊道："听到没有，快把这混蛋乐师给我拉出去，砍了！"说完，甩袖就要走，乐师听到这，忙说："大王，臣有一言，请您听我说完，再让我去死吧。"魏文侯不耐烦地说："快说，快说，我一刻也不想再见到你。"乐师说："过去，尧、舜为君主时，唯恐自己的话没人反驳。后来桀、纣为君主时，唯恐有人反驳他们的话。今天您所讲的话和讲话时的神态颇像桀、纣啊。我心中气愤，心想一定是他们的灵魂附到了您的身上，因此，我举琴就打。我是在打桀、纣的灵魂，让他们不要依附在您的身上，使您也成为暴君、昏君。我在打他们，不是在打您啊。"魏文侯听到这，知道自己错了，就命人把他给放了。

第二十七章　善行无辙

【原文】

善行无辙迹①；善言无瑕谪②；善数不用筹策③；善闭，无关楗而不可开④；善结，无绳约而不可解⑤。是以圣人常善救人，故无弃人；常善救物，故无弃物，是谓袭明⑥。故善人者，不善人之师；不善人者，善人之资⑦。不贵其师，不爱其资，虽智大迷，是谓要妙⑧。

【注释】

①辙迹：轨迹，行车时车轮留下的痕迹。②瑕谪：瑕疵，缺点。③筹策：古时人们用作计量的工具。④关楗：栓梢。古代家里的门有关，即栓；有楗，即梢，是木制的。⑤绳约：绳索。约：用绳捆物。⑥袭明：袭：承袭。明：此处指明道。⑦资：取资，借鉴的意思。⑧要妙：精要玄妙。

【译文】

善于行动的人，做事从不留下痕迹；善于言谈的人，不留下漏洞让人指责；善于计数的人不用筹码，善于封闭的人，没有门闩却叫人无法打开；善于打结的人，不用绳索却没人解得开。圣人善于救助人，所以没有被遗弃的人；圣人善于利用物，没有被废弃的物。这叫作因循常道之理。所以善人可以当不善人的老师，不善人也可作为善人的借鉴。不尊重善人的教导，不注重不善人的借鉴作用，看起来明智其实很迷糊，这实在是高深奥妙的道理。

【评析】

老子的《道德经》在结构安排上十分紧凑而且前后呼应，这一章老子沿着道的理论，进一步提出了人们应该怎样展开自己的行动，他提出了"五善"，即善行、善言、善数、善闭、善结，这五善是合乎大道的，我们只有达到五善的境界，才能行动自如，同庖丁解牛一般。在这一章中处处闪耀着老子的智慧火花，无不显示了他深藏不露的机智和机巧之心。

　　善于行动的人，绝不会留下对自己不利的迹象，他们善于掩盖自己的行迹，以达到自己行动的目的。在《三十六计》中第一计叫瞒天过海，意思就是将自己的行迹隐蔽起来，瞒过别人的眼睛，以达到自己"过海"的目的，这一计谋不仅适用于军事领域，而且适用于生活、处世、经商等各个领域，在实际应用中，就体现为善于隐蔽自己的迹象，而且巧妙地瞒过别人的眼睛，而决不是大张旗鼓，生怕别人不知道，虽然他们一时满足了自我彰显的欲望，但最终的结局会是如何呢？我们人类在处世上不如狐狸，狐狸生性狡猾，善于掩藏自己的行迹，结果保全了自己的性命，我们的确需要学习狐狸在一切行动中所具有的高度警惕性和敏感性。

　　大多数人在不会走路时就学会了说话，甚至在三四个月的时候就开始用自己的语言和家人进行交流了，家人虽然听不懂我们在说什么，但能明白我们的意思。语言是我们欲望的声音，因为我们最先使用它时就是为了表达自己的欲望，除了生理上的吃喝拉撒外，还要表达证明自己的存在和渴望被家人爱抚的欲望。等到我们长大真正会说家人能听懂的言语时，我们更是尽情表达自己的感情，我们会大声嚷嚷以表自己的愤怒，我们会向家人撒娇以获取家人的宠爱，当我们不再是孩子，而完全将自己交给社会时，我们要和别人进行语言交流以表达自己的观点和想法，在运用语言进行交流的时候，怎样才能既充分表达自己的观点又不会留下一些漏洞让人指责？这是至关重要的问题，但不是每个人都能做到。完美表达自己的观点，而又不被人挑出漏洞的人才是真正的善言者，我们也许会存在这样的疑惑：我们小时候只"嗯啊"几声就能被家人理解，而长大后却常常遭到别人的误解和非议，原因何在呢？原因是多方面的，其中最主要的一点是言多必失，我们往往会因为一句话而成为别人非议的把柄。所以，真正会说话的人并不是滔滔不绝的人，而是能说到点子上而无过失的人。

　　我们知道有一种人善于心算，他们不需要借助任何计算工具就能准确地计算出结果来。在科学技术日新月异的今天，电子计算机有着惊人的计算速度而且精确度也较高，人们无需开动脑筋思索计算，便可得出结果，然而计算机终究代替不了人类，因为计算机只能对有形的事物进行推算，而对于无形的东西，它根本不能把握。而人类却不同，我们人类可以默记无形的东西的发展运作和各种变化，从各种变化中寻求到适合自己的理想的生存方式和状态，这种用心默识、默算的处世态度是老子无为的处世哲学的一部分。

真正会封闭的人是不需要利用锁和闩的，这里的封闭具有积极意义，不是我们平常所说的封闭自己不求更新，而是为了防止同类残害而不得不采用的一种手段，是为了保护自己的需要。这不由得使我们联想到装在套子里的人，他将自己包裹在严实的衣服里，一副与世隔绝的丑态，让人看了忍俊不禁，他不但思想上封闭自己而且连形式上都作了层层包裹，他不是一个善于封闭自己的人，所以他成了被人嘲笑的对象。

不用绳索就能将人牢固地捆绑起来，是高明的捆绑者。在这里也是比喻的手法，借指对事物的掌控能力，这种掌控能力的获得，是他们依大道行事的结果。

以上"五善"是老子高深智慧的有力反映，也是他对自然无为思想的引申。

【经商之道】

行无辙迹：春卷巧占国外市场

在商业活动中，竞争对手之间在技术水平、产品质量、信誉和知名度等自身实力方面，都有高低强弱之分，如果你是一个"弱小"者，却采取以硬碰硬的方式跟实力雄厚的企业竞争，十有八九要败下阵来。避开对手强大的优势，不与之发生正面交锋，而要以己之长攻彼之短，捕捉机会，乘虚而入，定能收到以小博大的惊人效果。

春卷，是我国通行南北的美味小吃，北宋时期称作"面蚕"。在古代，人们靠天吃饭，虽然在各种自然灾害面前无能为力，但无不希望风调雨顺，五谷丰登。于是，常用小麦、大豆和稻谷等农产品制成节令食品，来祭祀神灵，祈求保佑来年吉祥。而春卷，则是立春那一天的应时小吃，人们将馅用面皮卷裹，做成茧儿样的食品，来祈求五业兴旺发达。有谁能想到，就是这小小的春卷，却能在远离中国的西方国家"卷"出奇迹，使奇迹的创造者从无到有，从小到大，白手闯进丹麦的饮食行业，并获得巨大的成功。大龙公司的创始人、

上篇 道经

丹麦华人企业家范岁久，就是这一奇迹的创造者。

  1959年初，范岁久看到丹麦华侨中有不少人靠经营中餐馆发了财，他认真分析了原因之后，发现中餐独特的美味和制作工艺很受西方人欢迎，并且看出这是个很大的市场。可如果跟在别人后头也开一家差不多的中餐馆，又能有多大的赚头呢？要想赚大钱，必须有自己的特色。于是，范岁久决定经营家乡（杭州）特产——春卷。开始时，他在丹麦首都哥本哈根的铁伏里（一个类似上海大世界的露天游乐场），以中国传统食品的精华与丹麦最好的食品原料相配合，用手工操作自制中国春卷出售，果然如其所料，小小春卷一上市就吸引了众多顾客。

  一时营业鼎盛，甚至许多外地人也慕名前来订购，以致简单的手工操作根本无法满足市场需求，于是他赶紧增加设备，改用机械加工。1960年，范岁久在哥本哈根创立了大龙食品厂，厂名起为"大龙"，以示不忘神州的海外赤子之心。

第二十八章　复归于朴

【原文】

知其雄①，守其雌②，为天下谿③。为天下谿，常德不离，复归于婴儿。知其白，守其黑，为天下式④。为天下式，常德不忒⑤，复归于无极⑥。知其荣，守其辱，为天下谷⑦。为天下谷，常德乃足，复归于朴⑧。朴散则为器⑨，圣人用之，则为官长⑩。故大制不割⑪。

【注释】

①雄：雄壮，比喻刚劲、强大。②雌：比喻柔弱、谦下。③谿：同"溪"，溪流。④式：楷模，范式。⑤忒：闪失，过失。⑥无极：最终的真理。⑦谷：深谷，峡谷，比喻胸怀宽阔。⑧朴：素朴，指淳朴的原始状态。⑨器：器物，指万事万物。⑩官长：百官的首长，领导者。⑪大制：完善的政治制度。

【译文】

深知自己的刚强，反而要安守柔弱的德性，甘为天下的溪涧。甘做天下溪涧，永恒的德就不会离去，又会复归于婴孩般的纯真柔和的状态。深知洁白，却安守污黑，成为天下的范式。成为天下的范式，永恒的德就不出差错。永恒的德不出差错，就会回复到宇宙的初始。深知尊荣，却安守卑辱，做天下的低谷。做天下的低谷，永恒的德就充足。永恒的德充足，就会回复到纯真状态。混沌的原始状态演化成宇宙万物，圣人懂万物治理法则而成为领导者，完善的统治制度是一个体系，不能割裂。

【评析】

　　这一章老子主要论述道所包含的基本内容，即柔和虚无，此二者合起来就是朴素自然。他还强调了道的理念的整体性、不可分割性。道的法则就是从无到有，再从有到无的循环往复、永不停息的过程。这一法则就决定了人在修道时不可能一次完成，还要进行永不停息的修炼，修得完满后，还必须继续保持道德的不流散，确保它的完整性。因为一旦流散就会再一次进入到从无到有、从有到无的循环往复之中。这一章是承上一章而来，上一章主要论述无为而为的思想，人能做到自然无为也就进入得道之境了。

　　在老子看来，刚强是有为的表现形式，柔弱是无为的表现形式，柔弱是合于道的，而刚强是不合于道的。他要求人们要认识到刚强是不合道之法则的，所以要坚守柔弱。人们常用温柔似水来形容女子美好的性格特征，水性本柔所以能承载天下万物，人们如果能达到如溪水般柔顺，也就符合了道的要求，也就回归到婴儿般的自然人状态，得道也是必然的了。

　　老子认为真正的知识不是靠别人的传播，也不是靠自己的经验积累，这在常人看来却是自己的明白之处，与老子的观点恰恰相反。老子认为这些知识都没有体现道的本质和道的法则，都不是真正的知识。在常人看来糊涂就是没有知识和经验，而在老子看来这才符合道的真谛，无是道的真谛，无知无识是道的精神的真正体现。因而老子主张得道之人应保持糊涂的状态，并将此作为人类的楷模。

　　"为天下式，常德不忒，复归于无极。"忒是差错的意思，无极是无边无际、无始无终的意思，这里是强调榜样的力量，得道之人要实施无言之教，而不是将自己的观点强加于人，这正体现了老子无为而为的处世哲学，他强调不能将人的思想引入企图，以让人对道的理解不出现差错。

　　人是有欲望的动物，贪慕荣华富贵是人的本性，人只有认识到了荣华富贵终归恢复为无，才能泰然处之，无所不容无所不能容，才能达到道的境界，修得圆满。然而修得圆满后也不是大功告成了，也必须继续保持对道的理念的坚守，否则又会进入到从无到有的循环往复之中去，所以保持对道之理念的坚守是十分必要的。

【为人之道】

玄伯洁身自好一生俭朴

崔玄伯是清河（今河北清河）东武城人，少年时就显露奇才，人称冀州（今河北中南部、山东西端及河南北端）神童。

魏太祖驾临邺地（今河北临漳县西南邺镇东），召玄伯询问旧事，玄伯熟知历史，一一从容应对，有问必答，太祖非常满意。此后，任命玄伯为吏部尚书。大业初创，百业待兴，玄伯受命，督促各有关机构设置官职爵位，制定朝廷礼仪，颁布法令律条，明确各种规章制度，最后交由玄伯审查裁定，一旦确立，即作为今后长久的规范。此时的玄伯，位高权重名望高，可以说是要风得风，要雨得雨。人逢得势，最易忘乎所以，日渐奢侈，为所欲为，招致祸灾。但玄伯一向清醒，自律很严，不随同流俗。官越做越大，仍一如既往，洁身自好，俭朴清廉，玄伯淡泊利禄，自己不经营产业，家徒四壁，清贫如洗。出门不乘车马，朝夕步行上下朝。老母70高龄，每日也是粗茶淡饭，太祖久有耳闻，曾派人秘密察访，果然不错，因而对他更加器重，给予优厚赏赐。也有人讥笑玄伯这样自苦未免过分，他听后都泰然处之，不因别人的议论甚至嘲讽而改变初衷，反倒格外小心谨慎，清廉如故。

太祖驾崩，太宗尚未继位，此时清河王拓跋绍听说朝中人心不稳，觉得有机可乘，便拿出大批钱财布帛馈赠朝臣，收买人心，只有玄伯知道他居心叵测，坚决不肯接受。太宗登朝，因玄伯拒受拓跋绍财物，有忠臣的节操，非常敬重，屈尊登门看望，特别赏赐丝帛200匹，这令曾接受过拓跋绍馈赠的重臣长孙嵩等人愧疚不已。

第二十九章　为者败之

【原文】

将欲取天下而为之①，吾见其不得已②。天下神器③，不可为也，为者败之，执者失之。故物或行或随，或嘘或吹④，或强或羸，或挫或隳⑤。是以圣人去甚，去奢，去泰⑥。

【注释】

①取：治理。②不得已：达不到，得不到。③神器：神圣的物。④随：跟随，随从。嘘：轻声和缓地吐气。吹：急吐气。⑤羸：瘦弱。隳：坠落。⑥泰：极，大。

【译文】

要想治理天下而又主观去施为的，我看他根本达不到目的。天下是大自然神奇造化之物，是不能凭主观意愿施为而改变的。凭主观意愿施为的必定失败；把持天下，把它据为私有的，也必定失去。世间之物有的前行，有的后随，有的嘘暖，有的吹寒，有的强壮，有的瘦弱，有的受益，有的失落。因此圣人要去除极端，去除奢侈，去除过度。

【评析】

这一章主要论述了顺应自然的重要意义，自然界的一切事物都有它存在的独特方式，而不能人为地强加干涉，如果强加干涉就是违背大道，就会受到大道的惩罚，注定要遭受失败，任何事物都是这样，都不能违背大道的运行规则。

老子在他的《道德经》中多次提到统治者应该无为而治，实施不言之教，只有这样才能定国安民，国家才能长治久安，其统治地位才能长久。

由于国家政权是一种代表了群体神圣和性质神秘的东西，君主就成为具有超然地位的权力象征，他不但可以裁断国家内部的一切矛盾，亦能够全权处理国家外部的纠纷。所以，国家政权的操纵者们由于个人欲望的刺激，固然可能引导出一个辉煌局面，也经常由于个人的独断专行而引起国家之覆灭。老子认为，国君固然免不了会有一些所谓大有作为的举动，但任何领导者都不能用国家来作为施展自己个人理想抱负的工具。老子态度严厉地警告那些野心勃勃的统治者，谁想以国家作事业的赌注谁就会失败；谁想长久把持国家作为个人私产谁就失去它。因此圣人们治理国家，都是努力消除个人那些偏执、奢华、过分的行为方式。圣人（得道者）明白了这个道理，所以就采取无为的方针来治理，所以也就不会失败；因为他不去支配百姓，所以也从来不会有什么失去的东西。这样一来，天下也就得到大治了。

俗话说，千人千面，也就是一千个人有一千张面孔。当然，性格特征也迥然不同，各有所好：有些人喜欢特立独行，而有些人喜爱随声附和；有的人帮助加温，有的人却吹着凉风；有的人很刚强好斗，有的人却羸弱好欺；有的人喜欢安静，有的人却喜欢冒险。天下芸芸众生，而各人的性格又不相同，那么圣人该怎么去治理才能确保人心归顺呢？老子反复讲要顺其自然，要每个人按照他们的不同特性去生存和发展，而不要人为地去干涉，以确保人心安稳，因为只有得人心才能得天下。

所以，圣人治理要做的事情，就是把那些极端的事情去掉，把那些奢侈的东西去掉，把过分的行为去掉。这样一来，天下的人也就得到平衡和安定了。没有那些过分的人，或者过分的事来干扰天下的百姓，天下的百姓也就能过自由自在的生活了。

【从政之道】

冯谖的狡兔三窟策略

冯谖是战国时代齐国人，原先他穷得连饭都没得吃，后来经人介绍，成为孟尝君的食客。

众所皆知，冯谖吃饱没事经常唱着"不如归去"。然而，孟尝君却对他有求必应，因此冯谖帮助孟尝君收债买义，游说诸侯，为孟尝君凿了三窟，使他高枕无忧。

话说冯谖到孟尝君门下不久，孟尝君询问府里的门客："有谁能算账理财，替我到薛地（今山东藤县）去收债？"

冯谖自告奋勇。

临行前，冯谖问道："债款全部收齐后，需要买些什么东西回来？"

孟尝君说："看我家里缺少什么就买什么。"

冯谖乘马车到薛地，召集那些应当还债的百姓来核对借据。

借据都核对完了，冯谖假传孟尝君的命令，把债款赐给百姓，于是烧掉他们的借据，百姓齐声欢呼万岁。

冯谖马不停蹄地赶回齐国都城，大清早就请求见孟尝君，孟尝君见他这么快就回来，觉得很奇怪，问道："债全收齐了吗？用它买了什么回来？"

冯谖回答说："都收齐了，我走的时候，您说看家里缺什么东西就买什么，因此我私下决定，您府里缺少的要算是义了，因此我私自做主，替您买了义。"

孟尝君问："买义是怎么个买法？"

冯谖说："如今您只有一块小小的薛地，却不能抚育、爱护那里的百姓，反而用商贾的手段向百姓取利息。我私自假传您的命令，把借款赐给百姓了，并烧掉了他们的借据，百姓齐声欢呼万岁，这就是我给您买的义啊！"

孟尝君心中不高兴，但脸上并不表现出来，说："好吧，先生，算了吧！"

过了一年，齐王疏远了孟尝君，他只好回到封邑薛城去住。

走到离薛城还有一百里的地方，百姓扶老携幼，在大街上迎接孟尝君。孟尝君对冯谖说："先生替我买的义在今天总算看到了。"

冯谖说："聪明的兔子要有三个洞穴才能避免夭亡。如今您只有一个洞穴，还不能舒舒服服睡大觉呀！请让我替您再凿两个洞穴！"

于是孟尝君给他五十辆车子，五百斤黄金，往西游说魏国。

冯谖对魏惠王说："齐王放逐他的大臣孟尝君到诸侯中，先迎接他的，就能使自己的国家富足，军队强大。"

于是魏惠王空出位置，派使者带着黄金千斤，赶着马车百辆去薛城聘请孟尝君。

冯谖抢先回薛地嘱咐孟尝君不要急于去魏。魏国的使者往返三趟，孟尝君坚决推辞，不肯到魏国去。

齐王听到这个消息，赶紧派人向孟尝君道歉，并迎接他回到国都。

冯谖又嘱咐孟尝君，要他向齐王请求，在薛建立宗庙。宗庙建成了，冯谖对孟尝君报告说："三个洞穴已经凿好，您就安心地去过快乐的日子吧！"

后来，孟尝君位居齐国宰相几十年，没有半点灾祸，都是由于冯谖的精心策划，才能如此平顺。

第三十章 以道佐主

【原文】

以道佐人主者①，不以兵强于天下。其事好还②。师之所处，荆棘生焉；大军之后，必有凶年。善有果而已③，不敢以取强④。果而勿矜，果而勿伐，果而勿骄，果而不得已，果而勿强。物壮则老⑤，是谓不道，不道早已⑥。

【注释】

①佐：辅佐。②还：还报，报应。③果：成果，成功之意。④取强：逞强，显示强大。⑤壮：强盛，强大。⑥早已：很快就完结。

【译文】

依照道的原则来辅佐君主的人，不靠兵威在天下逞强。用兵这种事必然会得到报应。军队所停驻的地方，田地里必然会荆棘丛生。大战之后，必定有凶荒的年岁。善用兵的要能够达到基本目的就立即停止，并不因为兵力强大而耀武扬威。达到基本目的而不自大、不夸耀、不骄傲，更不自鸣得意，认为战胜乃不得已，这就是达到基本目的而不自以为强。事物达到强盛之极点，就会走向衰亡，就叫不"道"，不"道"就会很快败亡。

【评析】

在这一章和下一章里老子论述的重点都是战事问题。但必须明确指出的是，《道德经》主要是一部哲学著作而不是兵书，他论兵是从哲学的角度，而不是军事学的角度。讲到许多哲学问题时，也涉及军事，因为哲学与军事虽非属于同一学科，但有许多内在相通之处。他着重讲战乱让广大人民付出离井背乡、妻离子散的惨重代价，战争是人类最残酷最愚昧的行为。这是从反对战争这一角度出发的。

君王在治理天下时，必然有一些辅佐他的人，这些人在辅佐君王管理臣民的同时，也操纵着军队，一旦他们过分夸大军事在整个统治中的作用和地位，势必会影响君王的想法，甚至会给君王带来争夺天下、穷兵黩武的治国主张，酿成不好的结果也就成了必然，不论是胜是败都会遭到报应。因为战争本身就是最大的危害，战争带给我们的是灾难、痛苦和衰亡。

话又说回来，一个国家如果没有自己的军队，就会遭到其他国家的侵略，就无法保证自己国家的安定祥和。所以老子主张，用兵之道不是为了战争，不可以强兵天下；而是为保家护国，为确保人民的安全和政治的稳定而用，是不得已而为之的事情，是被动的而不是主动的。一旦发生战争，必须用兵的时候，也要遵循大道的原则：不过分用兵逞强，只要达到保全自身利益的目的就可以了；而且在达到目的以后，不要自满、不要骄纵、不要显示。因为这样做不仅会引起别人的嫉恨，也会使自己放松警惕，还会使自己放纵和腐化，这会使已经取得的胜利化为乌有，同时导致最终的失败。所以做任何事都要追求一个合理的度，过度用兵以逞强和显示威风，只会落个一败涂地的下场。这就要求统治者在治理国家时应采用自然而然的做法，而不采取过分的行为，才能确保天下太平、国富民安。

老子向我们说明了这样一个人生道理，做事情不能太过头，太过头就会走向反面，当我们取得了成绩时，不可沾沾自喜，更不可妄自尊大，而应该保持一个适当的度，否则就会向相反的方向转化。人们常常说的否极泰来就是这个道理。我们常常用乐极生悲来形容那些得意忘形的人，也常常作为自己的警钟，快乐得忘了形的人在我们的生活中随处可见，而悲伤过度的人也不在少数，我们为什么这么难以把握自己的情绪呢？其实答案很简单，那就是我们都离大道太远了，无法和大道合二为一。在情绪的掌控方面，老年人是年轻人的楷模。老年人在残酷的现实生活中经历了太多的大风大浪，情感磨砺得比较坚忍，不容易冲动，也不会感情用事，而年轻人却不同，年轻人经不起风吹草动，稍遇挫折就会痛苦不已，特别是在情感方面。一位年近花甲的老者，每当回忆往事，总对自己年轻时的一次失恋经历感慨万千，为什么呢？因为他曾因失恋痛苦得想要自杀，但经过一番思想斗争之后，他还是得到了自救，他形容自己当时真的已经达到了痛苦的极点，再也无法承受，他很佩服自己当时的猛回头，就是这一猛回头成全了他的宝贵生命和现在的辉煌业绩，现在他是一名伟大的作家，写了很多人们喜爱的作品。年轻人大都会遇到这样的烦恼和痛苦，但处理的方法却不同，大多数人都只是一味地忍着伤痛，想起一次痛一次，而不是作为一次经验和教训，不懂得化悲痛为力量，没有向积极的方面转化。失败和痛苦在很大程度上能成全人的成功。所以，我们决不能让坏情绪毁了自己的一生，生命是多姿多彩的，关键在于我们是否有欣赏的眼光和快乐的心情。

【为人之道】

晏子以棋为喻闲谈劝庄公

春秋时期，齐相国晏婴，是一位家喻户晓、德高望重的政治家，人们尊称他为晏子。他博闻强记、知古通今，历任齐灵公、庄公、景公三世，达57年。他提倡节俭，并能以身作则，尽忠纳谏，对国君从来是知无不言，言无不尽。

一日，齐庄公在花园里与妃子下棋，听说晏子前来求见，就撇下妃子，与这位棋坛高手在棋盘上厮杀起来。

晏子也不多话，稳稳坐在那里，摆开阵势，一会工夫就吃了齐庄公不少棋子，占尽优势。但不知为什么，晏子连连用强，走了几步棋，棋局发生了变化。齐庄公沉着应战，居然转败为胜，赢了一局。

齐庄公疑惑地问："为什么这局棋会下得如此差呢？"

"臣有勇无谋，输棋自在情理之中。"晏子手指棋盘说，"下棋是这样，治理国家也是这样，如今各国的状况，对我而言已经很难胜任相国的重任了。"

齐庄公吃了一惊，晏子又说："近年来，由于您偏爱勇武有力的大臣，使武夫们滋长骄傲情绪，傲视文臣，欺压百姓，闹得京城临淄乌烟瘴气。许多有才干的文臣得不到重用，官风民风越来越坏。若这些人不加以严格约束，势必会出乱子。"

齐庄公有些自知之明，但身为国君，怎可轻易接受一个臣下的批评呢？于是不服气地问："请相国直言，古代有没有哪一个国君，依靠武力而安邦治国的呢？"

晏子说："夏朝末年有大力士推侈、大戏，殷朝末年有勇士弗仲、恶吏，这些人都是神力无边、万夫莫当之辈，可他们却不能挽救夏桀、殷纣的灭亡。夏、商的覆灭告诉后世一个道理：光靠勇力而不行仁政，是行不通的。"

齐庄公仔细体会晏子的肺腑之言，认为他说得很对，就恭敬地表示感谢，并同意从今以后省刑轻赋，施仁政以固国本，让万民敬仰自己，让文臣亲近自己。

晏子下棋，开始时猛如虎，顾前不顾后，待到后来欲挣扎时，早已成败局。他以此吸引庄公提出话题，并顺势转到以武治国和以仁治国上面来，当齐庄公不服气时他又举出实例，证明以武治国是不可行的。其婉转自如的口才技巧，令人叹服。

公仲连利用舆论达成己愿

战国时，赵烈侯十分爱好音乐，每天都要欣赏音乐，还经常在全国征集歌伎。有一天，赵烈侯对相国公仲连说："我最喜爱的人，可以让她成为贵人吗？"

公仲连不知何意，就说："大王，使她富起来行，但使她贵起来却不行。"

赵烈侯说："既然这样，那就赏赐给郑国的歌伎枪和石每人各一万亩田吧，她们是我最喜爱的人。"

公仲连大觉诧异，这么做众大臣心里会怎么想？但他还是口头答应了赵烈侯，实际上并未执行。

过了一个月，赵烈侯向公仲连问起赏赐田地的事，公仲连推辞说正在寻找合适的田地，目前还没有找到。

又过了一个月，赵烈侯又问起此事。公仲连始终觉得这样做不妥，几番搪塞之后，他索性声称自己有病，不能上朝。

番吾君听说这件事，对他说："你的用心我非常明白，只是你的方法不妥当。你有没有想过向国君推荐一些合适的人才呢？"

公仲连说没有找到。于是番吾君说："牛畜、荀欣、徐越这三个人都很好，他们各有特长，名声也非常好。"

公仲连就把他们推荐给了赵烈侯。等到再次朝见时，赵烈侯又问公仲连:"给歌伎赐田的事究竟办得如何?是不是拖得太久了?"

公仲连回答道:"这不是小事,应当慎重,臣正在选择满意的地方。"

公仲连推荐的三个人也开始为这事婉转地做赵烈侯的工作。牛畜在赵烈侯身边侍候,他总是说仁义、王道等言语给赵烈侯听,赵烈侯听后觉得十分舒适。第二天,荀欣又说了一套推举贤士、任用能人的话语,赵烈侯听了非常喜悦。第三天,徐越又说了一番勤俭省用、考察功绩德政、赏赐适当等言语,赵烈侯听了很高兴。

当又一次上朝时,赵烈侯对公仲连说:"赏赐田地的事暂时停止吧。"说完,他又任命牛畜担任师职,荀欣担任中尉,徐越担任内史,并赏赐相国公仲连两套衣服。

第三十一章　有道不处

【原文】

夫唯兵者，不祥之器，物或恶之，故有道者不处①。君子居则贵左②，用兵则贵右。兵者不祥之器，非君子之器③，不得已而用之，恬淡为上。胜而不美，而美之者，是乐杀人。夫乐杀人者，则不可以得志于天下矣。吉事尚左，凶事尚右；偏将军居左，上将军居右，言以丧礼处之。杀人之众，以悲哀泣之；战胜，以丧礼处之。

【注释】

①兵者：指兵器。②物或恶之：意为人所厌恶、憎恶的东西。物：指人。③贵左：古人以左为阳，以右为阴，阳生而阴杀。尚左、尚右、居左、居右都是古人的礼仪。

【译文】

兵器啊，是不祥的东西，人们都厌恶它，所以有道的人都不使用它。君子平时居住以左边为贵，用兵时则以右边为贵。兵器是不吉祥的东西，不是君子的东西。不得已而使用它，以存心平静、淡薄为最好（不出于泄私愤，逞贪欲）。战胜不要自鸣得意，如果自以为了不起，就是喜欢杀人。喜欢杀人的人（将引起天下人的反对），就不能得志于天下了。正因为兵器是不吉祥的事物，有些人就憎恶它，所以有道的人不依靠它。吉事以左边为上，凶事以右边为上。军礼，偏将军在左边，上将军在右边，这是说用丧礼来对待打仗的事情。战时官兵被杀的众多，要以悲哀的心情对待之；战胜了，要用丧礼来处理这个胜利。

【评析】

这一章和上一章紧密相连，是写老子对战争所抱的态度，他反对战争，对兵器进行了犀利的批判，认为兵器是不祥之器，老子把对兵器的看法融入自己的高深的哲理中，他认为战争是有悖于大道的，为得道之人所不为，甚至是深恶痛绝的。

在老子看来，任何个人、集体、国家或者社会，在国家统治者的召集下，手执武器来战斗都是一种迫不得已的行为。因此，应以一种恬淡的心境来参与和对待，即使胜利了也不值得庆幸和赞美，如果表示赞美，就表明是乐于杀人的人，对于所有的喜欢杀人的人而言，或许他们能逞强于一时，但他们绝对不能得志于天下。老子所处的那个时代战争频频，老子目睹了战争给广大人民带来的祸患，各个国家也遭到了不同程度的破坏，人民生活在水深火热之中。老子站在时代的高度发出了振聋发聩的反战呼喊，这一呼喊震天动地。

我们习惯上把左边的位置看成是尊贵的象征和吉祥的标志，而不祥的事物置于右边的位置。在战场上，副职将军居于左，而上将军居于右，就是说要用办丧事的规矩对待战争，体现了对战争的审慎态度，一旦战事爆发，上将军会像处理丧事似的来处理，无论战败还是战胜，都采用办丧事的仪式来处理。

【从政之道】

管仲不动干戈制服楚

东周列国时期，战争频频。齐国任用管仲为相，他很聪明，把齐国治理得很好，齐国征服了许多割据一方的诸侯国。后来，只剩下楚国不听齐国的号令了。齐楚力量相当，要想成为中原霸主就必须征服楚国，征服楚国成了齐国的燃眉之急。

当时，齐国有好几位大将军纷纷向齐桓公请战，要求率重兵去打楚国。而担任相国的管仲却连连摇头。他激动地对大将军们说："齐楚交战，旗鼓相当，够一阵拼杀的。战争还将用完齐国辛辛苦苦积蓄下的粮草，更何况，战争打起来，齐楚两国几万生灵将成为尸骨！"

大将军们哑口无言，都用探询的目光注视着曾力挽狂澜、功劳卓著的管仲，管仲却不慌不忙，带领许多人看人炼铜去了。

一天，管仲派一百多名商人到楚国去购鹿。当时鹿是较稀少的动物，仅楚国才有。但人们只把鹿作为一般的可食动物，用很少的钱就可以买一头。管仲派的商人按管仲的授意，在楚国到处扬言："齐桓公好鹿，不惜重金。"

齐商人开始购鹿，三枚铜币一头。过了十天，加价为五枚铜币一头。

楚国的楚成王和大臣闻知此事后，颇为兴奋。他们认为繁荣昌盛的齐国即将遭殃，因为十年前卫国的国王好鹤而国亡了，齐桓公好鹿正蹈其覆辙。他们在宫殿里大吃大喝，等待齐国大伤元气，他们好坐得天下。

管仲却把鹿价又提高到四十枚铜币一头。

楚人见一头鹿的价钱与千斤粮食相同，便纷纷制作猎具，奔往深山去捕鹿，不再种田，连楚国官兵也陆续将兵器换成猎具，偷偷上山了。

一年的时间内，楚地大荒，铜币却堆成了山。

楚人想用铜币去买粮食，却无处买。管仲早已发出号令，禁止各诸侯国与楚通商。

这么一来，楚军人饥马瘦，战斗力大丧。楚成王无可奈何，忙派大臣求和，同意不再割据一方，欺凌小国，保证接受齐国的号令。管仲不动一刀，不杀一人，就制服了本来很强大的楚国，为东周列国赢得了一个安定的时期。

上篇　道经

第三十二章 知止不殆

【原文】

道常无名、朴①虽小，天下莫能臣②也。侯王若能守之，万物将自宾③。天地相合，以降甘露④，民莫之令而自均。始制有名。名亦既有，夫亦将知止，知止可以不殆⑤。譬道之在天下，犹川谷之于江海。

【注释】

①朴：质朴。②臣：臣服，屈服。③自宾：宾：服从，宾服。自宾：自动服从。④甘露：雨水。⑤知止：知道适可而止。殆：危险。

【译文】

道本来是无名而质朴的，这个自然物虽然幽微不可见，可天地不能支配它。侯王如果能守住它，万物将会自然地归从。天地间阴阳之气相合，就会降下润泽万物的甘露，民众没有谁去命令它，它却能自然分布均匀。天地万物生，便有了名位。名位既已制定，就要明白各自的限度，知道各自的限度，守好本位，就不会有危险。比如道在天地间，犹如江海与小河，小河都要汇入江海。

【评析】

道德在于万物，而万物也都受着道德的支配与调节。如果合乎了大道和大德，那么一切事情都会顺其自然，天下安定，人民幸福。然而大道和大德到底是什么呢？

至于那个大道，我们是永远也无法给它命名的，没有办法用一个固定的概念去描述它，但它确实是存在的。大到无穷大，小到无穷小。非要用我们能够理解的概念去命名它，那就是"朴"字。虽然说那"朴"字微小精致，但谁也不能去支配它，或者让它臣服。或者说，反过来，它却主宰着人类万物。

只要人类中的圣人能够守得住这个纯真的"朴"，那么天下万物都会自然而然地为他效劳服务。不仅如此，就连那天与地也会阴阳相交合，普降甘露，泽润万物。而那老百姓则不需帝王侯公去下什么命令，也就自然平均和睦，无争无夺了。

但是，人类认识的一个最大的特点，也是一个最大的局限，就是必须设立概念和名相。因为没有概念和名相，我们也就无法进行思维和认识了。所以，对任何一件事物我们都必须先给出一个概念和名相来，然后才能在我们的思维系统里进行运作。尽管我们的概念本身就有着很多的问题，但我们一直在努力地接近那个最终的真理。所以，谁也否定不了名相的作用和意义，包括老子在内。尽管在强调着名相的局限性，但他一样却在运用着名相。因为一旦离开了名相，他自己也就无法讲话，我们也就无法听懂他在说些什么了。

所以，当人类的认识一开始，也就制定了名相和概念。不过老子的意思是说，既然有了名相和概念，那就不要太分别，太执着于我们自己的认识。要知道我们认识的有限性，所以要适可而止。一旦按照我们自己的认识走得太远，就会违背那真正的"朴"，从而招致自然的不平衡，造成我们自己的灾难。所以，只要我们知道适可而止，那就不会离开大道之朴太远，自然也就不会招致灾难了。

大道生出天下万物，但也照样存在于天下万物之中。或者说，天下万物生于大道，但又回归于大道之中，生生灭灭不偏离大道。说得明白点，就如那天下的千万条河谷川流，尽管都汹涌澎湃，但却都回归于大海之中。

侯王治理天下，也应该像那大道一样，善于处于下方，能够容纳天下万物。当然这里有一点值得注意，人们都习惯于分别，喜欢好而厌恶丑，那些帝王贵族、侯王公卿，更是纵欲无度，如何能够处于下方而接受天下万物呢？侯王心中首先不平衡，爱憎分明，百姓如何能够得到他们的庇护，又如何能够服从他们的统治呢？

这里强调了侯王治理天下，必须要像大道之朴那样善于处下，而容纳天下万物，庇护万民百姓，因而自己才能辅佐人主而治理天下，永保万年。

上篇　道经

【经商之道】

通用电器公司减层赢得轻松飞

现在,通用电器已遍布世界的各个角落,通用电器公司成了成功的代名词。20世纪80年代,发动变革、裁撤冗员、业务重组这些策略使通用电器的面貌大为改观,但过多的管理层带来了过多的控制,从而限制了公司管理者,降低了他们的决策效率,阻碍他们跟上日新月异的经营环境的变化步伐。韦尔奇针对这种情况,对通用进行进一步的改革,为通用的再一次腾飞奠定了基础。

通用电器的管理结构显得异常臃肿,几乎公司的每一个人都或多或少有个头衔:大约有25000位经理,500位高级经理,130位副总裁以上职位的人员。这些经理们的主要工作就是监督其下一级经理的工作行为。各种公司文件在他们之间层层上报又层层下达,韦尔奇认为这些不必要的工作只能大大降低决策效率。经理们会因为过度忙于阅读这些文件,不能在问题出现的第一时间有所觉察。"减少层次"这一策略计划实施的最基本功能是:塑造韦尔奇极力倡导的雷厉风行的企业实干精神。

改革前,通用电器的事业部主管按规定必须向资深副总裁汇报工作,资深副总裁按规定向执行副总裁汇报,而所有这些资深副总裁和执行副总裁又各自拥有自己的下属员工和职责范围。韦尔奇废除了这些繁文缛节,要求业务主管们直接对CEO办公室,即韦尔奇和他的两位副董事长负责并汇报工作。

通过废除横亘于CEO和各事业部主管们之间的管理层次,韦尔奇可以直接与其业务主管们交流,可以在第一时间发现问题及潜在的商机,从而尽快地作出正确的决策。

通过减少通用电器的管理层次,韦尔奇决定将落实公司经营策略的职能从高级经理转移到事业部主管身上,从而使整个程序变得精简而迅捷。正因为这些,通用总能在第一时间抓住机遇,占尽先机,得到飞速发展。

就这样,通用在电器行业又一次腾飞,其经营业绩再创新高。

第三十三章　知人者智

【原文】

知人者智，自知者明；胜人者有力，自胜者强；知足者富，强行者有志①；不失其所者久，死而不亡者寿②。

【注释】

①强行：坚持不懈，持之以恒。②死而不亡：身虽死而道犹存。

【译文】

能够了解他人的人是有智慧的，能够了解自己的人是高明的；能够战胜他人的人是有力量的，能够战胜自我的人是真正的强者。知道满足而不妄想的人是富有的，努力不懈地去奋斗的人是有志气的；言行不离道之规律者能够长久，躯体虽死而精神永存的人才是长寿的。

【评析】

这一章虽然只有寥寥数语，看似浅显易懂，其实老子向我们展示的是极其深奥的道理。老子强调指出能够理解判断外人和外物的人，只能称其为拥有世间的庸俗智慧，而通过外事外物反观自己，从而悟出生命的本来面目的人，才配称为有大智慧，也就是明，能够以武力战胜别人的人，只能称其为有力量，而这个力量是大道所给予的，是大道的生命活动本身的体现，能战胜自己的私欲和成见的人才是真正的强者。人的私欲是无止境的，而且其危害很大，一个能战胜自己私欲的人已达到了物我两忘的境界，我是谁，谁是我？这已不再重要。只有达到了这种境界的人，才能无所不容，万物皆容，他自然是强大的。

老子在这里所提出的"知足者富"和我们所说的知足常乐有明显的不同，我们所理解的知足常乐，是一种很庸俗的所谓的道德教条，和老子的深刻思想大相径庭。什么是真正的富？真正的富不是拥有私家豪宅，不是拥有宝马香车，也不是拥有万贯家产，真正的富有不是你实际拥有什么，而是你能在多大的程度上抛弃私心杂念，抛却自己的妄想。真正能抛却私欲的人才叫真正的富有。何谓妄想？我们要善于在具体的事物上体认到大道的生命运行的轨迹，这个轨迹以内的事物就是道给予我们的，是理应得到的，也是我们必然能得到的，而在这个轨迹以外的任何事物都不是我们应该得到的，我们一旦有了获得它们的想法就叫妄想，是不可能实现的，即使是实现了也不会给我们带来好处，即使是我们一时获得了眼前的少许利益，也不会长久地得到利益，因此可以说是对我们没有任何益处的，是不可追求的。大道既然生了我们就必然会给予我们所需要的一切，我们还有什么可以担忧的呢？担忧本身就是对大道的不理解和不信任，这是违背大道的行为，是会受到大道的惩罚的。我们的头脑中不去妄想得到什么，无所谓得到和失去，自然我们无所有也无所不有，也就是真正的富了。

联系前几章，我们可以推断，"强行者有志"中的"强"，不是自恃武力高强而妄自逞强的意思，而是"自知者明"的"强"，这话怎么讲呢？所谓自知者，就是能以外事外物来反观自身，从而确认生命的本来面目的人，这种人十分明确生命本身的意义，他们对于自我和他人十分了解，只有做到对自己的真正把握，才能彻底排除自己的私心杂念，做到"存天理，灭人欲"，在这里所讲的不是要束缚自己的观念，而是要彻底解放人性。天理和人欲是一对矛盾，它们会互相争斗。所谓"天理"就是事物本来的合于生命自身之道的东西，所谓"人欲"就是自己主观滋生的不合乎大道的东西，天理和人欲，一是客观，一是主观，二者往往会发生冲突，如何克制自己的欲望？这是界定强者的标准。

"不失其所者久，死而不亡者寿"，和上文有隔离之感，"不失其所"就是叶落归根的意思，不仅叶子会回归到生它养它的根系中去，我们人类也会回复到孕育我们的天地中去。按照科学的解释，人的一生从生到死，只有短短的几十个春秋，眨眼之间我们已被生命驱逐出境，我们没有选择的权利，这种被动的局面不是我们能够掌控得了的，按照老子的说法，这是大道的生命要求，"所"是我们最终要去的地方，是自然之所，是我们与大道合二为一之切合点，我们从最初的不愿接受人要死亡这一事实，到读懂人生，看破红尘，心里逐渐接受了人终归要死去的事实，这种接受是何等的勉强！不管接受不接受，天道谁也不能违背，违背了就会受到自然的惩罚。我们不违背大道，自觉而平静地接受大道的安排，与大道合为一体，才是真正的"久"和"死而不亡"。一滴水归入到它的生命之所——大海里去，它们就永远也不会消亡，说的就是这个道理。

【为人之道】

王积薪夜听棋局自叹弗如

任何技艺都是学无止境的。山外有山，人外有人，每个人都需要不断地学习。刘伯温说："视而不见的人喜欢说自己的长处，听而不闻的人喜欢说人家的短处。喜欢说自己长处的人，不能正确认识自己；喜欢说别人短处的人，不能正确对待别人。不能正确认识自己的人，就什么也看不见；不能正确对待别人的人，就什么也听不到。什么也看不见的人，可说是瞎子；一个人如果没有自知之明而狂妄自大，绝无好处。"

王积薪是唐代翰林棋待诏，是当时有名的棋手。王积薪在下棋技艺学成以后，就自以为天下无敌手。

有一次他游览京城，住在旅店里。晚上熄灯后，他听到店主人的老妇隔墙招呼她的媳妇说："这么好的夜晚，时间难消遣，下一局棋吧。"

媳妇说："好啊！"

于是她们就开始下起了盲棋。

王积薪听老妇人说："我在第几道下子。"媳妇说："我在第几道下子。"各人说了几十道。

最后老妇人说："你输了。"媳妇说："这一局输给你了。"王积薪暗暗记下她们下子的步骤，第二天照着次序，重新摆出那盘棋的局势，她们下子用意之深，布局之妙，都令王积薪自叹弗如。

从此他悟出艺无止境的道理，再也不认为自己天下无敌了。

凡成功者，都是一些在某个领域有所专长、有所成就的人。能否像王积薪那样对自己有个清醒的认识，自觉地把自己放在一个虚心学习的小学生的位置上，对不断取得成功是非常必要的。

第三十四章　其不为大

【原文】

大道泛兮，其可左右①。万物恃之而生而不辞②，功成不名有，衣养万物而不为主③。常无欲，可名于小；万物归焉而不为主，可名为大。是以圣人之能成大也，以其不为大也，故能成大。

【注释】

①泛：广泛。②辞：推辞，推让。③衣养：本作"衣被"，意为覆盖。不为主：不以为主宰。

【译文】

道广博无际，它能左右宇宙。万物依靠它而生存，而它不去管理。它生长万物的功已成，而不据为己有。它包容养育万物而不自以为主宰，永远没有私欲，可以称它为小。万物归依它，而不自以为主宰，可以称它为大。圣人不自认为伟大，所以才能成就他的伟大。

【评析】

此章老子借讲大道的人格化本性，而讲统治者怎样才能把社会治理成符合大道要求的社会。核心内容就是老子对小和大的阐述。老子认为统治者治理社会是与统治者的个人人格修为紧密相关的，个人人格修为是小道，而以个人人格修为的小道去治理社会则能成就出大道。"常无欲"是个人人格修为的核心，只要统治者个人没有个人的私欲，那么就不会把天下万物视为己有，从而也就会出现"万物归焉而不为主"的理想社会环境。老子的这一思想是与儒家的"普天之下莫非王土，率土之滨莫非王臣"的封建思想针锋相对的，可以说老子是对儒家的这一思想的批判，是对封建社会制度的否定，其所追求的是人人平等的理想社会。在老子当时的社会，老子此一思想的提出，无疑是有积极意义的。

老子开篇就指出："大道泛兮，其可左右。"什么是大道？事实上，老子在这里非常形象而具体地描述出大道的存在形态，在老子眼里，天地之间的大道像河水一般广泛流行、周延四方，世间万物没有任何东西是如此存在的。

"常无欲，可名于小；万物归焉而不为主，可名为大。"这两句话，老子把道的性质刻画得淋漓尽致，什么东西能够永远没有自己的欲望？我以为，只有大道永远没有自己的欲望，没有欲望便不需要追求名声，所以它在自然万物也包括人类的眼里，始终是微不足道的渺小存在。

老子最后指出："以其不为大也，故能成大。"古代那些成功的圣人们就是因为不认为自己伟大，才终成其伟大。

我们人类却与大道的做法截然不同，我们认为我们是万物之灵，我们有思想和意识，我们可以创造事物，也可以改变事物，所以我们就自认为我们是万物的主人，可以任意命令和指使万物，主宰万物的生长和发展，可以想怎样奴役就怎样奴役万物。这种想法是多么的幼稚和无知，这种心态是多么的可悲和可叹！殊不知我们是依靠万物得以生存和发展的，我们也同样是从大道中衍生出来的。换而言之，大道是我们的主宰，万物为我们提供了生机和能量。如果我们真是万物的主宰，那么在我们肆意践踏万物的时候，它们就只有忍气吞声，不敢反抗。但是为什么我们会遭到大自然的报复？比如我们大量砍伐树木，毁坏植被，造成水土流失，结果是大地干旱，河流干涸，狂风肆虐，黄沙漫天。又比如我们任意捕杀野生动物，结果导致生态链被破坏，使我们的生存环境日益恶劣。

【从政之道】

王哲公而忘私为民申冤雪耻

弘治十五年（公元1502年），明孝宗从大臣的奏章中得知：江西遭到大旱，百姓颗粒无收，饿殍遍地，再加上盗匪横行，世风日下，冤案更是不断出现。经过与群臣商议，便命监察御史王哲巡视江西。

王哲领旨急速前往，所到之处，无不令人触目惊心。为了彻底治理好地方风纪，他每到一地，都要深入民间，体恤百姓的疾苦，还整修了大量先贤的祠堂坟墓，使世风在很短的时间内有了好转。当时正值天旱，难以耕作下种，劳动力严重不足。王哲开动脑筋，终于想出一个大胆的办法。他亲自审理监狱中的囚犯，释放了应该宽大或免罪的数百人，让他们回家种地。因为不久就降了雨，劳动力又得到了解决，这一年获得了好收成。

王哲巡视江西这段时间里，还凭着他的经验和智慧，破获了一些疑难案件。

一个百姓家的女仆自己逃跑，但其仇家知道这件事后，去官府控告，非说是这家主人故意杀害了女仆，虽没有什么证据，但屈打成招，使这家主人竟被判成死罪。此案本已了结，王哲却觉得有许多疑点，便提出复审。

在堂上，王哲注意观察那位招认杀人者的举止表情，发现他不仅面带委屈，说话时的口气也有一股怨气，再听他供述的杀人时间、地点及动机，更是破绽百出，难以自圆其说。王哲心想：他看起来是个本分人，像蒙受冤屈的样子，也没有什么明显的杀人动机，何况办案关键是证据，活不见人，死不见尸，怎能单凭口供就断定他是杀人凶手呢？那位女仆完全可能藏匿在一个地方。对！只要想办法找到那位女仆，就能让案情水落石出。

于是，王哲便派人秘密查访，结果找到了私自逃匿的女仆，使那位百姓的冤情得以洗清。

又有一户人家被盗，失主诬告一位与自己有仇怨的人，说是他偷了东西，并贿赂镇守官，把他抓进了监狱。王哲知道这件事后，亲自到牢中审讯了"犯人"，经过进一步的核查，断定这是件诬告案，就释放了他。当时，镇守官非常恼怒，想告王哲贪赃枉法，众人也表示怀疑，但王哲很坦然，不去为自己的行为辩解。过了很长时间，捕获了真正的盗贼，众人才由衷地感到佩服。

后来，王哲离任以后，百姓都很怀念这位好官，还特意编了首歌谣说："江西有一哲，六月飞霜雪；天下有十哲，太平无休歇。"

第三十五章　不可既也

【原文】

执大象①，天下往。往而不害，安平太②。乐与饵③，过客止。道之出口，淡乎其无味，视之不足见，听之不足闻，用之不足既④。

【注释】

①大象：大道之象。象：物象，景象。②安：乃，竟，于是。太：同"泰"，安宁，安泰。③饵：美食。④既：尽的意思。不足既：没有穷尽。

【译文】

掌握大道法象的人，天下人都去投靠他。投靠他而不去互相妨害，于是天下和平安泰。音乐和美食，能使过路人停止前进的步伐。而道之言平淡而无味。看它看不见，听它听不着，然而道的作用是不可穷尽的。

【评析】

在这一章里，老子提出了"大象"的概念，很显然这里的大象不是动物的大象，而是道的法象，是一种类似于路线图的东西。这是承接上一章说的，讲了统治者如果能掌握大道的"大象"就能得到天下人的顺从和归附。上一章我们谈到了圣明的统治者，不以万物的主宰自居，不自高自大，却偏偏受到了天下人的尊敬和爱戴。圣明的统治者就如同大道一般气象宏大，不争名夺利，不计较个人得失，不以天下的统治者自居，正因为如此，成全了他的地位和声望，人们争相投靠他，他对于来投靠他的人不予以干涉，不采取强硬的措施限制他们的自由，人们感到了极度的安全可靠。

我们在前面的章节中反复提到大道的特征，它无处不在，而又不被人们看见、听到，它默无声息，就像一个平凡的默默无闻的人，它是那么的安静，悄无声息，不为人所知。它没有华丽的外表，不会引诱人，也不会被人所引诱。高明的统治者和大道同步，他们具有大道的一切特征，人们自然心甘情愿地归顺于他，这种归顺不同于世俗的归往，世俗意义上的归往是由于名利的驱使，人类有追名逐利的需求和欲望，一旦这种欲望有了实现的物质前提，人们就会趋之若鹜，就如在人们必经的路旁设置可供娱乐的设施或摆设散发着诱人香气的美味佳肴，有几个人能抵挡住这种声色诱惑呢？

大道无声无形，根本不可能对人构成诱惑，我们看不见它、摸不着它，无法对它执着追求，更无所谓争夺和占有它，但它能使我们受用不尽。高明的统治和大道同步，他们不对人们进行声色诱惑，声色诱惑不会长久，统治者深知，一旦诱惑终结，必将引起人心的不安，天下大乱也就成了必然。所以，高明的统治者采取和大道统一的方式，实行无为而治，人们自然会受益无穷。

我们常常无法克服自身的欲望，追求享乐是人的一大本性，当今社会，物质丰富，人们在追求精神享受之前，必将满足自己对物质的占有。在这波涛翻滚的商海中，头脑成了制胜的关键，有些人看到别人发了财也蠢蠢欲动，满脑子赚钱的欲望使他无法正常发挥自己的聪明才智，他们没能如愿以偿，甚至一败涂地，所以表现出狼狈不堪、失魂落魄的样子来，这一表象的背后，其内心是痛苦难耐的，有人受不了这种煎熬走上了歧途，自毁了前途，有的人干脆一蹶不振，生不如死。生活在大好机遇中的现代人为什么会活得这么累？为什么接受了高等教育的大学生有些还产生过自杀的念头？是欲望，是欲望挑拨人的内心，使人不得安静，人心不安必然生是非，整日生活在欲望中，能有什么幸福可言呢？

【从政之道】

郭子仪心胸坦荡不设围墙

郭子仪，唐朝大将。因为平定安史之乱有功，被任命为尚书令，后又晋封为汾阳郡王，唐德宗即位后，被尊为尚父。

在郭子仪为汾阳郡王时，他的府第在京城最繁华的地段，来往的行人、车马很多。郭府的大门总是大开，不论是自家人还是过往行人都可以随便出入郭府，没有任何限制。有一次，郭子仪手下有位将军即将出征，特意前来向郭子仪辞行，由于不需要通禀，这位将军就直接来到郭子仪的房前。此时郭子仪的妻子和女儿正在梳妆打扮准备出门，郭子仪则在一旁伺候，夫人叫："拿毛巾来。"郭子仪就乖乖地拿着毛巾递给夫人。一会儿女儿又说："父亲，我要洗脸。"郭子仪就连忙端过洗脸水，帮女儿洗脸。还没等伺候完女儿洗脸，夫人又叫："快过来帮我梳梳头！"郭子仪又立刻跑到夫人那里伺候，十足一个仆人的形象。来拜见郭子仪的将军一时不知道该怎么办，心想自己看到郭大将军伺候妻子女儿梳妆，这对郭将军来说是多么难堪的一件事啊。因而不敢轻易上前说话，只好在门前不停地踱步。过了好一会儿，待郭子仪的夫人和女儿梳洗完毕，准备出门的时候，发现了这位将军。他才不好意思地说："郭将军，小人特地来向您辞行。"看到他难以启齿的样子，郭子仪就明白了，一定是他觉得不应该看我给夫人女儿梳洗，认为这是有辱我大将军的尊严。于是，就哈哈大笑，将他请进屋里，说："习惯了，习惯了，平时我都是这么伺候她们的。"

　　这位将军拜别了郭子仪，心里越想越觉得不妥，郭大将军身为郡王，还像仆人一样伺候夫人和女儿，这太不像样了，更不像话的是，他还开着大门，让来人都看到了，这有辱我大唐将军的威严啊。于是，他在临走之前召集郭子仪的弟子们，和他们说了自己看到的"不该看到的一幕"，其他人也都说，自己也碰到过这样的情况，大将军太不顾自己的脸面了。大家商量着，要一起说服大将军不要这样不顾身份。可是，无论他们怎么苦口婆心地劝阻，郭子仪就是不听，仍旧坚持己见。弟子们急得团团转，甚至流下泪来，说："大将军，您功名显赫、德高望重，却不知道自重、自爱。不论贵贱，什么人都可以在您的寝室里随便走动，我们认为就是伊尹、霍光那样贤德的大臣也不应该这样啊！"郭子仪笑笑说："我的做法不是一般人所能够理解的，我们家现在有四五百匹马吃公家的粮草，一千多人吃公家的粮食，所以进退没有什么余地。但是如果我围起高墙，紧闭大门，不和外面来往，一旦有人与我结仇，诬陷我不守臣子的法度，再加上那些贪图功利、嫉贤妒能的人煽风点火，我们全家就会性命难保！我故意将大门敞开，这样很透明，就没有人能够诬陷我了！"

第三十六章　欲歙固张

【原文】

将欲歙之，必固张之①；将欲弱之，必固强之；将欲废之，必固举之。将欲取之，必固予之。是谓微明②。柔弱胜刚强。鱼不可脱于渊③，国之利器不可以示人。

【注释】

①歙（xī）：收缩，闭合。固：暂且。②微明：微妙、明通。③渊：深水。

【译文】

要想收合它，必先扩张它；要想削弱它，必先增强它；要想废除它，必先推举它；要想夺取它，必先给予它。这是一般人不易察觉的幽妙的明通的道理。柔弱能战胜刚强。鱼的生存不可以离开水，国家的锐利武器不可以向人展示。

【评析】

在这一章里，老子主要论述了事物的两重性和矛盾相互转化的辩证关系，通过对这些矛盾的辩证分析，来说明社会现象，以引起人们的警觉。

大道无言无为，无形无象，但它在于有形的万物之中，则自然按照那相对的自然规律行事，有生就有死，有好就有坏。因为我们的有形世界所适用的法律，就是相对因果律，矛盾的双方相互转化、互为生灭，谁也改变不了。而大道的本身则完全不同，就如佛教的《摩诃般若波罗蜜多心经》所说的："不生不灭，不增不减，不垢不净。"也就是说，大道本身是断绝了等级的，只要与大道相合，也就不会有等级了。不与大道相合，就一定会有等级，就一定会走向自己所追求的事物的反面。

在事物的发展过程中，都会走到某一个极限，此时，它必然会向相反的方向变化，本章的前四句是老子对于事态发展的具体分析，贯穿了老子所谓物极必反的辩证法思想。在以上所讲翕与张、弱与强、废与存、夺与予这四对矛盾的对立统一体中，老子宁可居于柔弱的一面。在对于人与物做了深入而普遍的观察研究之后，他认识到，柔弱的东西里面蕴含着内敛，往往富于韧性，生命力旺盛，发展的余地极大。相反，看起来似乎强大刚烈的东西，由于它的显扬外露，往往失去发展的前景，因而不能持久。在柔弱与刚强的对立之中，老子断言柔弱的呈现胜于刚强的外表。

我们知道大道是无言的、无形的、无声的，它无处不在。大道对我们的控制是我们能意识到、却无法感觉到的，这就是大道的平凡。而它不以声色相诱惑，不以名利作引诱，不以武力相威胁，一切都是自然而然的，使我们不得不顺从它的原则，归属它的怀抱，得到永久的安详和平静，永远也不会受到伤害，这就是大道的伟大。大道之所以伟大，是因为它的平凡，而这才是老子所说的大道的根本，无为而无所不为的真谛。如果我们人类的领导者们能够掌握大道的这种根本，能够效法大道那无为而无所不为的做法，那么就无须用各种手段来笼络人心，费尽心机地控制他人了。人们会自然而然地归依到我们身旁，来享受没有任何伤害的安宁、平等和祥和！

【经商之道】

付出才有回报——日本电视台的成功哲学

20世纪50年代，日本全国的电视机拥有量超不过3000台，每台电视机售价高达23万日元。当时，大学毕业刚参加工作的职员每月薪水不过1万日元，因而，若想买台电视机，除非两年不吃不喝。

由于电视机太少，企业当然不肯在电视上做广告，因而开办电视台自然不会有多少收入。1952年在日本首家开播的NHK（日本广播协会）电视台公布预算时，预计"第一年度亏损额为4亿日元，第二年度则将达到5亿日元"。

但日本第二家开播的电视台——日本电视台的创始人正力松太郎却独辟蹊径。电视台开播后，正力松太郎便在街头、公园、车站等人流穿梭之处设置

上篇 道经

了电视机，播放职业棒球、相扑、拳击等各种节目。果不其然，人们纷纷为此所吸引，无不驻足观看。

看到人们纷纷被电视节目所吸引，如醉如痴，各家酒吧、茶馆，乃至澡堂和理发店都竞相购置电视机，以招揽生意。在东京银座、新宿等大街上，凡备有电视机的店铺，无不顾客盈门、生意兴隆，反之则店堂冷清、无人涉足。就这样，尽管全日本只有数千台电视机，而电视观众却数以百万计，于是，各家公司争相到电视台做广告。节目开播仅半年，电视台便已经开始盈利了。

【从政之道】

和珅计陷尹壮图

清代乾隆朝后期，大贪官和珅受宠专权。他结党营私，贪污行贿，把朝廷上上下下搞得乌烟瘴气。俗话说，做贼心虚。为非作歹的和珅最害怕的，就是自己和亲信们干的坏事让皇帝知道。尽管他百般掩盖自己的丑行，然而总有一些富于正义感的士大夫不怕他的打击陷害，上书朝廷，揭发他们的不法行为。为了对付这些敢言的士大夫，他想出了一条极其阴险的诡计。

内阁学士尹壮图是一位正直敢言的官员，看到和珅及其亲信贪挪公款，各省库藏普遍空虚，非常气愤，决心向朝廷揭发。他的弟弟英图规劝说："和珅现在是皇帝的红人，一手遮天，你位卑言轻，怎能参得倒他。弄得不好，反而会有杀身之祸。"尹壮图坦然一笑，回答说："你不必为兄长担忧，我早把生死置之度外。如果我有什么不测，你要代我奉养父母双亲。"于是他奋笔挥毫，写了一道长长的奏折，把各省库藏亏空的情况一五一十地向皇帝作了报告。

乾隆皇帝看了尹壮图的奏折后，着实吃了一惊，急忙招来和珅询问。巧言令色的和珅早就准备好了敷衍的词句，他说："现在是圣天子临朝，天下太平，海内富足。内外臣工无不忠心耿耿地侍奉皇上，哪里会有库藏亏空之事。尹壮图所奏不过是小题大做，为了沽名钓誉而已。皇上若是不信，臣保荐侍郎庆成与尹壮图一起，到各省盘查一下库藏，不就知道实际情况了吗？"乾隆帝也没有什么更好的办法，只好点头同意。其实庆成一贯贪财成性，是和珅一手提拔起来的亲信。

每到一个省会，庆成秉承和珅的旨意，先不忙于盘查，而是大摆酒宴，招待当地的达官显贵，尽量推迟盘查的日期。这样做有两个目的，一是通过宴会显示和珅的势力，笼络当地的官员；二是有意拖延时间，给主管库藏的官员提供掩饰弥缝的机会。等到盘查时，所有的亏空全部被补齐了，最后只能得出"出入相抵，库无亏空"的结论。这时，庆成把脸一翻，指责尹壮图"妄言欺上"、"诬告命官"，并上书严参。蒙在鼓里的乾隆帝信以为真，也认为尹壮图是无事生非，于是降旨严责，给尹壮图降职的处分。和珅阻遏人们言事的企图终于得逞。

在这个故事中，和珅所耍的花招是"欲擒故纵"之计。这个计谋的意思是为了达到"擒"的目的，先让一步，创造制胜的机会，而后乘机擒之。在这里，"擒"是目的，"纵"是手段，"纵"为"擒"服务，为"擒"创造条件。尹壮图上奏后，和珅并没有立即反击，而是先让一步，安排自己的亲信陪同他去各省盘查。然后借机大做手脚，使盘查毫无结果，反而给正直的尹壮图制造了一个"妄言欺上"的罪名，达到了"擒"的目的。

第三十七章　道恒无为

【原文】

道常无为，而无不为①。侯王若能守之②，万物将自化③。化而欲作④，吾将镇之以无名之朴。无名之朴，夫亦将无欲。不欲以静，天下将自定⑤。

【注释】

①无为，而无不为：无为：指顺其自然，不妄为。无不为：没有一件事是它所能为的。②之：指道。③自化：自我化育，自我生长。④欲：贪欲。⑤自定：又做"自正"，自己走向安定。

【译文】

道永远是不做作的，而它又无所不能作为。侯王如能遵守道的无为法则，天下万物将按自身规律正常发展。社会正常发展而又重新私欲大作，应以道之真朴去整治它，那样人们又会将无欲无求，无欲求必然会清静无为，天下万物将自归安定。

【评析】

这一章是老子《道经》的最后一章，《道经》共三十七章，主要讲述了大道的概念、形状、意义、价值和规律。人们的行为如果顺从自然大道，就会无灾无害，甚至会永恒不朽；违背了自然大道，就会受到惩罚。

此章老子再次强调治国之道在于无为，治民之道在于使民无欲。对于老百姓的违道作乱，不能采取刑罚之法，更不能采取武力镇压之法，而要以道之真朴和无欲去教化他们。

老子把第一章提出的道的概念，落实到他理想的社会和政治——自然无为上。在老子看来，统治者能依照道的法则来为政，顺其自然，不妄加干涉，百姓们将会自由自在，自我发展。在第二十五章提到道法自然，自然是无为的，所以道也无为。静、朴、无欲都是无为的内涵。统治者如果可以依照道的法则为政，不危害百姓，不胡作非为，老百姓就不会滋生更多的贪欲，他们的生活就会自然、平静。

老子的道不同于任何宗教的神，神是有意志的，有目的的，而道则是非人格化的，它创造万物，但又不主宰万物，顺任自然万物的繁衍、发展、淘汰、新生，所以无为实际上是不妄为、不强为。这样做的结果，当然是无不为了。第二句便引入人类社会，谈到道的法则在人类社会的运用。老子根据自然界的"道常无为而无不为"，要求"侯王若能守之"，即在社会政治方面，也要按照"无为而无不为"的法则来实行，从而导引出"化而欲作，吾将镇之以无名之朴"的结论。老子认为，理想的执政者，只要恪守道的原则，就会达到"天下将自定"这样的理想社会。这里所说的"镇"，有人解释为"镇压"，并据此认为老子在这章的说明中露出了暴力镇压人民的面目：谁要敢闹事，那就要严厉加以镇压。这种解释，我们感到有悖于老子的原意，"镇"应当是"镇服""镇定"，绝非是武力手段的"镇压"。为此，我们认为，老子并不是代表奴隶主统治阶级的要求，并不是仅仅代表某一个阶级或阶层的利益和意愿，而是从人类社会发展进步的角度考虑问题。这表现出老子内心深沉的历史责任感，因而是进步的、积极的。

【从政之道】

陈平答帝问展才能显机智

汉文帝时期，政府实行无为而治，休养生息，社会经济获得了较大的发展。

有一次，文帝朝会时询问右丞相周勃："天下一年审理和判决的诉讼案件有多少？"

周勃谢罪道："不知道。"

文帝又问："天下一年钱粮的收入和开支有多少？"

周勃又道歉说不知道，他吓得汗流浃背，因为回答不出而感到惭愧。文帝看到他回答不上来，又问左丞相陈平同样的问题。陈平回答说："有主管的官员管理。"

文帝问："主管官员又是谁呢？"

陈平道："陛下如果询问诉讼案件，就去查询廷尉；如果问钱粮问题，就去查询治粟内史。"

于是文帝说道："如果各个部门都有主管的人，那么我用你主管什么事呢？"

陈平抱歉地说："我作为臣子感到不安的是，陛下您不知道我们才疏智浅，却让我们占据着宰相职位。宰相的职责是对上辅佐天子，对下抚育万物；对外镇抚四夷和诸侯，对内亲抚百姓，并使百官各司其职。"

文帝听后，对陈平大加赞赏。

周勃极其惭愧，他退朝后埋怨陈平道："您为何不在平时教我对答呢？"

陈平笑着说："您身居丞相之位，不知道丞相的职责吗？如果陛下询问长安城里盗贼的数目，您自己也要勉强回答吗？"

这时周勃才知道自己的才能不如陈平。不久，周勃称病，请求免除右丞相的职务，汉文帝应允。于是，陈平独自担任全权丞相。

"在其位，谋其政。"当宰相的职责是要指导百官各司其职，抓大事，抓全面，抓总体，而不能越俎代庖，各行各业的具体工作必须由各行各业的官员去做。

陈平巧妙地回答文帝的提问，委婉地将自己的意思告诉了文帝，既表明了自己的职责，又自谦地作了自我批评，文帝对陈平的回答当然是一百个满意了。

下篇 德经

上德不德，是以有德；
下德不失德，是以无德。
上德无为而无以为，
下德无为而有以为。
上仁为之而无以为，
上义为之而有以为。

第三十八章　上德不德

【原文】

　　上德不德，是以有德①；下德不失德，是以无德②。上德无为而无以为③，下德无为而有以为。上仁为之而无以为④，上义为之而有以为⑤。上礼为之而莫之应，则攘臂而扔之⑥。故失道而后德，失德而后仁，失仁而后义，失义而后礼。夫礼者，忠信之薄⑦而乱之首。前识者，道之华而愚之始⑧。是以大丈夫处其厚，不居其薄⑨，处其实，不居其华。故去彼取此。

【注释】

　　①上德：上等的品德。②不失德：不失去德的机会。③无以为：无心作为。④上仁：上等的仁慈、仁爱。⑤上义：上等的义气。⑥攘臂：伸出手臂。扔：意为强力牵引。⑦薄：不足，轻薄。⑧前识者：先知先觉之人。华：虚华，虚饰。⑨处其厚：立身敦厚朴实。

【译文】

　　上德之人不德其德，故真正有德。下德之人追求德，故实际上达不到德。上德之人顺其自然而无心作为。下德之人强调作为而无以能为。上仁之人勉力博施于人，但无私心意图。上义的人勉力施为，但常有私心目的。上礼的人勉力施为而得不到回应。于是就扬着胳膊使人强从。所以，丧失了道以后才出现德，丧失了德以后才出现仁，丧失了仁以后才出现义，丧失了义以后才出现礼。那礼呀，是忠信衰败的表现，也是社会动乱的祸首。那先见者，是道的虚饰，是邪伪的开始。因此，大丈夫应取忠厚不取薄礼，取实在不取虚华。所以，舍弃薄和华而采取厚和实。

【评析】

这是老子《道德经》的第二部分——《德经》。在前面的章节中我们探讨了老子的《道经》，《道经》向我们阐明的是天道，即自然规律。《德经》向我们揭示的是人德，即人生的行为准则。天道和人德二者共同构成了老子的整个思想哲学体系。时至两千年后的今天，老子的道德思想依然深深地影响着我们。

作为《德经》的开篇，老子首先给我们揭示的是，有德与无德的概念与行为之区别。因为在前边已经提到过德的概念了，这里不再赘述。

具有最大德性的人，根本就没有德与不德的概念，所以在别人看来，他的行为才是合乎道德的。也就是说，大道无言无名，大德同样也无言无名。一旦有名，那就进入了后天的分别之中，而具有分别心的人就是凡夫俗子。所以，那些具有下德的人，把道德看得很重，生怕失去了道德，做什么事情都要用道德去衡量。这样一来，他所做的事情也就没有真正的道德了。

从政治角度去分析和理解所谓上德，我们认为它不同于儒家所讲的德政。老子批评儒家的德政不顾客观实际情况，仅凭人的主观意志加以推行，这不是上德，而是不德；而老子的上德则是无以为、无为，它不脱离客观的自然规律，施政者没有功利的意图，不单凭主观意志办事，这样做的结果当然是"无为而无不为"，即把道的精神充分体现在人间，所以又是有德。然而下德是有以为的无为，但却抱着功利的目的，凭着主观意志办事。

在本章里，老子把政治分成两个类型、五个层次。两个类型即无为和有为。道和德属于无为的类型；仁、义、礼属于有为的类型。五个层次是道、德、仁、义、礼。这五个层次中，德和仁是最高标准，但德只是指上德，不是下德。"失道而后德"，这是在无为的类型内部说的，失道则沦为下德，那就与上仁相差无几了。"失德而后仁"，这是指离开了无为的类型才有了仁。仁已经是有为、为之了，所以"失仁而后义""失义而后礼"就是在有为的范围内所显示出来的不同层次。

茫茫宇宙间，所有的生命都只是一次偶然的发生或偶然的出现，他们犹如虚空清冷的大自然中的一时之过客而来去匆匆，既不能对大自然的生生不已有所助益，却也不能构成任何重大危害，他们自以为丰富多彩的瞬间生命之显

下篇 德经

·159·

现，在大自然中连一丝痕迹都不会留下。所以，所有的生命都只有当下的存在意义而没有原始的或终极的纪念意义。我们不禁为生命的短暂和自身的渺小而扼腕叹息，可叹息本身是毫无价值的，它只会空耗我们的生命，在这短暂的一生里，我们该如何有意义地过自己的一生？这是我们都十分关心的问题，我们之所以比别的动物高明，是因为我们有自己的思想和意志，能够区分善恶美丑，正因为有了区别对待，我们才会存在道德的标准，当然这种标准也是人为规定的，在老子看来真正的德是无需形式的，这就为我们提供了足以参考的指标，我们在参透这一思想的同时，也就明白了什么是该做的什么是不该做的，让自己做一个大写的人，只有这样我们才不负自己的一生。

【从政之道】

汉武帝赐死夫人

公元前88年，已70岁的汉武帝体弱多病，自知将不久于人世。但自太子刘据死后，尚未立储，刘家江山将由谁继承，这一直让武帝感到困惑。

当时，武帝有三个儿子。综合比较，小儿子弗陵的品行、气度、相貌颇似自己，武帝有心立他为太子。但弗陵年仅七岁，他的亲生母亲钩弋夫人年轻貌美，又颇有心计。武帝担心日后幼子为帝，其母出面干政，再出现第二个吕后，窃取刘氏江山。

武帝经过数日深思，心中有了主意。

首先，他选择一位重臣，以交付托孤重任。在武帝看来，只有霍光、金日二人，忠厚老实，可托大事。但金日身为胡人，不同于其他大臣，如果托付于他，恐难服众。因此，只有将弗陵托付给霍光。

霍光是骠骑将军霍去病之弟，他由霍去病携入都城，被授予郎官，后官至奉车都尉光禄大夫。霍光为官20余年，小心谨慎，从未犯过大错，深受武帝信任。

于是，武帝命人绘了一幅图画，赐给霍光。霍光把图画拿回家，展开一看，只见是一幅周公负命辅佐成王图。霍光顿时明白，便将图画小心收起来。武帝见霍光接到图画后，没有前来问询自己，知道他已理解自己的意思，心中感到十分欣慰。

既然辅佐幼子之臣已经找到，武帝便进行第二步，准备除掉钩弋夫人。

数日后，武帝见到钩弋夫人，故意因为一件小事大发雷霆。钩弋夫人一直受到武帝宠幸，她见武帝一反常态，大发雷霆，顿时心慌意乱，束手无策，连忙脱簪请罪。

　　武帝却不加理会，喝令左右侍女，将她拉下去，送入宫廷监狱。

　　钩弋夫人见武帝如此，犹如晴天响起一个霹雳，又惊又怕，不由得泪珠盈眶，频频回头看武帝。

　　武帝心中不忍，连忙催促道："快走！快走！别再让我看见你！"

　　钩弋夫人还想再说些什么，却已被侍女拉出，送入大狱，第二天就被武帝赐死。

　　过了几天，武帝问左右大臣："对于钩弋夫人的死，你们听到外人有什么议论吗？"

　　左右大臣都回答道："人们都说，陛下将立太子，却又莫名其妙地将他母亲杀掉，不知道皇上是什么意思？"

　　武帝叹道："这其中的道理岂能是迂腐之辈所清楚的呢？自古以来，国家突然生变，大多是由主少母壮造成的，难道你们没听说过吕后之事吗？"

　　左右大臣听了，都低头不语。

　　"仁"是五德之首，但无原则的"妇人之仁"却是失德行为。在古代封建社会，妇人当政必将朝纲紊乱，朝纲紊乱必然导致天下混乱，爱一人而害万民，这种事情数不胜数。

　　汉武帝并非不爱钩弋夫人。他爱之却杀之，看似残忍，实是"仁心"的体现，为日后消除了隐患，受惠的不仅是刘家继承人，还有天下百姓。

第三十九章 "一"为始祖

【原文】

昔之得一者①：天得一以清②，地得一以宁，神得一以灵③，谷得一以盈，侯王得一以为天下正④。其至也，谓：天毋已清将恐裂，地毋已宁将恐发，神毋已灵将恐歇⑤，谷毋已盈将恐竭，侯王毋已贵以高将恐蹶⑥。故必贵而以贱为本，必高矣而以下为基。夫是以侯王自谓孤、寡、不穀⑦。此其贱之本与，非也？故致数与无与。是故不欲禄禄如玉⑧，珞珞如石⑨。

【注释】

①得一：即得道。②清：清澈，清明。③灵：灵妙。④正：君长。⑤歇：消失，绝灭。⑥蹶：跌倒，失败。⑦孤、寡、不穀：古代帝王自称孤、寡、不穀。不穀：不善的意思。⑧禄禄：形容玉美的样子。⑨珞珞：形容石坚的样子。

【译文】

自古以来与大道统一的事物：天得道而清明，地得道而宁静，神得道而灵验，川谷得道而盈满，万物得道而生存，侯王得道而作天下的君长。推究其理，天不清明的话恐怕将会崩裂，地不宁静的话恐怕将塌陷，神不灵妙的话恐怕将消失，川谷不盈满的话恐怕将空竭，万物若不得道，就不能生存，将会灭之，侯王如果不得道的话恐怕将垮台。贵必须以贱为本，高必须以下为根基。所以君王自称是孤家、寡人、不谷，这不是说明君王以贱为本吗？不是吗？所以招来过多的荣誉反而没有荣誉。因此，不追求美玉的尊贵华丽，反而要像石头那样坚硬低贱、不张扬。

【评析】

　　这一章老子强调了"一"的概念并反复使用了"一"，什么是"一"呢？狭义的理解，一有唯一、统一的意思；而广义上讲，一是物质的唯一性，也是认识的统一性，是一个十分抽象的概念。在这一章里老子强调了一是万物的最早起源，从普遍性说一，宇宙万物全都由一产生并慢慢衍生出一个物种，这是万物所共有的一，也是万物的共同起源。从个别性上说，每个物种亦从一开始，这是每个物种所单独拥有的一，这个一只是这个物种所单独拥有的一。

　　在本章中，老子列举了天、地、神、谷、万物、王侯，说天和道统一就会变得清明，地和道统一就会变得宁静，神和道统一就会灵验，川谷和道统一就会盈满，王侯和道统一就能使天下安定。通过这些自然物和人作论证，无疑是向我们阐明宇宙万物都以一作为存在的基础，一是万物的始祖。

　　没有一会是什么一种情景呢？老子接着论述没有一，这些自然物和人会出现以下情形：天如果没有得到清明就会崩裂，地如果得不到安宁就会废止，神如果没有得到灵气就会消失，川谷如果没有得到盈满就会枯竭，万物如果没有得到就会灭之，王侯如果没有使天下太平就会被颠覆。由此可见，一是万物存在的基础，是万物生命的源泉。

　　说了半天一到底是什么还没有说清楚，它不是一个实物的体，而是一个抽象的理，只能被我们所感知，我们无法看得见摸得着，也无法用语言来穷尽。一是统一性和规律性，它无形无状、无声无息、无色无味，它存在于万物萌发的开始，是宇宙万物得以生成的根源。

　　"贵以贱为本"，这里是顺承着"昔之得一者"说的，我们要想得到这个玄妙、伟大的一，就必须抛弃分别心和私心杂念，达到"物我两忘"的至境，外物与我无分别，心中无所谓美丑、善恶、荣辱，没有了这些概念也就没有了分别对待，没有了分别对待也就没有了争夺，没有了争夺也就没有了不达目的的痛苦和烦恼，人生就达到了无欲无求的境界，达到了和大道的完美合一。我们只要没有了妄想，也就不可能去妄为，不妄为也就不会违背道德规范，我们经常所说的缺德，就是违背道德规范的行为。我们知道大道和大德无处不在、无所不在，它们无言无为，没有分别，自然而然地，无所谓喜欢和不喜欢，万物都由它们衍生出来，它们无所谓追求和索取，自然也就无执着心。欲念是我们必须抛弃的东西，因为它会制约我们对幸福感的认知。人生一世，短短几个秋，如果只限于满足自己的贪欲，难免会陷入痛苦的境地，在欲望的驱使下，我们会干出一些伤天害理的事情，这是违背自然和道德的行为，不仅伤害了别人也伤害了自己的良知，并将自己的幸福毁于一旦，何苦呢？只有没有了欲望的驱使，我们才会甘于做一块厚道、朴实、毫不张扬的石头，而不是一块精雕细琢、华贵无比的美玉。

第四十章　虚中生有

【原文】

反者道之动①，弱者道之用②。天下万物生于有，有生于无③。

【注释】

①反者：循环往复。②弱者：柔弱，渺小。③无：超现实世界的形上之道。

【译文】

发展是道之运动的内在动力；坚守柔弱是道的运动法则的具体运用。天下万物从有中产生，有又从无中产生。

【评析】

这一章虽然只有三句话，但含义十分丰富、深邃。在这一章，老子重申了道和德的关系，道无形、无言、无为，不能被我们真正认识，我们认识到的只是道的德性而已，因此可以说德是道的属性。

"反者，道之动"，意思是说事物运动变化的规律是循环往复的，如果我们善于观察就不难发现，我们周围的事物都处于永不停息的运动变化之中，蝉皮挂在枝头，而蝉却没了踪影，我们四处寻找，树叶深处传来蝉的鸣叫，原来它的翅膀长硬了躲到密叶深处唱歌去了。然而好景不长，随着夏天的飞逝，它的生命也就走到了尽头。第二年的夏天，蝉声又起，如此循环往复，永不衰竭。

"弱者，道之用"，意思是说道在发挥的时候，用的是柔弱的方法，它一切顺应事物的发展变化，任由万物自然而然地发生和生长，而决不强加自己的意志，不去干涉，给万物足够的发展生长空间。道孕育了万物，而不据为己有，不使万物感到自己的压迫力量。如果天下的统治者能够用这种柔弱的手段来治理天下，顺应民心民意，自然会得到民众的拥护和爱戴，自然会拥有大道的力量而永不枯竭。

由此可见，大道的德性就是循环往复和柔弱顺应，宇宙万物由道而生，自然应该合乎大道的德性，才能得以正常生长、发展、运行，一旦违背道的德性就无法得以运作，就会被淘汰出局，这是因为宇宙万物都由大道孕育而生成，这就是老子开篇所提到的"有名，万物之母"。而我们必须清楚的是大道的孕育状态又来自于无的混沌未开的状态，也即是第一章中老子所说的"无名，天地之始"。无的状态也就是道的德性了。人是万物中的一员，处于宇宙万物中就如同滴水藏海一般，是那么微不足道，而我们喜欢夸大自身存在的价值，人类的虚妄致使人类忽略自然规律的存在而恣意妄为，恣意妄为是对大道的公然叛逆，其表现是多方面的，比如任意砍伐森林、任意捕杀野生动物、污染环境、自虐和虐他……人类自认自己的强大和睿智，是不自知的表现，其结果必将是自我毁灭。我们人类只有顺应自然之道，明晓生死皆自然，短暂的人生不容许我们蹉跎岁月，也不容许我们陷于无谓的纷争中。生命就如同一次短暂的旅游，从起点出发最后又复归于起点，这种循环往复不会以我们的主观意志为转移，有生就有死，这是大道的规律，没有人能够改变得了，既然无法改变，我们为什么不能换一种方式对待它呢？顺应它就合乎了道的大德，就能活得自然、坦然、悠然。

【为人之道】

张仪"无中生有"骗楚王

战国时代出现了大批能言善辩的纵横家，为了当官发财，他们游说列国，一时间，到处充满有才智的说客，纵横于各国朝堂。史上鼎鼎有名的张仪就是其中一位。

张仪是魏国人，他在早期的游说生涯中曾到过楚国，不过没受到楚王的重用，生活非常贫困。

有一次楚王召见他，但却满脸表现出很不耐烦的样子。

张仪对楚王说:"如果大王不想任用我,我请求到魏国去走走。"

"那好吧。"楚王答道。

张仪问:"难道大王不想从魏国得到什么东西吗?"

"黄金、珍珠、象牙等楚国都有,我什么也不想要。"楚王说。

"难道大王不喜欢美女?"

"什么意思?"楚王不解地问。

"听说魏国美女貌若天仙,最为娇艳,可谓当今天下第一。"

楚王听了这番话不禁心驰神往,心中起了些淫念。

于是他赐给了张仪许多珍珠、宝石等财物,请张仪为他从魏国多带几个美女回来。

楚王的两个爱妃听了此事,慌忙地把张仪请去。

张仪把楚王托他到魏国寻求美女的事,大肆添油加醋地说给她们听,她们因为害怕,所以贿赂了他许多黄金,求他别带美女回来让她们失宠。

临行前,张仪要求楚王设宴送行。

酒过三巡,张仪又请楚王把平常身边侍奉的人请来,说要为她们敬酒。楚王于是把两个爱妃叫了进来。

一见她们,张仪马上从座位上跳下来,趴在地上磕头不止,并连连说道:"我有欺君之罪,该死,该死!"

"这是怎么回事?"楚王不解地问道。

"我周游列国从未见过如此漂亮的女子,上次我还说要给您找最美的女子,这不是欺骗您吗?"

"好了,算了吧!"楚王听了也无奈地说道,"我也认为我这两个爱妃是天下最美的。"

如此一来,张仪到魏国去找世上最美女子的许诺就成了空话,也就是"无";黄金、珠宝以及楚王的盛情款待就成了这个"无"中产生的"有"。

张仪以其如簧之舌虚构了一种假象,吸引楚王上钩,从中渔利。

【经商之道】

特朗普无本生财成富商

美国地产大王唐纳德·特朗普如今已是拥有数十亿资产的大富商。特朗普拥有庞大的物业，如巨型商场、五星级酒店、赌场……

特朗普取得今日的成就原因是多方面的，但最重要的一点，就是他极擅长无本生财。

特朗普为什么会这般精明呢？这与其少年时代的艰苦磨炼是分不开的。1946年，特朗普出生在纽约的一个贫民家庭。当时，他的父亲为了维持生计，不得不去擦皮鞋、运送水果、当建筑工人、做木匠等。这一切，给少年特朗普留下了不可磨灭的印象。

13岁时，特朗普进入军校就读，之后，又转入了军事学院。这时，父亲的建筑事业有了起色，特朗普也因此对这一行产生了兴趣，而对军旅生涯渐渐产生了厌倦。那时候，他立下志愿，要从无到有创出一番事业来。还在军校读书时，他就处处留意世情变化。他发现，当时正在兴建的房地产业大有可为，因此，他立志有朝一日也要在这一行施展拳脚。

真正使特朗普成功的，是两件他运用从无到有技巧获得了丰厚利润的事情。

第一件事发生在1964年。当时，俄亥俄州辛辛那提市有一个平民住宅区，原来的业主因为房屋过于破旧，没人租住而收不到房租，只好宣告破产。当这个平民住宅区放盘拍卖时，居然没人问津。因此，原业主十分苦恼，正在寻求买主，将破烂房屋出手。

机会难得。特朗普当时力排众议，独具慧眼，认为这个地方一定会有厚利可图。于是，他向银行贷款买下了这个平民住宅区。

买下之后，特朗普又详细分析了原业主经营失败的原因，并一一加以改进。为了使房产增值，他又以住宅区作为抵押，再次举债，用来投资修整改建。之后，他再将这个住宅区放盘出售。一年后，特朗普净赚了500多万美元。

第一次从无到有成功后，特朗普对这一行更有信心了。于是，他又不停地寻找机会，伺机再展宏图。

第二件事发生在1973年。这一年，特朗普在看报纸时发现了一个消息：宾州中央铁路公司申请破产，原因是资不抵债，无法运行，因此，拟将金库多酒店放盘拍卖。当时，金库多酒店所处地段相当有利，拍卖消息传出后，众多客商都踊跃争购，但一看价码便缩头了。

唯有特朗普不退缩，他认为这个酒店地处黄金地段，一流的位置必然会产生一流的商业效益，因此，他毫不犹豫地向银行贷款1000万美元，一举收购了酒店。之后，他又以酒店物业做抵押担保，再度举贷8000余万美元，对金库多酒店进行全方位的改建装修。

一年后，酒店装修完毕，对外营业。每年纯利润就达3000多万美元。3年后，还清了全部贷款，之后，酒店财源就如江水般滚滚而来了。

两次从无到有的成功，使特朗普一下子从一个一无所有的穷小伙变成了超级富商。

【从政之道】

无中生有杀于谦

明英宗乘景帝病重之际，在石亨、徐有贞等人的拥立下，发动政变，复取帝位。其后，石亨、徐有贞指使言官诬劾于谦、王文欲迎立襄王瞻墡，英宗命将于、王二人逮捕下狱。

在廷审时，王文拒理抗辩道："迎立外藩，须有金牌符信，遣人必用马牌，两者分别存于内府和兵部，究竟有无此事，可前往两处查验，为什么无故冤枉人呢？"

徐有贞闻言狡辩道："事尚未成，自无实际，但心已可诛，应当定罪。"

王文闻此厉声抗争："犯罪必须有证据，天下有逆揣人心，不分虚实，就随便置人于死地的吗？"

这时，于谦苦笑着对王文说："石亨等人报复私仇，定欲我等速死，虽辩何益？"

参加会审的都御史萧维桢连忙插话道："还是于公明白，事出朝廷，承认也是死，不承认也是死。"

当下将于谦、王文还系狱中，徐有贞、萧维桢等人密议一番，即以"欲反"二字，锻炼成词，入奏英宗。英宗开始还以"于谦有功，不应加刑"而犹豫不决，徐有贞见此情，乃攘臂上前进言道："不杀于谦，今日之事有何名誉？"于是，英宗意决，下令将于谦、王文等人斩于东市。

石亨、徐有贞拥立英宗复辟后，为报私怨，竟采用"无中生有"的办法，捕杀于社稷有功的于谦等人，制造了明史上的一大冤案。

第四十一章　善贷且成

【原文】

上士闻道①，仅能行之；中士闻道，若存若亡；下士闻道，大笑之——不笑不足以为道。故建言有之：明道若昧②，进道若退③，夷道若颣④，上德若谷，大白若辱⑤，广德若不足，建德若偷⑥，质真若渝⑦，大方无隅⑧，大器晚成，大音希声，大象无形。道隐无名。夫唯道，善始且善成。

【注释】

①上士：西周的士大夫分为上士、中士、下士三个等级，此处指拥有上等智慧的人。②昧：暗昧。③进道：前进的道路。④夷道：平坦的道路。颣：崎岖不平，坎坷曲折。⑤辱：污垢。⑥偷：意为惰。⑦渝：变污。⑧隅：棱角。

【译文】

上等悟道的人听了道，勤于去实践它；中等悟道的人听了道，半信半疑它的存在；下等悟道的人听了道，捧腹大笑以示嘲笑它。不被嘲笑就不足以为道了。所以《建言》中说：光明的道好似暗昧，前进的道好似在后退，平坦的道好似凹凸不平。崇高的德好似峡谷；洁白无瑕的东西好像含灰纳垢了一般；广大的德好像不足；刚建的德好似怠惰；纯真质朴的品格好像浑浊；最方正的东西好似没有棱角；大型珍贵的器物是最晚完成的；最大的声响反而听不到声音；最大的形象反而看不到它的形状；大道幽隐而默默无闻，无名无状。也只有大道，善于给予万物并且成全万物。

【评析】

上一章老子论述了道的德行，即循环往复、柔弱顺应。万物为大道所生就应该遵循大道所具有的德性，顺应自然循环往复，而不违背自然的规律，达到无言无为的境界，只有这样我们才能免受自然的惩罚，才能领略到生命的充实和美好。

在这一章里，老子重点讲解如何依道修德的问题。老子将人类分为三个等级，即上士、中士和下士。在封建社会，上士是指高明的小奴隶主贵族；中士指平庸的贵族；下士指浅薄的贵族。老子在此并非指等级上的差别，而是就认识水平上的高低而言的。上士也就是悟道较深的人，中士就是对道半信半疑的人，下士就是对道一点也不开悟的人，他们由于对道的领悟水平不同，所以就产生了对道的不同的看法和行为，上士听人讲道的德性，就能立即领略到其中的妙处，并反映到自己的实际行动中，积极努力地实践它，做到与大道的完全融合。中士听人讲大道的德性，由于觉悟的局限，他不能完全理解大道的德性，所以总是半信半疑，在这种思想的指使下，他时而实践，时而疑惑，不能完全投入其中，总在半信半疑之间徘徊，因此这种人很难得到真正的觉悟和解脱。下士完全否定大道的存在，他们一旦听到道的德性就会哈哈大笑，以示对大道修行者的嘲讽，认为修道者是疯子，认为修道者所说的话是胡言乱语，简直就是信口开河。

老子对下士对道的无知和嘲讽表现出了极度的宽容，对于道这样浅显而又玄妙的东西，怎么能避免下士们的嘲笑呢？老子认为没有下士的嘲笑就称不上真正的大道了，为什么这么说呢？紧接着老子引用了十二句古语来证明自己的观点，即"明道若昧，进道若退，夷道若颣。上德若谷，大白若辱，广德若不足。建德若偷，质真若渝，大方无隅，大器晚成，大音希声，大象无形"，意思是说光明的道好似暗昧，前进的道好似在后退，平坦的道好似凹凸不平，崇高的德好似峡谷，洁白无瑕的东西好像含灰纳垢了一般，广大的德好像不足，刚建的德好似怠惰，纯真质朴的品格好像浑浊，最方正的东西好似没有棱角，大型珍贵的器物是最晚完成的，最大的声响反而听不到声音，最大的形象反而看不到它的形状。这么隐晦难懂的话有几个人能理解呢？即使是被人理解了又有几个人能参悟其中的深意呢？毕竟得道之人是少数，而下士占多数，如果不对他们采取宽容的态度，那老子修道又有何意义呢？老子之所以能对下士

下篇　德经

·171·

采取宽容的态度，在很大程度上是他悟道和修德的结果。大道包容万物、给予万物、成全万物。

我们在生活中难免和各种各样的人打交道，他们或粗俗或高雅，或单调乏味或幽默风趣，面对形形色色的人，我们怎样才能和他们交往呢？有人采取了极端的方式，干脆不和低俗之人交往，摆出一副自命清高的架势，见了粗俗之人就冷面孔相对，他这是忘记了什么是真正的高雅，不自觉地将自己推向了低俗的深渊。为什么不能做一株出淤泥的白莲呢？如果我们真的有莲花的高洁，我们就应该以自己的品行感化人，使他们慢慢脱离低俗。这是最好不过的处世方略了，拥有一颗包容心是我们的无价之宝，我们将受用一生。

【为人之道】

大象无形：列子学射明事理

列御寇喜好打猎，经常邀请朋友们一块儿到深山密林中捕猎野兽。

可是朋友们每次都婉言谢绝了他的邀请。原因就是御寇虽然爱好打猎，而射箭技术却十分糟糕。

列御寇自己也十分着急，于是决心从头开始练好箭术。经过一段时间练习，列御寇的箭术突飞猛进。

他为自己的进步而得意不已，同时也想去向朋友们显示自己箭术的精妙。为了增强说服力，他决定先找个精通箭术的人来给自己射箭的技术作个权威性的结论。

他想到了伯昏无人。伯昏无人是著名的箭术专家，曾经培养了许多优秀射手。

列御寇向伯昏无人说明了自己的意图，就在自己的后院中立好箭靶开始射箭。

列御寇拉满了弦，把装满水的杯子放在肘上，凝神一处，目不斜视，耳不旁听，连发了好几箭，后箭箭尖和前箭箭尾紧紧相连，形成一条线，所有的箭都射到同一点上，箭术实在高明，用百步穿杨来形容，一点也不过分。

然而伯昏无人却像个木头人似的，面无表情地站在那里，嘴里连一句赞美的话也没有。

沉默了良久，伯昏无人才开口说："你是为了向人展示你的箭术而射的，还没有达到那种不射之射的境界。只有那种看似不经意的射箭，才是真正的好箭术。如果我和你登上高山，脚踩着不断摇动的石头，前面是万丈悬崖和幽深的瀑布，你还能射吗？"

于是伯昏无人便带着列御寇登上高山，踩着摇动的石头，面临着无底的深渊，背后高低不平，脚一半在山巅之外。

列御寇好像患了恐高症一样趴在地上，汗水流到脚跟，哪还敢站起来射箭呢？

伯昏无人说："最有修养的人，上可以望青天，下可以入黄泉，挥纵八荒，放纵自如。现在你战战兢兢，生死得失之心表现于眼神和心态，你内心的害怕就可想而知了。"

【从政之道】

王翦装贪巧饰赢得秦王的信任

公元前226年，秦王嬴政准备出兵讨伐楚国。

秦王因为李信在追击燕军时表现极为勇敢，便问道："灭楚需要多少士兵啊？"

"20万足够。"李信回答道。

于是秦王又问老将王翦，王翦说："非60万不可。"

秦王认为王翦年老胆怯，便委任李信为主将，蒙恬为副将，率军20万伐楚。王翦则顺水推舟，推托有病，解甲归田，告老还乡。

第二年，李信出师不利，大败而归。秦王大怒，后悔当初不听王翦的话，迫不得已，他亲自到频阳（今陕西省富平县）王翦的住宅，向王翦承认错误，说：

"寡人不听将军的话，李信果然失败，令秦军受到耻辱。将军虽然有病在身，难道忍心抛弃我吗？"

王翦回答道："我有病在身啊，不能领兵打仗了。"

看到秦王不答应。王翦说："如果非要我出兵打仗的话，一定需要60万士兵不可。"

秦王于是答应他的要求，征集60万大军，交给王翦，命他指挥讨伐楚国，且秦王亲自到灞上（今陕西西安市东）送别。

王翦乘机请求秦王把秦都附近上好的田宅赏赐给他。秦王说："将军快走吧，你根本用不着担心啊！我给你就是了！"

　　王翦说："我跟着大王当将军，即使有功劳，也得不到封侯。我还是要点房产田地，为子孙打算打算吧！"

　　秦王大笑，不以为然。

　　当军队到达武关（今陕西商洛西南）时，王翦又派使者向秦王索要良田美舍。副将蒙恬说："将军如此请赏，不是太过分了吗？"

　　王翦私下偷偷地告诉他说："你不知道我请赏的原因。秦王强横而且多疑，现在把60万大军交给我掌管，就是把整个国家都托付给我了。如果我不多多请赏，多要点田宅，为子孙打算，以此说明我并无野心，否则大王会坐卧不安而怀疑我的。"

　　王翦通过请赏田宅以释去秦王的怀疑，终于使秦王放手让他独立指挥战争，不久，便灭掉了楚国。

　　王翦正是看中了秦王的多疑，故意暴露贪欲，自轻自贱。因而赢得了秦王的信任。

　　从表面看，王翦显得缺乏忠诚廉洁。一会儿哼哼哈哈，装病避战，一会儿口口声声，索要良田美舍，贪得无厌。其实，他是秦国一个非常忠诚廉洁的将领。"木秀于林，风必摧之。"王翦工于心计，颇识此理。他深知秦王多疑残暴，难免以小人之心，度君子之腹。60万大军的指挥棒抓在他手里，秦王肯定心存戒备，官僚们嫉妒诋毁也是必然的。于是，王翦便使用"大白若辱"的心理战术，给秦始皇造成了这样的假象：他以年迈之躯领兵出征，只是为了良田美舍，并无任何野心。这个心理战术的运用收到了一举两得的效果：一方面打消了秦王的疑虑，保全了自己；另一方面，取得秦王的信任，以便掌握绝对的指挥权，全力以赴，克敌制胜。

第四十二章　以为教父

【原文】

道生一①，一生二②，二生三③，三生万物。万物负阴而抱阳④，冲气以为和⑤。人之所恶，唯孤寡不穀⑥，而王公以自称。故物或损之而益⑦，或益之而损。人之所教，亦我而教人。强梁者不得其死⑧——吾将以为教父⑨。

【注释】

①一：万物皆由一开始，它既是第一也是唯一，这是老子用以代替道这一概念的数字表示，即道是绝对无偶的。②二：二是偶数，是对称数字，事物有对称后才有孕育，如阴阳、雌雄等。阴阳二气所含育的统一体就是道。因此对立者的双方都包含在"一"中。③三：即是由两个对立面相互矛盾冲突所形成的第三者，进而生成万物，三形容事物的多数，不是数字的确指。④阴：与阳相对的宇宙构成的一面。阳：与阴相对的宇宙构成的另一面。⑤冲：激荡，交融。⑥孤寡不穀：都是古代君主用以自称的谦辞。⑦损：减损。益：增添。⑧强梁者：强暴者，横行霸道的人。⑨教父：教育的根本或指导思想。父：有的解释为"始"，有的解释为"本"。

【译文】

道生初始的一，初始的一又生出阴阳的二，阴阳二气交合而生三，混合的三生万物。万物都背阴而抱阳，阴阳二气交互作用生成和谐状态。人之所厌恶的虽然是"孤单""寡和""不圆满"，但王公却用这些词来称呼自己。所以世上事物有损必有益，有益必有损。古人所教诲的道理，我亦以此来教诲他人。"强横逞凶的人不得好死",我将以此作为施教的开端。

【评析】

老子在这一章讲了大道的衍生规律：大道生出了一，一生出了二，二生出了三，三生出了万物。这和第一章里所说的意思相同，大道之无而生出了妙一，妙一而生出了天地的二，二生出了徽三，三衍生出了宇宙万物。我们从而可以推断出万物都在道中，既然万物都在道中，那么万物自然会怀抱着天，背负着地，天为阳地为阴，老子将阴阳理论和道德合在了一起，难免有些晦涩难懂。读过《易经》的人都知道，《易经》中有"太极生两仪，两仪生四象，四象生八卦"句，其中的太极就是我们所说的道，它混沌未开浑然一体，无所谓两仪，也无所谓阴阳。阴阳是相对立的，又是相互统一和融合的，它们的对立表现在二者相互排斥，是分隔裂变的产物，它们融合的表现是它们本是一个物体，来自同一种物质：太极，也就是道，就是一，正因为它们的这一特性，我们才可以将它们糅在一起而成为"和气"，天气阳而地气阴，万物生于天地间，自然带有阴阳二气。万物之所以生是因为阴阳相合而生成的和气所致。和气使万物得以安宁和生生不息。

我们生存的宇宙空间，万物都有阴阳之分，各种生物包括人类在内，都有雌雄之分，也就是我们所说的阴阳，雄性都有阳刚之气，而雌性刚好相反，具有阴柔之气，阳刚和阴柔是万物的特征，也是万物得以延续的基础。阳和阴相反相成，相互独立存在而又不可分割，二者相合而成和气。和气取的是阴阳二气的中和，因此，无论是黎民百姓还是王公贵胄，只有和气为人，才合乎大道的规律要求，才是一个有道德的人。任何凶神恶煞的行为都不会得到人们的认可，更谈不上拥有人格和尊严。因为人和万物的特性就是一个"和"字，和气的人就合乎大道，合乎大德，就会受到大道的拥护；相反，不和气就是不合乎大道，自然会受到自然规律的惩罚，比如我们上面所说的得不到尊重，等等。

我们往往喜欢风和日丽的天气，而憎恶阴雨潮湿的天气，也就是趋阳避阴，谁都不喜欢鳏寡孤独，不喜欢被人遗弃，而王侯公卿却喜欢称呼自己为："孤、寡、不穀"，为什么会这样呢？他们这是自谦的说法，其实他们本身并没有脱离"和气"，他们越是自谦越是能得到众人的拥护和尊敬，也就是损之有益。我们爱说"和气生财""家和万事兴"，这里的和就是"和气"，也可以称为我们的人气。一个人气旺的人，不计个人得失，不贪占小便宜，自然也就少了很多痛苦和烦恼。我们不可为一时的得失而大喜大悲，即使我们正处于人生的低谷，有很多的不如意甚或被耻辱包裹，面对这样的窘境，我们是消极躲避还是积极应对？答案是显而易见的，我们只有冷静、平稳、和气地面对，才能战胜狂风骤雨，迎来美丽的彩虹。

【为人之道】

宽容待人：代宗圆融得饶人处且饶人

郭子仪是唐代的中兴名将，当朝重臣。因平定安史之乱有功，被朝廷封为汾阳王，其子郭暧被代宗招为驸马，可谓权倾朝野，显赫一时。

不久，郭子仪过寿，家人和亲朋好友纷纷拜贺，唯有儿媳升平公主仗着自己是当朝公主，不肯给公公拜寿。

郭暧不由得勃然大怒，与升平公主争吵，大打出手，给了公主一记耳光。他盛怒之下，指着升平公主的鼻子说："你如此无礼，不就是仗着你父亲是天子吗？我的父亲功高盖世，只是因为他根本不愿意做天子！"这句话，无疑可能招致杀身灭门之祸。

升平公主本是唐代宗的掌上明珠，做丈夫的不但没有把自己放在眼里，而且也不把自己的父亲、当朝天子放在眼里，这还了得！公主万分恼怒地跑回皇宫，向父亲告状，痛斥郭暧的"犯上作乱"罪行。

唐代宗听完女儿的哭诉后，却一团和气地说："郭暧说的话，不是你能懂得的。他父亲确实是不想做天子，否则的话，天下哪里会归我们家所有呢？"说完，他就叫公主赶快回家去，并要她向公公赔罪。

此时，郭子仪听说儿子打了升平公主并口出狂言一事后，不禁大惊失色，早已把郭暧囚禁起来，随后自己入朝请求皇上治罪。

唐代宗却对郭子仪哈哈一笑："俗话说'不痴不聋，不做家翁'，小两口在闺房中吵架时说的气话，怎么能当真呢？你这样做也太小题大做了！"

就这样，一件本来可能酿成大祸的事情，最后不了了之。

"得饶人处且饶人"，在这件事上，唐代宗显示了十分高明的御臣手段和处世谋略。他以和气浑圆的容忍态度对待郭暧的口出狂言，并没有以上压下，得理不饶人。当然，他之所以这样也是因为郭子仪平日就没有居功自傲，而且在事发之后立刻绑着儿子前来请罪。公主不孝却不问罪,郭子仪同样没有得理不饶人,这也是他的聪明之处。

【经商之道】

胡雪岩和气生财

胡雪岩十分注意维护别人的面子,因为他深知一个人的信誉被破坏,对大家都不利。所以他坚持"得饶人处且饶人",这就是不伤和气的生意经。

胡雪岩刚出道的时候,王有龄用他捐助的五百两银子捐官成功,回到杭州,得知胡雪岩为此被信和钱庄开除,丢了饭碗,落魄不堪。他要为胡雪岩洗刷耻辱,就在海运局支出六百两银子,到信和钱庄去了结这笔账。他穿上官服,吩咐备轿,准备鸣锣开道,和胡雪岩一同前往。按他的想法,以自己的威风,为胡雪岩扬名,顺便也替他出气。

但胡雪岩拒绝了。他不去的理由很简单,信和钱庄的"大伙"就是当初将他开除出信和的张胖子。如果此时他和王有龄一同前往,势必让张胖子大失面子。张扬出去,张胖子在同行、在东家面前的面子也没有了。这是胡雪岩不愿意看到的事情。他不仅不与王有龄同去,而且还叮嘱王有龄吹捧信和一下,这使王有龄对胡雪岩的做法赞不绝口。

王有龄理解了胡雪岩的用心,还款时,他特意换上便服,只坐一顶小轿到了信和。由于信和当初就将这笔款当作一笔收不回来的死账,因此也没把胡雪岩写的借据当回事,不知扔到何处,此时王有龄来还钱,居然找不到借据。当钱庄张胖子据实相告后,王有龄不仅没有为难他,而且二话没说,拿出该还的银子,只要对方写个已经还清的笔据,至于原来的借据,以后找到,销毁就是了。

在对待吃里扒外的朱福年时,胡雪岩也牢牢记住"饶人一条路,伤人一堵墙"的道理,把这件事处理得极为漂亮。

朱福年不仅在胡雪岩与庞二联手销洋货的事情上作梗,还拿了东家的银子做小货,他的东家庞二自然不能容忍。依庞二的想法,他一定要查清朱福年的问题,狠狠整他一下,让他滚蛋。但胡雪岩觉得不妥,说:"一发现这个人不对头,就彻底清查后请他走,这是普通人的做法。最好是不下手则已,一下手就叫他晓得厉害,心生佩服。要像诸葛亮'七擒孟获'那样使人心服口服。

'火烧藤甲兵不足为奇'，要烧得他服帖，死心塌地替你出力，才算本事。"

胡雪岩的做法是：先通过关系，摸清了朱福年自己开的户头及底细，然后再到丝行看账，在账目上点出朱福年的漏洞。他也只是点到为止，不点破朱福年做小货的真相，也不再深究，让朱福年感到自己似乎已经被抓到了把柄但又不名实情。同时，他还给出时间，让朱福年检点账目，弥补过失，这等于有意放他一条生路。最后，他明确告诉朱福年，只要尽力，他仍然会得到重用。这一下，朱福年真的感激不尽，彻底服帖了。他死心塌地地替胡雪岩出力，后来也从未犯过这样的错误。

【从政之道】

明太祖以和为贵倾力外交

明朝洪武元年，朱元璋依据当时国家的情况，制定出了相安无事、共享太平的睦邻友好外交政策。他指出，如果外国兴兵侵扰我国边防，我们一定严加还击；如果外国不来侵扰，那我们就不可无故兴兵，侵犯他国。

朱元璋这种保境安民的固权思路符合刚刚建立的明朝国情。当时，统一全国的大业还没有完成，战争给人民带来的创伤还没有恢复。而且历史经验也证明，国内不安，国家不富，对外扩张根本毫无意义，只能是劳民伤财，得不偿失。所以，朱元璋告诫子孙，不可凭借武力的强大，贪图一时的战功，无故兴兵。

同时，朱元璋也告诫武将："国家用兵，就像医生用药，用药是治病的，不能无病服药。当国家不安宁时，用兵以平定；当四方平安无事时，只能修练甲兵，保持防备，不能喜功生事。兵能平祸，亦能招乱，所以应时常讲武，但不可穷兵黩武。"

朱元璋还告诫说："胡戎与中国边境紧邻，战争一直不断。你们一定要选将练兵，时刻防备。"

此外，朱元璋还积极主动着手恢复同周边诸国的友好关系。1368年12月，他派楔斯、易安分别出访高丽、安南，又遣使出访日本、占城、爪哇、琐里等国，阐明了明朝的外交政策并送给它们大批金绮罗纱。不仅如此，朱元璋还派人想方设法同远在地中海的指森国取得联系。1393年12月，朱元璋在回顾他的对外活动时说：自即位以来，命使者出使周边各国，使者的足迹遍及36个国家。

　　由于朱元璋积极主动地开展了睦邻友好外交政策，明朝外交取得了可喜的效果，不少国家前来通好、贡献宝物。在这一系列外交活动中，明朝始终以"宗主国"自居，视周围的邻国为附属国。作为这种"宗藩"关系的象征，东南亚各国名义上必须接受明朝的敕封，并称臣朝贡。

　　同时，朱元璋为了招徕西方的客商，曾下令：凡西方商人前来互市，边境一律放行，驿站要为他们提供方便；做完生意后，派官吏送他们回国。这些举措促进了中外经济的交流与发展。

　　明朝初年，通过中外僧人的相互往来，也促进了中外文化的交流。洪武五年（1372年）五月，朱元璋派明州的祖阐法师和南京的无逸法师前往日本。他们在日本和僧侣相互学习交流，为他们改诗、题词，并撰写了诗轴序文，大大加深了两国之间的感情和文化交流。

　　因此，不少国家也派子弟到明朝求学。如高丽、日本、琉球、暹罗等国，先后派人到国子监留学，成绩优良的还留在中国做官。他们对于传播中国文化，促进各国文化的交流和发展，起到了重要作用。

第四十三章　不言之教

【原文】

天下之至柔①，驰骋天下之至坚②，无有入于无间③。吾是以知无为之有益。不言之教，无为之益，天下希及之④。

【注释】

①至柔：最为柔弱。②至坚：最为坚硬。③无有：触摸不到的东西。无间：没有空隙。④希：又作"稀"，稀少。

【译文】

天下最柔弱的东西，能腾跃穿行于天下最坚硬的东西中。空虚无形之物，能够进入没有缝隙的东西中。我因此知道了顺应自然无所作为是有益处的。无言的教诲，无所作为的益处，天下很少有人能够做得到。

【评析】

上一章老子论述了万物的和气，这一章紧接着上一章的论述，继续阐述柔和无为的妙处。什么是天下至柔之物呢？毫无疑问，水是至为柔软、顺从的东西，我们在前面的章节中已经论述过关于水的一些特性，它可以柔顺地任凭我们把它放到不同的器皿中，它泰然自若、无欲无求。水是最柔和的东西，它象征着大道的德行，无欲无求的水总是安静地绕开繁华，顺沿着低洼的河谷缓缓而下，它决不会在地势的险峻处、壮观处驻足停留或搔首弄姿，它默默无闻顺流而下，滋润田地、山谷，但它决不居功自傲，它造福万物而决不主宰万物，它甘于卑下的地位而毫无怨言。

我们只看到水至柔的一面，还不足以说明水的本质，水虽然柔弱到了近乎虚无，但决不意味着它柔弱可欺，老子说："天下之至柔，驰骋天下之至坚。"意思是说水虽然柔弱但它可以在最为坚硬的东西中驰骋、奔流，谁能阻止它的前进呢？有一句歌词写得好：抽刀断水水更流。是啊，柔顺的水对于无论多么锋利坚硬的刀都是不会畏惧的。我们都听说过"水滴石穿"的故事，一滴两滴水的力量是那么的微不足道，但通过时间的累积，一滴水足以将坚硬的岩石穿孔。石头的密度可谓大了，可以说没有任何的空隙可供侵袭，而水却能在不占有丝毫空间的情况下侵入石头内部，这是多么柔弱而又神奇的力量！

"水滴石穿"，从不可知的宇宙洪荒年代起，水就开始以自己的柔顺几乎攻无不克，它几乎侵占了所有的领域：陆地、平原、丘陵、沟壑、沼泽、低谷、深潭，水成了万物的生存之源，作为万物之灵的我们也同样依赖水的哺育才得以生存，我们在母体内，需要羊水的供养，同时羊水也保护着我们以免受外物的挤压而造成伤害。可以说水是孕育我们的源泉，没有水我们就无法孕育生长，也无法在世间存活下来，水有如此大的作用，但它却从不居功自傲，而是表现出无为、素朴、默然的柔和状态。

我们人类如果能像水一样自然无为，就能做到心静如水，不加入到争名夺利的无休止的、残酷的纷争中去，自然就会少了许多痛苦和烦恼。水是柔和的，它顺势而流，不会受到伤害，即使受到伤害也不会在它的身上留下任何阴影，而我们人类为何不能学习柔水的处世态度呢？面对伤害该如何处理？是宽容对待还是睚眦必报？我们应该效法水的与世无争。

【从政之道】

唐代宗柔弱锄奸

唐肃宗的七子李豫外表柔弱，但他内心很有主见，颇能处理事务。

在他当太子时，张皇后与亲信宦官李辅国共同把持朝政，权倾内外，朝廷上下都惧怕他们。二人曾共同陷害了李豫的弟弟建宁王李倓，李豫十分气愤。

李豫十分厌恶张皇后的骄横，但考虑到自己身单势孤，行事十分小心，唯恐得罪她遭到陷害。

由于张皇后与李辅国都心怀鬼胎，所以互相猜忌，产生隔阂。李辅国拉拢宦官程元振，视为心腹，与张皇后对抗。李豫暗自高兴，准备寻找机会离间二人。上元二年（761年），肃宗病危，张皇后担心李豫登基，就召越王李保入宫监国。李辅国、程元振知道事情紧迫，告诉李豫要防备张皇后的陷害。张皇后召李豫入宫。张皇后说："李辅国久握禁兵，私下与程元振联合，图谋作乱，应该杀掉他。"李豫早知道张皇后的奸谋，为了使张、李二人相斗，就假意哭着说："父皇病得很厉害，不禀告陛下就杀了他们，恐怕他经受不起。"张皇后拉拢李豫失败，就自己选调宦官，准备谋杀李辅国等人。李豫将这个消息告知李辅国，李辅国很感激李豫，就抢先率禁兵入宫，诛杀越王和张皇后。

宝应元年（762年），在李辅国等人的拥戴下李豫继承皇位，史称唐代宗。李辅国平素就专横骄纵，欺压群臣，这次立了大功，更加张狂。而代宗懦弱温顺，在小事上从不与他理论，都让他拿主意。他见代宗无主见，就公然对代宗说："陛下只管住在宫殿里，外面的事情任凭老奴处理。"这使代宗非常气愤，下决心要除掉这个逆宦。但又考虑到他手握重兵，党羽众多，不敢轻易下手，所以假意重用他，加封他为尚书令，称呼他为"尚父"，事情不论大小，都征询他的意见。李辅国未察觉代宗的用意，依旧横行宫廷内外。

程元振当时因拥立代宗为帝而被授任飞龙副使、内侍省事，官职不如李辅国显赫荣耀，心里很不自在。李辅国经常趾高气扬，借一些小事羞辱他，这令程元振很愤怒。代宗得知程元振与李辅国嫌隙暗生，就善待程元振，给他加官封赏，并委婉地暗示他和怨恨李辅国的人上奏抨击李辅国。程元振受到皇帝恩遇，受宠若惊，自思有皇上支持，就大胆上表指责李辅国专权朝政，卖官鬻爵，制造冤狱，罪不容诛。众臣亦借机纷纷请求对李辅国罢官。

代宗顺水推舟，就罢免李辅国禁卫军元帅一职，转由程元振代替。尽管当时有许多李辅国的同党为他求情，但代宗没有理会。

从此以后，李辅国有所收敛。但代宗还是不放心，又下诏罢免他中书令一职，只允许他每月初一、十五进宫朝见。最后，代宗秘密委派刺客潜入李辅国的府第将他刺杀。

就这样，代宗铲除了奸臣，巩固了自己的政权。

第四十四章　知足不辱

【原文】

名与身孰亲？身与货孰多①？得与亡孰病②？甚爱必大费③，厚藏必多亡④。故知足不辱，知止不殆，可以长久。

【注释】

①货：财富。多：重，重要的意思。②得：指得到名利。亡：指丧失生命。病：有害。③甚爱：过分地珍惜。④多亡：重大的损失。

【译文】

名誉和身体哪个更值得珍惜？身体和财物哪个更重要？得到名利和丧失生命哪一个更有害？过分珍惜必定会造成大量的耗费，丰厚的货藏必定会造成惨重的损失。所以知道满足就不会受到耻辱，知道适可而止就不会有危害，因此能长久生存。

【评析】

老子在这一章主要讨论应该如何看待人生追求的问题，在老子看来，人的最高追求应该是健康长寿，而不是对名利财物的疯狂占有，过分地追求名利地位和财富只会消耗大量的精力，人的精力是有限的，过分地耗费精力对生命有百害而无一益，所以追求物质财富和名利本身并没有错，错就错在对财富和名利的追求不知满足，不知满足是一切祸患产生的根源，所以做到适可而止对我们的人生有着不可估量的价值。

老子的思想是一个完整的体系，各章节之间有着密切的关系，将任何一章孤立起来理解都是不合理的，这一章和前面的第十三章有相似之处，都是讲人的尊严的问题，第十三章拿宠辱荣患和人的生命相比，这一章拿名利和财富与人的生命相比，两者都是为了说明人应该自重自爱的问题。

　　名誉和生命哪一个值得我们更亲近？财富和生命孰轻孰重？得到和失去哪个害处更大？老子在此向我们提出了这样几个问题，这是几个棘手但大家都必须面对的问题，如何将这几个问题回答圆满并且做到身体力行？这不是每个人都能做到的，老子向我们亮明了自己的观点：人应该尊重和珍惜自己的生命，对待名利和财富要淡然处之，不可无限制地追求，要知足常乐，不可贪婪成性。老子所提倡的重生贵己的观点，并不是贪生怕死，这是建立在尊重自己生命的基础上的生，而不是苟且偷生。老子讲的是对名利和财富来说，不贪慕虚华、美名，而要珍惜自身的价值和尊严，不可自贱自轻。

　　"甚爱"就是过度地贪爱虚名和地位，其结果会怎样呢？必然会耗费大量的精力，付出很大的代价。"多藏"就是对财物的过度追求，有的人为了满足自己的私欲，不惜出卖自己的灵魂，甚至走上犯罪的道路，得到财物和失去人格与自由比较起来，实在是得不偿失。

　　"知足不辱，知止不殆。"这句话是老子处世观的高度浓缩和最确切的表达。哲学上有"矛盾会向自己的对立面转化"，也就是我们常说的物极必反，任何事物都有自己的发展极限，一旦超过这一限度，就势必向自己的对立面转化，人们常说真理再向前跨出一小步就是谬误，一点不假，这是经过实践论证而得到的结论。知足是明智的，知足就会少了一些耻辱；知道适可而止也是有大智慧的表现，只有知道停止方能长盛不衰。

　　人生在这个世间，其本身就是很多偶然因素的组合，我们是自己为什么不是别人？正是因为有自己和别人存在于这个世界上，所以我们才变得这么争强好胜，我们害怕丢面子，所以我们才处处争取比别人强，名誉、地位、财富是最能显示自己强的标志，为了比别人强，有的人不惜利用各种见不得人的手段来争取对财富和名位的大量拥有，在此过程中，他们出卖的是自己的人格，耗费的是自己的精力，换取的呢？是一点点可怜的自尊，这种以沉重的代价换回所谓的尊严，值得吗？我们不否定利用聪慧的头脑和勤劳的双手来争取财富和名誉是光荣的，但我们必须把握住一个度，要适可而止，以损耗自己的生命作为代价来换取财富和名位，也同样不值得。

【为人之道】

孙叔敖甘守贫贱保儿孙

春秋时期，楚国令尹孙叔敖才识卓越，居官清廉，平生不肯与权贵同流合污。他虽然身居高位，却不恃此而骄，常常把自己的家财拿出来救济穷人，所以做了很多年的令尹，一直深得民心。

楚庄王对孙叔敖更是倚重信赖，凡军国大计，无不向他请教。楚国也因为有这样一位贤能的令尹而日益富强。

周定王十二年春，孙叔敖年高体衰，一病不起。他知道自己将不久于人世，叮咛儿子孙安说："楚王为嘉奖我多年的功劳，曾多次要我选一处地方作为封邑，我都坚决谢绝了。我死后，如果他封你官爵，你千万不能接受。我了解你，你没有多大才能，难以担当治国安邦的大任。楚王若封给你一处好地做封邑，你要坚决推辞。如果推辞不掉，你就请求把'寝丘'封给你。这个地方土地贫瘠，而且叫'死者停处'这种地名，显得不吉利，是不会有人来争夺的，可以长保子孙后代平安。"

孙叔敖死后，楚庄王亲临送葬，抚棺痛哭，从行者莫不垂泪。

葬礼安顿后，楚庄王立即要封孙安做大官。孙安遵父命，力辞不受，回到乡下种田为生，日子过得比较艰苦。时间一久，楚庄王便把这件事忘了。

有一天，宫中优伶作戏唱道："廉吏高且洁，子孙衣单而食缺。君不见，楚之令尹孙叔敖，生前私产无分毫，子孙丐食栖蓬蒿……"

楚庄王立即问："孙安真的穷困到这种地步吗？"

优伶回答道："不穷困，不见前令尹之贤。"

楚庄王急忙派人召孙安进宫，要封他万户之邑。孙安说："大王如果惦念先父尺寸之劳，要赏赐我衣食，愿得封寝丘。这是先父的遗命，非此地不敢接受。"

楚庄王没有办法，只好把寝丘封给了他。寝丘这个地方，位置偏僻，名字又不吉利，王公权贵都不屑一顾。所以楚国几代政治动乱，好的封邑频频易主，只有寝丘无人理会。所以孙叔敖的先见之明，使后代子孙安然无恙。

【经商之道】

"远大"节制有道

远大自从1997年因购买飞机而成为妇孺皆知的民营企业以来,其销售额一直居高不下。就是2000年的飞机失事也未给它造成致命的伤害。这是为什么呢?因为节制有道。

就拿远大对直燃型家用空调的开发来说吧。国内中央空调市场,"外国军团"早就捷足先登。开利在上海,特灵在深圳和江苏太仓,约克在广东佛山和江苏无锡都设有生产企业,但是家用中央空调市场表现平平。而国内几十家空调厂商也看中了家用空调的巨大潜力,都纷纷投入到开发家庭式中央空调的潮流中。

张跃有他的先见之明。早在两年半前,远大就投入巨资开发家庭式直燃机空调,目前已生产出首批产品。由于经济环境的制约,国内家用中央空调市场的高潮还没有到来,但国际市场尤其是发达国家的市场需求却与日俱增。

"这些产品主要是针对国外来开发,生产方面采用的是欧洲标准,欧洲和美国潜在用户有5000万户。"面对这种形势,张跃说,"我们在明年就有利润回报,如果明年达到5万台,我们会靠近海港建第二条生产线,也许会在北京建,第三条生产线会建在欧洲或者是美国。"

当有人问他是否会涉及别的行业时,他说:"我总是把我的企业当作初创,按照企业的生命周期来说,我们属于幼年期,创业到现在才14年。我只做燃气空调,永远不会做其他的,永远不会。"

尽管与约克、特灵、开利这些国际空调业的巨无霸相比,远大的规模还是"婴儿期",但他们正因为是一门心思坚持直燃机的道路,远大方才到达技术上傲视群雄的领先地位。远大也因为其技术领先而使销售额年年有增,实力也越来越雄厚。

这不难看出,远大根据自己的实力及所处的大环境开发自己的新产品,节制自己容易膨胀的欲望,从而稳步上升。

【从政之道】

杨震适度节制换平安

杨震是东汉时期的一位名人。他早年从事教育，在当地开办私塾，传道授业解惑，且他为人正直，名誉清白，备受人们的推崇，在社会上有很高的威望。朝廷珍惜他这个人才，于是提拔他担任荆州刺史。

杨震为官有个最大的特色，就是善于发掘人才，许多有才华的人因为他的推荐得以飞黄腾达，王密就是其中的一位。起初，王密只是荆州地区的一个名士，后来受到了杨震的重用，担任了山东昌邑县的县令。

王密现在在诸侯中享有名气，时时想起杨震对自己的帮助。心想：要不是杨震的推荐，自己还不知道哪天才有出头之日呢！他决定借机报答杨震的知遇之恩，以表示自己的感激之情。

两年后，杨震被调往山东东莱任太守。王密觉得这是一个再好不过的机会，因此盛情邀请杨震在上任途中务必到昌邑叙叙旧情。盛情难却，杨震只好恭敬不如从命，在昌邑停留了几日。王密生怕有所怠慢，安排得无微不至，吃穿住用行都不用杨震操心。

临行前的晚上，杨震正要入睡，王密推门进来，客气地说："没有大人您，也就没有我王密的今天，这个恩情我不知用什么来报答。这里是我的一点心意，权作送给您的盘缠。"说完，就从身后掏出10斤黄金。

杨震见状大吃一惊，好言劝道："盘缠我还是有的，你不必操心。我平生以清廉严格要求自己，你又不是不知道我的脾气！你收起来吧！"

王密回答道："这只是我的一片心意，既不是行贿受贿，也没有卖官鬻爵的嫌疑，是我们个人的交情。现在天这么晚了，这件事情谁也不知道，您就放心收下吧！"

杨震在这些事情上是非常认真的，见他执迷不悟，而且说得有条有理，不禁心生怒气，训斥道："你不要再说下去了，今天的事情已经有4个人知道了，这已经足够我拒绝你了！"

王密好奇地问："怎么有4个人呢？"

"天知、地知、你知、我知！这难道还不够多吗？"杨震的反问掷地有声。王密只好惭愧地收拾起那些黄金，悻悻地离开了。

俗话说，人无横财不富。杨震在做官期间，为政清廉，从来不收受任何礼品和礼金。全家人也没有因为他做官而享受安逸，仍然和以前一样，过着俭朴的生活。有人善意地劝说他，应该趁现在做官的便利，置办一些田产和房屋，也好为子孙后代留条退路。但每次杨震都坚定地说：“我一辈子没有沾染上有损我清白的事情，一旦上了贪船，什么时候靠岸就由不得自己了。这种事情我不会做的，当着别人我不会做，我一个人的时候也不会做！”

"那你能给你的子孙们留下什么呢？"别人问。

"别人都会说他们是清官的后代，这笔遗产就够他们受用一生了！"杨震自豪地回答。

自古以来，由于有贪欲而惹火烧身的官员很多，但杨震为官清正廉明，一直得到人民的称誉，平安地度过了一生。

第四十五章　大成若缺

【原文】

大成若缺①，其用不弊②。大盈若冲③，其用不穷。大直若屈④，大巧若拙，大辩若讷。躁胜寒，静胜热，清静为天下正。

【注释】

①大成：最为完满的东西，极大的成就。②弊：破败。③冲：虚，空虚。④屈：同"曲"。

【译文】

极大的成就好像有些残缺，但它的作用永远不会衰败。最充盈的好像溃决，但它的作用永不穷尽。最笔直的东西好像弯曲，最灵巧的人好像笨拙，最善辩的人好像不善言辞。躁动战胜寒冷，冷静克服炎热，清静无为才能使天下太平安宁。

【评析】

这一章从内容上和行文结构上都可以说是第四十一章的继续，第四十一章主要论述的是道，这一章主要论述的是人格形态，在老子看来大成、大盈的人若缺、若冲。什么是大成？对它的理解有两种：一是"最圆满的东西"；二是"获得了极大成就或成功"。何谓大成若缺？我们可以理解为一个获得了极大成就的人要表现得有所欠缺。为什么要表现得有所欠缺呢？这不是人为地让其欠缺，而是他自身要保持欠缺，这是他自身的需要，因为这样他才能保持自己的成就，使发挥出来的作用永不衰退。这和老子上一章所主张的"知足不辱，知止不殆"有着相同的渊源。这里的"有所欠缺"指什么呢？指做事留有余地，做事留有余地的好处是不但能够使自己进退自如，而且能使自己开创的事业得以源源不断地发展下去。

"大盈若冲，其用不穷。"其中盈是充盈、丰满之意，冲是冲动、冲击之意，引申为溃决之意，整句话的意思是说大丰盈的却呈溃决状，但它的作用是永不枯竭的。这一句和上一句道理是相同的，都是在论述物极必反的道理，老子旨在告诉我们凡事要把握一个度，不可追求圆满无缺，只有保持"大成若缺"、"大盈若冲"的状态，才能不至于走向极端、一败涂地。

"大巧若拙"，意思是说最大的灵巧好像是笨拙的一样，老子在前面的章节里已经论述过自己对灵巧和机巧的看法，他憎恶机巧，在他看来是机巧把人类从朴素引向奢华的歪门邪道。机巧不好，那拙劣就是好的吗？这很让人费解，机巧表现出笨拙的样子就不是机巧了吗？那它又是什么呢？综观老子的思想我们不难发现，老子的无为并不是无所事事，无为是果皮，而无不为才是果实的真正内核。老子主张要像柔水一样与世无争，但并不是说要任人宰割，而是没人能与之争的不争。机巧也是如此，它本身并没有变，只是披了一件笨拙的外衣，这样的外衣有利于保护自己。

"大辩若讷"和"大巧若拙"道理相同，讲的也是生存的技巧和策略，其主要特点就是将自己高明的面目掩藏起来，装出一副软弱、低能、愚笨、木讷的样子给人看，而不是表现出强硬和锋芒毕露，这是十分睿智的处世方略。老子反对张扬，在他看来，当强壮者、富足者、当权者刻意炫耀自己的权位和财富时，那他的财富和地位就已经岌岌可危了。

我们常说"心静自然凉"，静取安静意，凉是心安静下来后的一种清凉的感觉，我们常常会在心烦意乱时感到心的烦闷和燥热，这在很大程度上是欲海难平的结果。有欲望就有争夺，有争夺就有失败，有失败就有痛苦，苦海无边，而人生短暂，在苦海里啜泣一生，何苦呢？

【从政之道】

海瑞大智若愚惩处胡衙内

明朝嘉靖年间，奸相严嵩当权，广植党羽，将其党羽安插到全国各地。其亲信党羽胡宗宪被派到浙江当总督。胡宗宪的儿子胡衙内仗其父亲的权势，为非作歹，欺压百姓。

人们敢怒而不敢言。

嘉靖三十七年（公元1558年）的一天，胡衙内带了几个随从离开杭州，溯富春江而上浙西。一路上游山玩水，作威作福。凡经过的府县，官吏有的惧怕胡宗宪的权势，知其厉害，不敢怠慢；有的想通过胡衙内拍胡宗宪的马屁，故而每到一处，官吏无不殷勤招待，宴请送礼，把这个胡衙内捧得飘飘然。

可胡衙内来到淳安县，却是另一番景象：到城门边无一人来接。窝着一肚子气到馆驿住下，知县既不宴请，更不送礼，知县连来看望一下也没有。胡衙内不由得勃然大怒。他拍桌摔碗，大发脾气，喝令将驿吏捆绑起来，倒吊在树上，提着马鞭抽打，打一下骂一句："小爷我从杭州出来，一路上哪个不巴结？知府大人还为我牵马呢！只有你们这个淳安县知县躲着不肯出来。待我回去告诉我老子，定叫你们一个个脑袋搬家！"

驿站的人见胡衙内行凶打人，就赶紧到县衙报告知县。这知县便是有名的清官海瑞。海瑞听报，肺都气炸了，想立即派人去抓，但转念又想，他老子毕竟是省总督，是自己的顶头上司，公开与他作对，未免要吃亏。他思索一下，便想出一条妙计来。

海瑞想出计策后，便带领捕班人马，直奔驿站。进门后，只见胡衙内手打累了，正坐在椅子上骂人。海瑞用手一指，喝道："把这个恶棍抓了！"一听知县要抓他，胡衙内气急败坏地喊道："我是堂堂浙江省胡总督的公子，我看你们谁敢抓我？"

海瑞冷笑道："你是何方恶棍，胆敢冒充胡总督的公子？胡总督是国家一品大臣，处处体恤民情爱护百姓，他的公子定是知书识礼、文质彬彬之人，怎会像你这样的花花太岁，胡作非为？定是冒充的。先给我掌嘴！"

衙役用牛皮鞭连抽胡衙内几个嘴巴，打得满嘴流血，腮颊立即红肿起来。"你若再敢冒称胡公子，再打嘴巴！"海知县呵斥道。

胡衙内领略到了海瑞的厉害，好汉不吃眼前亏，只得低头不敢出声。

"再搜他的行李，看还有什么违法物品！"海瑞又大声吩咐。衙役一搜，搜出好几千两银子和珍宝等贵重礼品。

"你说你是胡公子出来游玩，这些赃物哪里来的？"海瑞沉着脸问道。

胡衙内忍着嘴痛答道："都是沿途府县官吏送的。"

海瑞冷笑道："这么一说，你的假公子的面目更暴露了。若是胡公子出游，他是官家公子、书香门第，必然爱的是青山秀水，访的是风土民情。每到一处，必然要访古问幽。到了我这淳安县，他必然爱青溪龙砚，决不会像你这样要银子、要珍宝。你骗得过别处知县，却骗不过我！来人，再打他40大板！"

一听说又要打板子，胡衙内吓坏了，哀求道："知县大人，我真是胡公子呀！"

"老爷！他确实是胡总督公子，我们都是胡府家的人呀！"随从也哀告道。

"大胆！"海瑞将桌子一拍，怒道："你们在本县面前，还敢冒充！告诉你们，你们硬是苦苦假冒胡公子、败坏胡总督的名声，则罪该万死！本县先斩了你们，把你们的人头送到总督府去！"

这样一来，吓得他们再也不敢出声了，浑身瑟瑟发抖。

过了几天，淳安府解差将胡衙内及随从押送到总督府，并将海瑞的一封信交给了胡宗宪。胡宗宪拆了信。海瑞写道：

"属县近来查获一名冒充总督公子的诈骗犯。该犯假冒胡公子，在外招摇撞骗、敲诈勒索。骗得数千两银子和甚多珍宝。属县知老大人教子甚严，府上公子书房攻读，怎有闲出游？如若出游，也无非瞻仰名胜古迹，以广见识，怎会诈骗银两宝物？

故被一眼识破。所诈赃物，依律没收充公。特因该犯四处败老大人名声，实属可恶，可杀！特押送府上，请老大人严惩！"

胡宗宪看完信，再看看已被打得鼻青脸肿的儿子，气得说不出话来。

海瑞的话句句在理，毕竟自己的儿子做错了事，把柄落在了海瑞手里，想发火，但又怕把事情闹大了，于自己脸上也难堪。夫妻俩只好忍气吞声，埋怨儿子一场，便不了了之。

第四十六章　知足常足

【原文】

天下有道，却走马以粪①；天下无道，戎马生于郊②。罪莫厚于甚欲③，咎莫憯于欲得，祸莫大于不知足。故知足之足，常足矣。

【注释】

①却：屏去，退回。②戎马：战马。③甚欲：放纵欲望。

【译文】

统治者如果遵循道的规律来治理天下，就可以让战马退还到田间里去耕田；不遵循道的规律来治理天下，则战马在郊野战场产下马驹。没有比放纵欲望更大的罪恶了；没有比不知满足更大的祸害了；没有比贪婪想得到更大的过错了。所以能够知道欲望有度，不贪得无厌，才能保持住恒久的满足。

【评析】

这一章老子重申了自己的反战思想，老子生活的那个时代各诸侯之间的纷争连年起伏，战争给老百姓的生产和生活带来了很大的影响，处于社会底层的广大劳苦大众深受战争之苦。老子站在大众的立场上，对统治者接连不断发起的战争表达了自己的不满。老子分析了战争的起因，他认为战争是由于统治阶级的贪婪和永不知足引起的，要想消灭战争就必须从统治阶级的思想上下工夫，让他们清醒地认识到战争并不能使国家强大，反而会削弱自己的统治，统治者只有清醒地认识到这一点，才会收束贪婪的欲望，实行无为而治。无为而治是合乎大道的，合乎道就会天下太平安定，否则就会战争频频，老百姓战死辱，知止不殆"有着相同的渊源。这里的"有所欠缺"指什么呢？指做事留有余地，做事留有余地的好处是不但能够使自己进退自如，而且能使自己开创的事业得以源源不断地发展下去。

"大盈若冲，其用不穷。"其中盈是充盈、丰满之意，冲是冲动、冲击之意，引申为溃决之意，整句话的意思是说大丰盈的却呈溃决状，但它的作用是永不枯竭的。这一句和上一句道理是相同的，都是在论述物极必反的道理，老子旨在告诉我们凡事要把握一个度，不可追求圆满无缺，只有保持"大成若缺"、"大盈若冲"的状态，才能不至于走向极端、一败涂地。

"大巧若拙"，意思是说最大的灵巧好像是笨拙的一样，老子在前面的章节里已经论述讨自己对灵巧和机巧的看法，他憎恶机巧，在他看来是机巧把人类从朴素引向奢华的歪门邪道。机巧不好，那拙劣就是好的吗？这很让人费解，机巧表现出笨拙的样子就不是机巧了吗？那它又是什么呢？综观老子的思想我们不难发现，老子的无为并不是无所事事，无为是果皮，而无不为才是果实的真正内核。老子主张要像柔水一样与世无争，但并不是说要仕人宰割，而是没人能与之争的不争。机巧也是如此，它本身并没有变，只是披了一件笨拙的外衣，这样的外衣有利于保护自己。

"大辩若讷"和"大巧若拙"道理相同，讲的也是生存的技巧和策略，其主要特点就是将自己高明的面目掩藏起来，装出一副软弱、低能、愚笨、木讷的样子给人看，而不是表现出强硬和锋芒毕露，这是十分睿智的处世方略。老子反对张扬，在他看来，当强壮者、富足者、当权者刻意炫耀自己的权位和财富时，那他的财富和地位就已经岌岌可危了。

我们常说"心静自然凉"，静取安静意，凉是心安静下来后的一种清凉的感觉，我们常常会在心烦意乱时感到心的烦闷和燥热，这在很大程度上是欲海难平的结果。有欲望就有争夺，有争夺就有失败，有失败就有痛苦，苦海无边，而人生短暂，在苦海里啜泣一生，何苦呢？

【从政之道】

海瑞大智若愚惩处胡衙内

明朝嘉靖年间，奸相严嵩当权，广植党羽，将其党羽安插到全国各地。其亲信党羽胡宗宪被派到浙江当总督。胡宗宪的儿子胡衙内仗其父亲的权势，为非作歹，欺压百姓。

人们敢怒而不敢言。

嘉靖三十七年（公元1558年）的一天，胡衙内带了几个随从离开杭州，溯富春江而上浙西。一路上游山玩水，作威作福。凡经过的府县，官吏有的惧怕胡宗宪的权势，知其厉害，不敢怠慢；有的想通过胡衙内拍胡宗宪的马屁，故而每到一处，官吏无不殷勤招待，宴请送礼，把这个胡衙内捧得飘飘然。

可胡衙内来到淳安县，却是另一番景象：到城门边无一人来接。窝着一肚子气到馆驿住下，知县既不宴请，更不送礼，知县连来看望一下也没有。胡衙内不由得勃然大怒。他拍桌摔碗，大发脾气，喝令将驿吏捆绑起来，倒吊在树上，提着马鞭抽打，打一下骂一句："小爷我从杭州出来，一路上哪个不巴结？知府大人还为我牵马呢！只有你们这个淳安县知县躲着不肯出来。待我回去告诉我老子，定叫你们一个个脑袋搬家！"

驿站的人见胡衙内行凶打人，就赶紧到县衙报告知县。这知县便是有名的清官海瑞。海瑞听报，肺都气炸了，想立即派人去抓，但转念又想，他老子毕竟是省总督，是自己的顶头上司，公开与他作对，未免要吃亏。他思索一下，便想出一条妙计来。

海瑞想出计策后，便带领捕班人马，直奔驿站。进门后，只见胡衙内手打累了，正坐在椅子上骂人。海瑞用手一指，喝道："把这个恶棍抓了！"一听知县要抓他，胡衙内气急败坏地喊道："我是堂堂浙江省胡总督的公子，我看你们谁敢抓我？"

海瑞冷笑道："你是何方恶棍，胆敢冒充胡总督的公子？胡总督是国家一品大臣，处处体恤民情爱护百姓，他的公子定是知书识礼、文质彬彬之人，怎会像你这样的花花太岁，胡作非为？定是冒充的。先给我掌嘴！"

衙役用牛皮鞭连抽胡衙内几个嘴巴，打得满嘴流血，腮颊立即红肿起来。"你若再敢冒称胡公子，再打嘴巴！"海知县呵斥道。

胡衙内领略到了海瑞的厉害，好汉不吃眼前亏，只得低头不敢出声。

"再搜他的行李，看还有什么违法物品！"海瑞又大声吩咐。衙役一搜，搜出好几千两银子和珍宝等贵重礼品。

"你说你是胡公子出来游玩，这些赃物哪里来的？"海瑞沉着脸问道。

胡衙内忍着嘴痛答道："都是沿途府县官吏送的。"

海瑞冷笑道："这么一说，你的假公子的面目更暴露了。若是胡公子出沙场、血流成河。这是老子所深恶痛绝的，老子同情人民的疾苦，他发出了振聋发聩的呼声：停止战争，无为而治！

"罪莫厚于甚欲"，罪是罪恶、罪行或犯罪。什么是甚欲？意思是最大的犯罪就是放纵欲望。河上公注："好淫色也。"其实，欲望的范围很大，并不限于女色。春秋时代是一个欲望沸腾的时代，从国君到平民无不在心中荡漾着对欲望的渴求。种种实际的和不切实际的欲望弥漫于整个中原，致使老子把"可欲"视为一种罪恶。

"祸莫大于不知足"，一般来说，不知足虽然很容易使人产生出种种苦恼，但不知足怎么能变成祸患？人类心灵的最重要特征之一就是永远不知满足，不知满足指引着人类跨越了人兽之间的巨大间隔，不知足带动着人类走出了漫长的原始蛮荒时代，不知足鼓动着人类逐渐脱离了无知无识的愚昧状态，可以直接地说，不知足是人类勃勃野心的反映，亦是人类磅礴欲望的反映。所以，老子出于对朴素时代和无知无识状态的极端爱恋，把不知足说成是人类最大的祸患，自有其道理，并不是危言耸听。

"咎莫憯于欲得"，咎是祸咎或过错、过失；欲得就是渴望得到，全句话加以引申就是最大的过失是贪得无厌。如果说可欲与不满足对于个人来说都能够引起罪恶、祸患的后果，那么贪得无厌就不但可憎而且后果非常严重。纵欲是在某种可以进行的条件下而不知加以收敛的放肆行为，不知足是一种个人主观能动性不知内敛的进取行为，而贪得无厌则是人心不知满足的无限扩大。所以，贪婪对国家的统治者来说，往往会把国家引向无穷的灾难；贪婪对于普通人来说，则必然使自己陷于众叛亲离的境地。

我们都知道贪婪是一切灾祸的根源。统治者的贪婪引起连年战乱，人民深受其苦；我们普通人为自己的贪婪同样付出了沉重的代价。我们欲望的外向性决定了我们对外在事物的贪婪欲求是一个无底洞，我们为欲求所付出的代价是无法估量的，我们为什么不能吸取教训，从贪婪中解脱出来呢？大道的德性就是无欲无求，我们只有遵循大道才能合乎大道的德性做到无欲无争，无欲无争是人生快乐的源泉，我们常说知足常乐，快乐是知足带给我们的最大奖赏。

【从政之道】

三征高丽欲建业，屡攻屡败枉悔恨

大家都认为，隋炀帝是一代昏君，因贪恋美色而亡国。其实，他也胸怀大志，想名垂千古，三次出征高丽，但都无功而返，并且给隋朝埋下了灭亡的种子。

大业七年（公元610年）二月，炀帝下诏征讨高丽。命令幽州总管元弘嗣到东莱海口造船300艘。官吏监督劳役，民夫日夜站在水中，不敢稍微休息一下，从腰以下都生了蛆，死掉的人十有三四。

五月，命令河南、淮南、江南制造兵车5万辆，送到高阳，用来装载衣物、铠甲、幔幕，让士兵自己拉车。征发河南、河北的民夫供应军需。

七月，征发江、淮以南的民夫及船只，运送黎阳和洛口各粮仓的粮食到涿郡，舟船相连几千里。运送兵器铠甲和攻城器具的人，来往于路上的有几十万人，挤满道路，昼夜不停。由于天气闷热，劳动的强度太大，死掉的人互相叠压，路上到处散发着臭气，天下骚动。

由于耕作庄稼的季节被耽误，田地大多荒芜，再加上发生饥荒，谷价上涨，东北边境尤其厉害，一斗米要几百钱。运来的米有的很粗糙，就命令百姓去买这些米，用来补偿。

又征发鹿车夫60几万，两个人推3石米，道路险阻遥远，3石米还不够车夫在路上吃的，到达镇上的时候，已经没有粮食缴纳，都因为害怕获罪，逃亡到外地。

再加隋炀帝忙于准备战事，无心管理朝中的官员，这些官吏趁机剥削百姓，百姓穷困潦倒，钱财力气都用尽了。安分守己的，无法忍受饥饿寒冷，死期迫近；而抢劫掠夺的，还能活命，于是百姓开始互相聚集做盗贼。

大业八年（公元612年），正月初二，炀帝不顾老百姓的利益，依然下诏，命令左十二军由镂方、长岑、溟海、盖马、建安、南苏、辽东、玄菟、扶余、朝鲜、沃沮、乐浪等道出发；右十二军从粘蝉、合资、浑弥、临屯、候城、提奚、蹋顿、肃慎、碣石、东施、带方、襄平等路出发。路上人马络绎不绝，在平壤城汇合，总计1133800人，号称200万大军，运送军需的人则是这个数目的两倍。

炀帝在桑干水南面祭祀土地，在临朔宫南面祭祀上天，在蓟城北边祭祀妈祖。炀帝亲自指挥调度：每支军队设立大将、亚将各一人；骑兵40队，每队100人，10队为1团；步兵80队，分为4团，每团各有偏将一名；每团的铠甲、缨拂、旗幡颜色都不相同，设受降使者一名，负责承奉诏书、慰劳安抚，不受大将节制；其他的辎重、散兵等也分为4团，由步兵在两旁护送；进军、停止、扎营，都有次序规矩。

初三，第一军出发，以后每天出发一军，前后相距40里，军营相接前进，经过40天，所有的军队才全部出发。各军首尾相连，战鼓号角声互相可以听见，旌旗相连，绵延960里。

但第一次征高丽，隋军只在辽水以西攻下了高丽的武厉逻，设置了辽东郡以及通定镇而已。

第二年二月，炀帝对侍臣说："高丽这个小强盗，竟敢侮慢我大隋国。如今以我们的国力，就算是移山填海，也可以办到，何况这个小强盗呢！"于是又让朝廷商议出征高丽。

三月，炀帝不顾到处都有起义，仍然驾临辽东，做出征准备。

四月，炀帝的车驾渡过辽水，派宇文述和大将军杨义臣进军平壤。

后来，因为国内农民起义，出征高丽不了了之。

又过了一年，大业十年（公元614年），炀帝既已镇压杨玄感的反叛，就又打算出征高丽。二月，炀帝下诏让文武百官商议此事，一连几天，都没有人敢说话。后来隋炀帝不顾大臣们的反对，仓皇出兵，结果也是无功而还。

炀帝不顾老百姓的死活，三次动用大军征讨高丽，使百姓苦不堪言、怨声载道，结果起义不断，隋朝不久就灭亡了。

第四十七章　不行而知

【原文】

不出于户，以知天下；不窥于牖①，以知天道②。其出弥远③者，其知弥鲜。是以圣人不行而知，不见而名，不为而成④。

【注释】

①牖：窗户。②天道：日月星辰运行的自然规律。③弥：益也，愈也。④不为：无为，不妄为。

【译文】

了解大道的人足不出户，就能够推知天下的事理；眼不望窗外，就能够了解大自然的法则。越向外奔逐的人，他所知道的也越少。所以得道之人不需远行就可预知，不用窥望就能命名，不去妄加施为就能成功。

【评析】

在上面的章节中我们一再强调了道的德性是无欲无求又不争，圣人做到了不争、无为，合乎了大道的德性。所以，他们知道天下万物，包括人类都来自于宇宙天地自然，根本是一个：大道无为，天道也无为，人道、物道都应如此，所以老子说："不出户，知天下，不窥牖，见天道。"

老子最后指出："是以圣人不行而知，不见而名，不为而成。"正是出于对生命本质的维护，老子坚决排斥人们的盲目行动，认为行动的跨度越大，所获得的真知就越少。真正的智者都不用行动、不必招摇过市，所以获得了正确知识。

【经商之道】

以质取胜，赶超通用

截至1991年底，微软的操作系统已用在世界上93%的个人电脑上。微软公司利润较上年增加55%，收入增加48%。微软员工的人数也日趋庞大，达到1万人之多，微软现在已取代波音公司而在美国西北地区所有公司中独占鳌头。同时，微软公司的市场价值已高达219亿美元，甚至已超过了十分有名望的美国通用汽车公司。而这辉煌的成果与Windows超凡的功能是分不开的，更与微软的经营理念"以质取胜"分不开。

比尔·盖茨在1979年的一次演讲会上，第一次听到了有关图形操作的前景。后来，他又在苹果电脑公司见到了一套图形操作系统。此后，比尔·盖茨便一直对图形操作有着无限憧憬，并做了一系列准备。

1985年初，比尔·盖茨把"微软视窗"提到了公司的头等大事地位。在这年6月份，微软公司对外发布了"微软视窗"1.0版。

刚开始，比尔·盖茨对视窗系统寄予特别大的希望，可是，市场的反应并不像他想象中那样热烈，市场仍是MS-DOS的天下。后来，比尔·盖茨认为，视窗的初版问题很多，无法在个人电脑内有效操作。

比尔·盖茨领导全体员工彻底改造视窗系统，1990年微软推出视窗3.0版。比尔·盖茨对宣传推广重拳出击，结果，这次成功了，视窗3.0大受欢迎。它最大的优点是使用容易，不必像DOS那样记忆指令，使用容易明了的图形就可以操作。

微软视窗3.0不仅仅是一个升级版本，而且它开辟了一个崭新的天地。微软视窗3.0拥有高达16M扩充内存的直接存取，提供了可将硬件空间作为虚拟内存的存储管理，并提供了多任务管理和一组功能很强的应用程序，美观大方的图标和富有立体感的逼真的按钮以及丰富的屏幕显示，种类繁多的字形，方便实用的数据交换。微软公司投入巨大的代价也收到了相当大的回报。Windows 3.0顿时成为超级畅销软件，它以每月10万套的速度在全球出售，雄踞世界软件排行榜榜首。在其新版本Windows 3.1推出的1992年以前，Windows 3.0版本的发售量已达700万套的天文数字。

比尔·盖茨永远不会满足。

1995年3月，比尔·盖茨推出了Windows 95试行版，给全球带来了开天辟地般的震撼。同年8月24日，比尔·盖茨宣布将向全球同时推出12种语言的Windows 95，而中文、日文等其他17种语言的版本在1995年底也陆续上市。

为了推销Windows 95，比尔·盖茨亲自充当了超级推销员。仅仅在美国，当天就销售了30万套。4天之内，Windows 95全球销售突破了100万套，整个1995年共售出6000万套。

1995年，微软公司的市场价值远远超过了通用，成为世界上市场价值最大的公司。

第四十八章　为道日损

【原文】

为学日益，为道日损①。损之又损，以至于无为。无为而无不为。取天下常以无事②，及其有事③，不足以取天下。

【注释】

①损：减损。②取：治、夺取。无事：无作为，无扰攘之事。③有事：繁苛政举、骚扰民生之事。

【译文】

追求学问的人知识一天比一天增长，追求大道的人欲念一天比一天减少，减少又减少，一直到无为的境界。做到不妄为也就无所不为了。取得天下经常是用"无为"的道，如果"有为"，就不足以取得天下。

【评析】

这一章老子主要论述了为学和为道的不同，为学就是不断地向外界探索新知，知识是永无止境的，它无所谓开头也无所谓结尾，我们对知识的探求永远也没有个尽头。古人早就说过："吾生也有涯，而知也无涯。"即使我们用尽一生的时间来学习，也无法把知识学完，尽管如此我们还是要"活到老学到老"，因为知识从宏观意义上而言，它能使人们对自身和宇宙的认识更接近真理。但是知识的无止境性决定了我们永远也不可能达到真理的所在，只有"望理兴叹"了。老子比我们更早而且更清醒地认识到了这一点，他理智地从对外界的追求转向了内在的追求。

我们应该时刻剔除心中的杂念，保持一颗平常心，平常心即道。修道之人在修道的过程中欲念一天天减少，直到最后达到无为的境界，无为不是真正的无所事事，而是不妄为，做到了不妄为，也就合乎了道的德性，合乎自然规律的不妄为就是无所不为了。"无为而无不为"是老子提出的极富智慧的命题，它贯穿于老子《道德经》的始终。虽然在我国古代有不少学者提出了"无为"的主张，而真正将"无为"思想发挥到极致的只有老子，他从哲学的高度来论证"无为"的社会意义。表面上看起来"无为"是消极的倒退的，其实质是在前进中避开矛盾的对立面，使其畅通无阻，化被动为主动，从而达到无为而无不为的境界。

【从政之道】

愚忠造就千古悲剧

一代民族英雄、抗敌名将——岳飞因不能抵制朝中昏君奸臣出于自私目的的干预，使自己为之奋斗终生的事业前功尽弃，让后人悲叹不已。

公元1140年，岳飞率兵北伐，进抵郾城（即今河南郾城），女真兵团首领完颜兀术集结重兵迎战，宋国举国上下都为之震惧，皇帝赵构命令岳飞小心应付。岳飞指挥得当，结果女真兵团崩溃，崩溃时发出惊天动地的哭号呐喊。

完颜兀术再集结部队反攻，在小商河（郾城北）跟岳飞兵团向北挺进的先头部队杨再兴相遇，金军12万余人，宋军只800余人。杨再兴即行攻击，800余人全部战死，但金军被杀2000余人。

10年前宋军闻风丧胆的往事，至此烟消云散。完颜兀术大为惊骇，急忙缩短战线，退回开封固守。岳飞兵团尾追，进抵距开封仅20公里的朱仙镇，一场更大的决战迫在眉睫。这时，沦陷区各地人民纷纷起义，切断金军粮道，准备迎接岳家军队。完颜兀术束手无策，打算放弃黄河以南地区，退守燕京。但他的一个智囊阻止说："世界上从没有听说过，当权人物在政府内部猜忌掣肘，而大将能够在外建立功勋的。岳飞生命都有危险，岂能有所作为。"完颜兀术立刻领悟。

原来，赵构自从登上皇帝宝座，有两件事让他日夜不安：一是恐惧他的哥哥赵桓突然被释放回国，这样他不但不能做皇帝，而且还可能被指控为非法夺权；二是恐惧民间武装和从民间崛起的将领，万一发生"陈桥兵变"那样的事，他的皇帝同样也做不成。奸臣秦桧正是抓住了赵构心理上的这一要害，向皇帝提出跟金国和解，并暗示和解只是一种手段，目的在于解除帝位的威胁。赵构听信了奸臣秦桧的谗言，马上任命秦桧为宰相，跟金国商议。

岳飞日夜不忘皇帝对他的厚爱、老百姓对他的信任，加紧对金进攻的步伐，岳飞的军队很快挺进到朱仙镇。此时，谈判也进入重要阶段，岳飞在一天之内接到12道叫他撤退的命令，特别是第12道，它声称："如不退，就以'叛变'之罪处置。"

岳飞向拦在马前恳求不要撤退的民众垂泪说："10年准备反攻，呕心沥血，而今一天之内，化为乌有。"

岳飞为了表现自己的忠心，奉命撤退。回到临安之后不久，岳飞便以"莫须有"的罪名被秘密处死。

第四十九章　善者吾善

【原文】

圣人恒无心，以百姓之心为心。善者善之①，不善者亦善之，德善②也。信者信之，不信者亦信之，德信也。圣人之在天下也，歙歙焉，为天下浑心③。百姓皆注其耳目焉，圣人皆咳之④。

【注释】

①善：第一个善指善良，第二个善是善待。②德：假借为得，德即得。③歙（xī）：意为吸气，此处指收敛意欲。浑心：使人心思化归于浑朴。④皆咳之：使动用法，即皆使之孩，圣人使老百姓都恢复到婴儿般的状态。

【译文】

圣人永远没有私心，以百姓的心为心。善良的人，我善待他，不善良的人，我也善待他，于是一个时代的品德就同归于善良了。守信的人我信任他，不守信的人我也信任他，这样一个时代的品德将同归于诚信了。得道的圣人统治天下，收敛个人的私欲偏见，与天下的老百姓心意相合。百姓都专注他们的视听，得道的圣人使百姓都恢复到婴儿般的淳朴自然状态。

【评析】

"圣人恒无心，以百姓之心为心。"这里提出的"常心"是恒心，恒心是人类中个别人所拥有的一种持久不懈的生命意志力之具体表现，是一种由知识所引发出来的磅礴欲望，按照现代的一般说法，就是进取心或上进心，这种心理伴随了时代演进的脚步而日益渗透到了人生中的各个阶段和各个领域。

恒心依靠毅力来支撑，而毅力支撑下的恒心便时时演变为勃勃雄心，这里便成为追求知识和满足欲望之无穷动力的真正发源地。在所谓"常心"刺激下的人类，其急功近利的表现真可谓惊天动地！一小部分以恒心作动力的人，或死命地追求知识，索天究地、上下探求；或无止境地聚敛财富，四方奔走、栉风沐雨；或明目张胆地扩大权力，排除异己、残杀无辜。这样的局面之出现，使绝大部分人都被裹挟进欲望的滚滚洪流中。人类在恒心的指使下，心灵和身体走向了二元对立。老子在此提到了古代的圣人们从来也没有自己的恒心，就是说他们没有自己的雄心壮志，而是以百姓的心（即百姓的心理追求和愿望）为自己的常心。

"善者善之，不善者亦善之，德善；信者信之，不信者亦信之，德信也。"对圣人来说，善良的人他们善待，不善良的人他们也善待，这样就得了善良；守信的人他们信任，不守信的人他们也信任，这样便得到了信誉。

圣人指国家的领导者，领导者如果能够以百姓的感情和心理作为自己的感情和心理，无疑是难能可贵的行为；同时，他们有能力抵制百姓中的一些不正常感情和心理，他们确实是高人一等。因为社会上普遍流行的一些准则或时尚，并不是真实的价值判断，比如善和信，什么是纯粹的善？什么是真正的信？其中正存在着大量人为的谬见。可见，圣人并不是全部追随大众舆论而随波逐流，他对所有的事物亦拥有自己的基本看法和立场，所以，圣人能够获得真正的"善"和"信"。

"百姓皆注其耳目焉，圣人皆咳之。"百姓们的心灵不但已经净化而且达到了浑一，他们没有了任何理想和追求，便专注起自己的耳朵和眼睛，留心着圣人的举动，而圣人自然没有任何举动，他们已回归到婴孩般的自然淳朴状态了。

【从政之道】

唐太宗以民为本迎来兴盛

唐朝时期，科技不发达，农民种地主要是看天吃饭，即"望天收粮"。正缘于对"人误地一时，地误人一年"的认识，为了让农民都有饭可吃，唐太宗李世民一向注重农业问题。

他曾指出：让百姓从事农业生产，则饥饿寒冷的灾难可以制止；禁绝华丽物品的生产，则赖以获取丰厚物质的农业就会兴盛。

贞观五年（公元631年），有关官员向李世民上奏说："皇太子将要举行加冠礼，占卜得知，二月为吉时，请增加兵丁仪仗，用来准备举行仪式。"

经过考虑，李世民没有同意这样做。因为他知道，增加兵丁要从人民中招募，并且在二月里举行加冠礼会耽误农事活动。他便对官员们说："现在春耕刚刚开始，此时举行加冠礼恐怕会妨碍农事，不如改在十月进行。"

为太子举行加冠礼的确是国家和皇宫的一件头等大事。古人都很信命，此事大多要进行占卜。太子少保萧又上奏说："按阴阳家的推算，在二月举行加冠礼最合适不过了。"

但李世民却不这样认为，他反驳道："阴阳禁忌那一套，我是从来不太相信的。如果做事都要依照阴阳，而不顾道德礼义，想求得上天赐福保佑，怎么可能呢？如果做的事都符合正道，自然能够常常遇到吉时。况且吉凶在于人为，岂能依靠阴阳占卜那一套？农事极为重要，不能有半点差错。"

大臣们看到李世民态度如此坚决，都不敢再多言。

唐太宗无论做什么事，都以人民的利益为重，在他的统治下，唐朝越来越兴旺。

第五十章　出生入死

【原文】

出生入死①。生之徒，十有三②；死之徒，十有三。而民生动，动皆之于死地，亦十有三。夫何故也？以其生生也。盖闻善摄生者③，陆行不辟兕虎④，入军不被甲兵；兕无所投其角，虎无所用其爪，兵无所容其刃。夫何故？以其无死地焉。

【注释】

①出生：人出世为生。入死：入地为死。②生之徒：徒：应释为类。生之徒：长寿之人。十有三：十分之三。③摄生：养生，即保养自己。④兕（sì）：属于犀牛类的动物。

【译文】

人出世为生，入地为死。长寿的人占十分之三；短命的人占十分之三；本来可以长生但自己走向死路的人占十分之三。为什么会这样呢？因为对生活执着过度了。听说善于养生的人，在陆地上行走不避犀牛和老虎，进入战场不会受到杀伤。犀牛对其无法施用它的角，老虎对其无法利用它的爪，兵器对其无法施用它的锋芒利刃。那是什么原因呢？因为他身上没有可以致死的地方。

【评析】

这一章老子主要探讨人的生死问题。生和死是很沉重的话题，很多人采取回避的态度，生给我们带来欢喜，而死亡带给我们的是阴郁，很多人谈"死"色变，但无论我们如何惧怕死亡，死亡都不会对我们心生怜悯之心，它不会因为我们惧怕它而避开我们，它会在一个我们无法预料的瞬间降临我们的头上，这是谁也逃脱不了的。死和生相对而生，因为我们的降生，所以死亡也随之而来，无生也无死，有生就有死。

老子说："生之徒，十有三；死之徒，十有三。"意思是天生长命的人占十分之三，天生短命的人占十分之三，这是天命，无法被我们破解，我们只有淡然地对待它，任何人为的干预都于事无补，只会起到相反的效果，为什么这么说呢？听老子的论述吧，"而民生动，动皆之于死地，亦十有三"，就是说本来可以长寿的人因为自己的原因而早亡的占十分之三，自己的原因又是什么呢？是自己的分别心、贪心、执着心使人常常陷入郁郁寡欢。人是有思想意识的动物，思想意识的发达是人类摆脱蒙昧进入文明的标志，人类的智慧使人类有了分别心和私欲，私欲的无限膨胀和无法得到满足之间的矛盾是人类痛苦的根源，比如我们都希望自己过得比别人好，什么都和人比，人家有别墅、汽车，自己没有；人家有高学历，自己没有；人家有姣好的容貌、有价格不菲的名牌时装，自己没有；人家的老公聪明过人、出手阔绰，自己的老公斤斤计较、愚昧呆笨……人家什么都有而自己什么也没有，思来想去，总觉得自己倒霉，甚至觉得自己枉来世间走一遭，越想越憋气，越想越觉得没意思，想来想去还是觉得生活对自己不公平，郁闷的情绪总是挥之不去，时间长了会毁坏自己的身体，不折寿才怪呢！

老子认为真正懂得养生之道的人，在道路上行走不会遇到伤害人的犀牛和老虎，这里的不会遇到不是客观上的不会遇到，而是即使遇到了他也无所惧怕，没有惧怕的分别心也就无所谓伤害了，犀牛和老虎都是十分凶猛的动物，它不会惧怕人，更没有分别心，它不会因为我们怕与不怕而决定自己的行动。对于顺应大道的人来讲，即使老虎和犀牛施用了它们的利爪和尖角，也不会伤害到他们，因为他们心里没有伤害的概念，犀牛和老虎的凶猛对他们没有任何意义。换成别的野兽或别的场合也是如此，即使身在战场，合乎大道的德性的人不会惧怕敌人的刀剑，他们冲锋陷阵，丝毫没有对死亡的畏惧，一切顺应自然，刀剑的锋刃也失去了它固有的威力。与之相反，贪生怕死的人不敢去与敌人进行搏斗，自然会受到敌人锋利的刀剑的攻击，刀剑的利刃在贪生怕死的人身上就有了用武之地。

最后老子用"以其无死地焉"这样一句深刻的话，概括了善于养生之人为何使锋利的刀剑、凶猛的野兽没有了一展神威的领地，善于养生之人依照天道行事，任何外患也就无法接近他的身体，无法施展其威力，自然他就不会走向死亡的领域。我们联系老子生活的时代来分析，老子生逢乱世，战火不断，人的生命随时都会有覆灭的危险，此情此景，谁不害怕死亡的降临呢？老子针对时局提出了自己对生死的看法，他不主张用你杀我夺的战争来保护自己，因为战争的胜负是无法预料的，而且刀枪是没有眼睛的；他不主张用奢侈的生活方式来保养生命，奢侈对生命是没有任何益处的，它只会伤害生命。老子主张清静无为、恪守道的原则、合乎道的德性，他希望人们少私寡欲、淳朴自然。在他看来任何有违道的德性的行为其后果都是既害人又害己，是造成寿命夭短的人为因素，也是人们应该极力避免的。

开头我们谈到人们对死亡的普遍恐惧，这是可以理解的，我们生命的形成具有很大的偶然性，这种偶然性决定了它是来之不易的，是应该好好珍惜的。但我们必须清醒地认识到对生命的珍惜不是用单纯的怕死来表现，我们可以通过让生命释放价值和能量来表达对生命的珍重才有意义。

【为人之道】

庄子笑看生死

庄子与妻子相亲相爱，十分融洽，二人相安无事地过了大半辈子。

在他们都进入人生的暮年时，庄子的妻子因患重病，先于自己的丈夫死去了。

听到这个消息，大家都很悲哀，作为庄子朋友的惠子很快赶到了庄子家里。

他一方面是来表示吊唁，另一方面是来安慰庄子，怕他伤心过度不知节制，也伴老妻而去。

可是当他来到庄子家的时候，却见庄子正若无其事地两脚着地叉开坐着，一边敲着盆，一边哼哼呀呀地唱着歌，脸上毫无悲哀的影子。

看到惠子来了，他也不起来迎接，只是面无表情地点了一下头，仍然敲盆唱歌。

惠子见他如此薄情，不由得生起气来，满脸不高兴地对庄子说道："你和你老婆生活了一辈子，她为你生养子孙，操劳不息苦了一辈子，直至衰老而亡。可是她死了你不仅不哭，反而还在敲盆唱歌，显得这么高兴，叫大家难以理解，你这样做不是太过分了吗？"

庄子这才抬起头来，停止了敲盆唱歌，平静地对惠子解释道：

"我做得并不过分。

"你知道吗？当我妻子刚刚断气的时候，我也非常难过，放声大哭了一会儿，可是转念一想，她的逝去未必不是一件好事情。在我看来，她的生命完全是和大自然融为一体的。活着的时候，是大自然赋予了她形体和生气；死的时候，也就像春夏秋冬四时运行那样，回归了大自然。

"生和死无非是存在的状态不同罢了，现在人家终于摆脱了活着时的辛劳忧烦，像酣然长眠那样躺在这里，什么心也不用操了，这对她来说该是多么好的事情！如果我这时却在旁边'嗷嗷'地哭个不休，那显然是不懂自然之道，不通天命之意的做法。"

听了这些话，惠子若有所悟，感觉庄子的话确实有道理，脸上的怒气消失了，微微地点了点头，说："哦，对，这似乎可以叫作'喜丧'。"

第五十一章　是谓玄德

【原文】

道生之，德畜之①，物形之，器成之。是以万物莫不尊道而贵德。道之尊，德之贵，夫莫之爵②而常自然。道生之畜之，长之育之，亭之毒之，养之覆之③。生而不有，为而不恃，长而不宰④，是谓玄德⑤。

【注释】

①畜：畜存，畜养。②爵：赐爵。③亭之毒之：又有作"成之熟之"。覆：维护，保护。④宰：主宰。⑤玄德：深厚的恩德。

【译文】

道生万物而德养育万物，物理使万物有了形体，势态成就了万物。所以万物尊崇道而贵重德。道之受万物尊崇，德之受万物贵重，并没有谁赐爵给它们，而完全出乎自然。道生育万物，德畜养万物，长育万物，成熟万物，照顾万物，保护万物。生长万物却不据为己有，施泽万物却不自恃己功，养育万物却不为其主宰，就叫作深厚的恩德。

【评析】

老子在这一章里将"道"和"德"二者并立起来论述，这在前面的章节中已有论及，这一章我们主要就道德和万物的关系进行解说。

我们知道万物都顺应客观的自然规律来生长、发展，客观的自然规律也就是大道，老子称其为"道生之"，生下之后有谁来抚养的问题是很关键的，生而不养必然灭亡，这是毫无疑问的。"德"刚好承担了这一职责，老子称其为"德畜之"。"道"和"德"共同构成了一个完整的"道德"体系，万物由道生由德养，这就如同生养我们的父母，我们怎会不尊敬他们呢？所以我们对"道"和"德"充满了敬畏，这不难理解。

老子在前面的章节里已多次论述了"德"的性质和作用，我们在此再作强调说明，所谓"德"，其原始意就是"得"，引申意为万物在谋求生存过程中所应具备的道德品质，具体表现为人类的行为准则，如果人类的行为符合道德的标准，人类就能得以繁衍生息，否则就只能是自取毁灭。

万物对"道"和"德"的尊贵，也仅是对自然界的客观规律的遵从和应用，而不是任何主宰者的刻意命令和安排，是自然而然的事情。万物通过自然而然的途径诞生，又通过遵从自然无为的品德而生生不息。

大道生成了万物，而不据为己有；抚育了万物，而不自恃有功；引导万物，而不强加自己的意志，不以主宰万物而自居。这就是大道的德性，它深厚、无私，可以作为我们人类行动的楷模。我们人类追求礼尚往来，还堂而皇之地用"有来无往，非礼仪也"作为我们行动的指南，其实这和大道是悖逆的，大道遵循自然，决不强求，它在付出时从没想着会得到回报，达到没有分别，无所谓付出也无所谓回报，所有的付出得不到回报时它也不会有烦恼和怨怼。而我们人类却不同，我们在付出爱和关怀时，十分渴望得到别人的爱和关怀作为回报，一旦这种渴望得不到满足，我们就会心生怨恨，埋怨生活对自己不公平，有的人甚至会由爱生恨，做出极端的事来，结果不但害了别人也害了自己。

在现实生活中，我们每个人都无法逃避别人有意或无意的伤害，有时我们会为怨恨一个伤害我们的人而怨恨起整个社会来，变得愤世嫉俗，用充满仇恨的眼睛看社会。生活在人世间，每个人都不是完美的，谁能保证不伤害别人呢？我们有意无意地伤害过别人，又怎能不被别人有意或无意地伤害呢？所以我们要冷静地看待得和失，客观地分析伤害引起的原因，不可因得不到回报而盲目地心生怨恨，怨恨是人的生命最大的杀手，上一章我们解读了老子的"生死观"，老子主张要努力减少我们因主观因素而形成的短命。因此，只知付出不求回报是充满智慧的处世哲学，对我们每个人都是有益的教导。

【经商之道】

退居幕后的总裁

AOL的总裁退居幕后，AOL的发展势头不但没减弱，反而更加强劲。这是为什么呢？

10年前，当AOL刚成立时，只有150个雇员；现在，AOL——时代华纳的雇员人数达9万。面对高速增长、变化急剧的市场，唯一的成功之道就是延揽人才，为他们指出一个大方向，然后就放手，任他们发挥，所有事情最终还是要落实到人上。

史蒂夫·凯斯认为，最好的领导是善于作出长远规划，善于驾驭自己的良才。在互联网大热的2000年，凭借手中飞涨的AOL股票，史蒂夫·凯斯以1560亿美元收购时代华纳。年仅43岁的史蒂夫·凯斯，便成为AOL——时代华纳董事长。在合并后的头一年，史蒂夫·凯斯让杰瑞·莱文站在聚光灯下，而自己则退居幕后。即使AOL——时代华纳总部迁到纽约之后，史蒂夫·凯斯仍留在弗吉尼亚美国在线原来的办公室里，遥控公司的长远战略。

为了进一步了解史蒂夫·凯斯的管理思想，我们可以看一下凯斯在2001年底回答《商业周刊》的一位记者的提问。

记者：为什么在合并后第一年你更多地站在幕后？

凯斯：这主要是考虑到明确谁在"当家"的需要，我不希望公司内部在这一问题上有含糊。事实上，这样也有助于我作的决策更理智，而且也并不妨碍我对公司的"内政外交"及战略、技术方向的适时选择和调整。

合并后第二年，要搞清楚下一个5年或10年公司要朝哪个方面前进。这恰好是我的专长……

记者：你计划怎样介入AOL——时代华纳？

凯斯：这将会是一个策略性步骤，目的是确保我们所做的事都真正着眼于未来，向未来的方向前进。我会和帕松斯及彼得曼一起工作，每几个星期就和公司的运营团队会面，以确保公司行进在发展的轨道上。我还将继续积极为公司制订长期的技术战略，当然，保持对外的关系也将是我的一部分工作。

记者：您会怎样运营？

凯斯：我不是运营，而是引领。

史蒂夫·凯斯再三强调："作为领导，一要有长远眼光。有人称之为

'梦想或愿景'（vision），也可以说是承前启后的构想。即设计5到10年后自己的未来。现在，我花很多的时间去设想正在到来的世界将会怎样，而几乎不会把时间花在今天或明天、这个星期、这个月、本季或本年度的计划和工作上。二要善于驾驭自己的下属。我很少亲自过问公司的具体操作，而是选拔能干的下属为我运营。"

第五十二章　天下有始

【原文】

天下有始[1]，以为天下母。既得其母，以知其子；既知其子，复守其母，没身不殆[2]。塞其兑[3]，闭其门，终身不勤；开其兑，济其事，终身不救。见小曰明[4]，守柔曰强。用其光，复归其明，无遗身殃[5]，是为袭常[6]。

【注释】

①始：本始，此处指道。②殆：危险。③兑：指口，引申为孔穴。④小：细微。⑤殃：灾祸。⑥袭常：承袭常道。

【译文】

天下万物皆有原始，始是天下万物之母。既已得知其母，就可以知其子；既知其子，又回复守其母，终身就不会有危险。堵塞嗜欲的孔窍，关闭欲望的心门，终身没有劳烦之事。开启嗜欲的孔窍，增添纷杂的事务，终身不可救治。从细微处觉察事物之理叫作明，能守持柔弱叫作强。运用外在智慧之光，复归内在规律，不给自己留下祸患，这叫作因袭自然之常道。

【评析】

这一章思想深邃，整篇文字都表述的是深奥、抽象的理论，而没有比较具体的表象。所以我们理解起来比较困难，这一次我们改换一下顺序，先从中间进行分析，"塞其兑，闭其门，终身不勤"一句中，"兑"在《易经》的八卦里作口解；我们在这里解释为口耳鼻，泛指和外界相通的器官。这些还好理解，最难懂的就是勤字，还是作觐解比较合情合理，觐是见的意思。这句话可以解释为将自己的感觉器官（口耳鼻）统统都关闭起来，将自己的心门也封闭起来，一辈子也不见任何人和物了。这样一解感觉很古怪，老子莫非让我们装死人不成？这成何体统？况且口耳鼻生来就是接受外物刺激的，这是它们本身的属性，又如何能够关得住呢？

老子在前面的章节里讲到过"五色""五味""五音"对人的危害，它们直接会导致目盲、耳聋、口爽，既然"五色""五味""五音"会伤害我们这么深，我们为何还要对其趋之若鹜呢？这是人的本性使然，我们很难控制自己的私欲，对于诱惑我们实在无力摆脱，这也是老子十分关心的问题，他在这九九八十一篇《道德经》中反复强调克制欲望的重要性，老子所说的"塞其兑，闭其门，终身不勤"，并不是真的要我们像死人一样不睁眼、不呼吸、不听声音，而是一种夸张的说法，强调的是外界的诱惑会对我们造成种种伤害，因此我们不要妄想和妄为，妄想和妄为是违背大道的德性的，违背大道只会适得其反。老子在此要我们堵住"五色""五味""五音"进入我们身体的通道，这里的堵塞并不是不吃、不看、不听，他允许我们正当的吃喝玩乐，其真正堵塞的是滋生诱惑我们灵魂堕落的通道。一旦这些欲望的通道都打开，我们必将遭受深重的灾难。老子怀着无比善良的愿望谆谆告诫世人要"塞其兑，闭其门，终身不勤"。

我们回过头来再看前面的内容：天下有始，以为天下母。老子反复强调天下万物都有一个开始，这个开始是什么呢？老子认为万物始于道。因此我们可以说道是生养万物的母亲，万物都是道的孩子。这种比喻比较形象，好理解，也比较人性化。我们知道同是一个母亲的孩子也有好坏之分，性格各异。正是因为有好坏之分，所以我们中有的人懂得尊敬自己的母亲，而有的人常常是"娶了媳妇忘了娘"，这种人必将受到道德的谴责，这是毫无疑问的。老子用母子关系来比附道和天地万物的关系，是希望我们要像孝敬母亲一般顺应大道，只有这样才是合乎了大道的德性，也只有如此才能"没身不殆"。

"见小曰明，守柔曰强。"意思是能把极其微小的事物都看个清清楚楚，自然是眼睛明亮的表象；能坚守柔弱而充满韧性，并表现出百折不回的气势就叫强。此句话有领起下文的作用。

最后老子指引我们去寻母亲，也就是去寻大道，我们每个人都知道母亲的怀抱是最温暖的，我们都希望投入母亲的怀抱，老子遂了我们的心愿，为我们指明了方向。

【从政之道】

法真淡泊名利得善终

吃家常饭，穿粗布衣。能达到这一境界的为官之人不多，但是有这种意向的官员并不少。以一颗朴实的心待人，这样的官员算是明白了为官的真谛，这样不仅会得到百姓的赞叹，自己也过得自得而潇洒。贪图钱财、拍马奉迎的官员既不能长久下去，也不会有踏实的睡眠，得到的只能是百姓的唾弃。百姓心中有杆秤，每一个为官者它都能称出你的分量。与其上蹿下跳地迎合，倒不如脚踏实地地做官。

法真字高卿，是扶风（今陕西兴平东南）郡人，他的父亲法雄曾任过南郡太守。法真好学，百家纵览，博通各家学问，是关西地区有名的大儒。

法真虽出身官宦之家，但性恬静寡欲，不愿参与政事。扶风郡太守闻其名，希望与他见面，法真便应邀前往。太守说："春秋时，鲁哀公虽然不是贤君，但孔仲尼却对他称臣。如今，我德薄名虚，但想委屈你任郡功曹，怎么样？"法真回答："因为太守您待人有礼，所以我才做您的宾客。如果您要以我为吏，那我就要躲到北山之北，南山之南了。"太守听了这话，再也不敢勉强他了。

后来，朝廷举他为贤良，法真也没有应承。同郡人田弱也多次荐举他。有一次顺帝西巡，田弱又乘机推荐，顺帝前后四次征召他。

法真不但没有前往，反而深深隐居起来，始终没有露面，法真的朋友郭正称赞他说："法真这个人呀，可闻其大名，却难见其本人。他不愿出名而名声却老伴随着他，逃避功名而功名老追着他跑。他真可以为百世之师了。"

法真生活在东汉后期，朝廷内宦官外戚之争，党人之禁屡屡发生，真所谓昨为人上人，今为阶下囚。丢官、坐牢、禁锢、杀身，经常有这样的悲剧发生。而法真却远离这些政治争斗的是是非非，视功名利禄若粪土，这体现了他看透了人生的大睿大智。在东汉后期险恶的政治环境里，他能以89岁高龄善终，不能不认为是他隐逸立身的成功。

第五十三章　盗夸非道

【原文】

使我介然有知①，行于大道，唯施是畏②。大道甚夷③，而民好径④。朝甚除，田甚芜，仓甚虚，服文采⑤，带利剑，厌饮食⑥，财货有余，是谓盗夸⑦。非道也哉！

【注释】

①我：指有道之人。介：微小。介然有知：微有所知，稍有知识。②施：读音同迤，逶迤，此指邪行，斜径。③夷：平坦。④径：斜径。⑤文采：刺绣的服装。⑥厌：饱足，满足。⑦盗夸：大盗。

【译文】

假若我有知于政事，行走于大道之上，唯独害怕的是走上邪道。大道荡然正平，而人君偏爱邪径。朝政腐败至极，农田一片荒芜，仓库十分空虚。却穿着锦绣的衣裳，佩带锋利的宝剑，饱厌饮食，搜刮侵吞大量的财货，这就叫作强盗头子，强盗头子所为不是行大道啊！

【评析】

这一章老子站在人民的立场上对统治阶级的行为作了无情的揭露，老子对统治阶级不去遵循大道而休习纲常作了较深入的探讨。

老子生活的春秋晚期，中原地区是经济最发达的地方，同时这里也充满了不祥和的气氛，富裕和贫困、美好和丑恶、自由和动乱、文明和野蛮，种种矛盾并存。虽然社会混乱，老子作为当时一名中级官吏，日子不可能窘迫到无米下锅的分上，老子在此以民众的苦来唤起统治者的觉悟。由此可见老子对广大被统治者的深层了解和同情。

当时的社会境况是，统治者越来越腐败，农田越来越荒芜、仓库十分空虚，但统治者还穿着锦绣的衣服、佩带着宝剑，饱食美食、搜刮财货，这些人实是强盗头子，他们的所作所为和大道是背道而驰的。

"使我介然有知，行于大道，唯施是畏。大道甚夷，而民好径。朝甚除，田甚芜，仓甚虚。"这句话中的"介然有知"，是指顿然而悟的意思；"施"，读为"yí"，是说在宽阔平坦的大路上，难于把握抓住一条直线行进，往往在路上走成之字，这样就要跑很多的冤枉路。"夷"，平坦宽阔。"径"，小路，小路不宽，便于人把握可以走成直线，不走冤枉路。"朝"，朝阳。"除"，登高之台阶。"朝甚除"，是指早晨的天空到了最明亮的时候太阳也就升高了。对此句的理解为：把朝廷装饰得华美，由于朝廷装饰华美了，从而使田园非常荒芜，仓库非常空虚，民不聊生。

"服文采，带利剑，厌饮食，财货有余，是谓盗夸。非道也哉！"是从上述的自然之理而推及人事，人事的发展亦与自然之理一样，过犹不及，因而奢侈不如简朴。老子一向认为道之理在于为用不为利，为腹不为目。人对自然和社会的索取以可以资生为度，超过这个度就要受到道的惩罚。"文"，花纹和图案，古时人们穿衣服常以质料和花纹图案的艳丽与否为尊贵和贫贱的标志，所以老子说"服文采"。"厌"，饱厌，美味美酒饮食多了，就觉得世间什么东西都不好吃，见到什么东西都不想吃，所以老子以"厌饮食"来形容富贵奢侈者。"余"，多余，资财在可以资生之外还有剩余。

在这里，我们必须辨析一个问题，享受到底是对是错？老子决不是反对人们享受，他祈愿世界和平、人类智慧、人生长寿、不受非灾，不都是享受的内容吗？但是他反对"非道"的享受。所以本章先讲"朝甚除，田甚芜，仓甚虚"，在这样的条件下，还要奢侈豪华，那就是强盗一样的人。老子以犀利的笔墨对统治者的行为作了无情的揭露和警告，统治者如果执迷不悟，结果会怎样呢？老子没有明说，统治者本人对结果应该是非常清楚的。

下篇 德经

【为人之道】

袁涣清廉受颂扬

建安五年（公元200年），曹操攻打下邳（今江苏睢宁西北）。此时袁涣在曹操手下当都尉。

下邳城被曹军攻破，城内积存着吕布的无数财宝。曹操就给手下的官员们每人几辆战车，以便让他们随心所欲地瓜分那些财物。那些官员一个个争先恐后，尽量搜取值钱的东西，把车都装得满满的。只有袁涣与众不同，他没有挑值钱的东西拿，而是拿了一点书籍和一些口粮。别人见了都为自己的贪财感到有些羞愧。一个跟袁涣比较亲近的人问他："你为什么只拿了点口粮而不要值钱的东西呢？现在大家都赞扬你呢！"袁涣说："我为什么只拿点口粮呢？因为行军的时候口粮是必不可少的。我当时并没有别的意思，想不到竟会受到大家的赞许，得了好名声，实在令我内心不安啊！"曹操后来知道了这件事情，就更为尊重袁涣了。

袁涣在曹操手下先后做过谏议大夫和祭酒，为曹操出谋划策，得到曹操很多的赏赐。袁涣把赏赐的财物都送给了别人，自己不购置产业，也不积攒财物。他有时缺少什么东西，也坦然地求助别人。由于他行为端正，光明磊落，没有人不钦佩他的廉洁。

古人像袁涣这样清廉的官吏，都能受到颂扬和爱戴，那么今天，社会在飞速发展，为官为民更应崇尚廉洁自律、修养品德。

【从政之道】

姚崇为臣坦荡

姚崇，陕州陕石人。在处理契丹事务时，判断裁决迅速准确，且条理清楚，武则天对此非常惊奇，于是破格提拔为夏官侍郎，又加凤阁鸾台平章事。

圣历初年（公元698年），武则天对近臣说："以前周兴、来俊臣等裁讼刑狱，朝臣们相互牵连，结果都受反逆之罪。国家有法，朕岂能违抗。朕恐怕其中有冤情，就派近臣去狱中探问，都得到手状，并无虚假的东西，朕也不再怀疑，就批准了他们的奏请。自从周兴、来俊臣死后，再没听说有什么反逆者，那么以前被杀戮的是不是有很多属于冤枉滥杀的呢？"姚崇回答道："自垂拱（公元685—688年）以来，被告者身死家破，都是受酷刑自诬而死的。告发的人还以此为功。这种罗织罪名，比汉代的党锢还要厉害。陛下让近臣去查问，近臣都难于自保，还谈什么动摇原案？被调查的人若是翻案又要遭受更毒辣的酷刑，将军张虔勖、李安静就是这样。托上天降灵，诛除凶煞，朝廷便安然无事。从今往后，我以卑微之躯以及一家百口人保证，内外官吏再不会有反逆者，请陛下以后收到状告，只需收藏起来，不必再过问。如若不应验，有反逆的，我愿受不告之罪。"武则天听后说："以前的宰相都不过问这些事，陷朕于不义的境地，如你所说，正与朕心相合。"于是武则天对他器重有加，当天就派人赐白银千两给姚崇。

当时突厥叱利元崇叛乱被镇压，武则天不想让姚崇与他同名，就让姚崇改名为姚元之。不久迁升凤阁侍郎，依旧参知政事。

长安四年（公元704年），姚元之以母亲年迈上表请求解职侍养，言辞哀切，武则天知无法改变其主意，就拜他为相王府长史，罢参知政事之衔，使他能够清静。这一月，又命他兼夏官尚书之事，同凤阁鸾台三品，姚元之上书说："臣侍奉相王，再统领国家兵马有所不便，臣不是怕死，而是担心对相王不利。"武则天觉得他的话十分有理，就改任他为春官尚书。当时，张易之请求把京城有名的僧人10名安排到定州专设寺庙，僧人们极力表示不愿意去。姚崇命令停止此事，张易之多次与他说及此事，他始终没答应，因此遭到张易之的谗毁。

但在武则天做皇帝的15年中，姚元之（崇）一直受到武则天的信任和重用。神龙四年（705年），张柬之、桓彦范等密谋诛杀张易之兄弟，恰逢姚元之从军队中回到都城，于是也参与了密谋，因功被封梁县侯，赐封200户。武则天被移居上阳宫，唐中宗复辟，中宗率百官就阁台理政，王公士人无不欢呼雀跃，只有姚元之呜咽流泪。

桓彦范、张柬之对他说："今天岂是啼哭的日子！只怕姚公的灾祸从此就要开始了。"姚元之说："跟随则天皇帝日子长了，突然辞别再也不能拜她了，实在是忍不住啊！昨天帮助诸公诛除凶逆，是做臣子的常理，不敢说什么功劳；今天辞别旧主而悲泣，也是臣子忠于节操，若因此而获罪，实在心甘情愿。"不久，他就被贬，出任亳州（今属安徽、河南）刺史，转任常州（今江苏境内）刺史。

下篇 德经

第五十四章　其德乃普

【原文】

善建者不拔，善抱者不脱，子孙以其祭祀不辍①。修之身，其德乃真；修之家，其德有余②；修之乡，其德乃长③；修之邦，其德乃丰④；修之天下，其德乃普。以身观身，以家观家，以乡观乡，以邦观邦，以天下观天下。吾何以知天下之然哉？以此。

【注释】

①辍：中断。②余：富余。③长：长久，久远。④邦：现在的国。

【译文】

善于立法者自己就被禁锢在法律的规范之内拔不出身子，善于聚拢徒众的人自己也被聚拢在徒众之中脱不出自身，子孙对其祭祀总不间断。把德修炼到一人身上，德表现出来的是纯真；修炼到一家，德表现出来的是富余；修炼到一乡，德表现出来的是邻里相处和睦久远；修炼到一国，德表现出来的是丰饶；修炼到整个天下，德表现出来的则是自由平等。因此以是否纯真去观察一个人是否有德，以是否富裕观察一个家是否有德，以邻里相处是否和睦久远观察一个乡是否有德，以邦国的经济是否丰饶观察一个邦国是否有德，以天下百姓是否都自由平等观察天下是否有德。我凭借什么去判断天下是怎样的一种状况？就是以此为准则。

【评析】

"善建者不拔，善抱者不脱，子孙以祭祀不辍。""建"是国家建立法律之意，"善建者"，就是善于立法的人。"不拔"，拔不开脚步之意，亦即受法之禁锢不得自由之意，老子提倡自然无为，反对任何对人之禁锢的社会形式。"抱"，聚拢；"善抱者"，就是善于聚拢徒众的人，当老子之世，孔子聚徒讲学，弟子三千，是第一个"善抱者'，老子对其采取不赞成的态度，老子本人一个徒众也不收。"不脱"，脱离不开自身，亦是不得自由之意。"祭祀"，一种怀念先人的仪式。"不辍"，不间断。我们都知道，儒家特重视宗族的延续，"不孝有三，无后为大"，把是否有子孙对祖宗进行祭祀看成头等大事。老子提倡自然无为，反而把子孙的祭祀看成是一种搅扰，是对安宁的破坏，因此也持反对态度。此章老子是批判法家和儒家的社会观，法家强调以法治国，儒家强调以礼乐教化治国，都是有为之治，都与老子的自然无为的理念格格不入，老子通过对法、儒两种有为思想的批判，进而提出修身、齐家、睦邻、治国、平天下的标准。老子认为：法家以法制以求修身、齐家、睦邻、治国、平天下，儒家以聚徒讲学以求修身、齐家、睦邻、治国、平天下，都是有为，都是不但禁锢他人也禁锢自我的愚蠢做法。道之德的理念，是自然无为的理念，应该用自然无为去修身、齐家、睦邻、治国、平天下。

在老子的理想之中，以自然无为去修身，那么就会人人都变得纯真，从而消除了人心险诈；以自然无为去齐家，那么家族成员都以纯真无诈事家，从而家庭也会成为富裕的家庭；以自然无为去与乡邻相处，那么人人都以纯真对人，从而乡邻之间也能和睦久远；以自然无为去治理国家，国家也能兴旺发达；以自然无为去治理天下，天下百姓就都能获得自由平等。

"修之身，其德乃真；修之家，其德有余；修之乡，其德乃长；修之邦，其德乃丰；修之天下，其德乃普。"是讲德之作用于身、家、乡、国、天下的表现形式，也就是说把老子所讲的德修炼到身、家、乡、国、天下之后，身、家、乡、国、天下将会怎么样。老子在这里是在描绘一幅由自然无为之德作用下的桃花源式的理想社会的图画。"修"，修炼，使德成为个人修身、齐家、睦邻、治国、平天下的自觉规范。"之"，到。"余"，富余。"长"，久远。丰，五谷丰登，上古社会是农业社会，社会的经济状况的好与坏，主要看农业的收成。

"以身观身，以家观家，以乡观乡，以邦观邦，以天下观天下。吾何以知天下之然哉？以此。"是讲如何检验身、家、乡、国、天下是否有德。怎样检验呢？老子提出了标准，那就是以修之身作为检验身之标准，以修之家作为检验家之标准，以修之乡作为检验乡之标准，以修之国作为检验国之标准，以修之天下，作为检验天下之标准。换句话说就是以富裕、久远的和睦、丰饶和平等自由作为检验身、家、乡、国、天下是否有德的标准。

【从政之道】

汉丞相顺应时势无为而治

汉朝开国皇帝刘邦的丞相萧何死后，按照刘邦的遗嘱，由曹参做了丞相。

曹参也是汉初的功臣，虽不及韩信与萧何，但其功劳仍是不可小觑。汉朝开国功臣榜上，萧何第一，曹参第二。为此，有些大臣暗自猜测，曹丞相上台后，因为封功之事将完全否定前丞相萧何。丞相在一人之下、万人之上的位置，撤换朝臣易如反掌，原先的老臣们不由得惶惶不安起来。

谁知曹参接印数日，依然按从前的法令执行，对大臣们还是以同僚相称，亲热程度更添一层。数月之后，曹参把一些好名喜事、舞文弄墨的官员全部革除，又选了一些言迟舌钝、年高忠厚的人补上空缺。从此，他便将自己关在府中，终日饮酒，不理政事。

许多大臣不知曹丞相葫芦里卖的什么药，都想当面问一问他。可每次一进曹府，便被曹参拉到桌上，痛饮起来。大臣们无可奈何，只能陪着他喝酒玩乐。

渐渐地，曹参饮酒之风传到汉惠帝的耳朵里。汉惠帝因吕雉专权，自己无用武之地而整日借酒浇愁，现在听说曹参也如此，暗想曹参无故寻什么愁觅什么恨啊。我没有皇权终日作乐还情有可原，可你曹丞相乃群臣之首，手中大权在握，为何如此放纵自己？

一日，曹参的儿子曹窟来见圣驾，汉惠帝便对他说道："去问问你的父亲，为何不理政事终日喝酒？难道丞相的使命就是终日喝酒吗？"

曹窟回家将汉惠帝的话说了一遍，但他按照汉惠帝的嘱咐，并没有说是皇上说的。

曹参听完，拿过戒尺把儿子的手掌打了个通红，怒喝道："你小子懂什么政事！"

曹窋把事情告诉了汉惠帝，汉惠帝便召见曹参，问道："你为什么责打你的儿子呢？他所说的话全是我的意思。"

曹参拜伏在地，叩首请罪，然后问惠帝："陛下认为自己能比得上高祖皇帝吗？"

"朕如何敢同先帝相比？"

曹参又问："陛下慧眼识人，丞相萧何与我，谁优？"

"您恐怕不及萧丞相。"汉惠帝不解其意地答道。

"皇上圣明。从前高祖和萧丞相定天下，法令制度都已完备。现在陛下垂拱而治，臣等能守职奉法，遵循前制而不有失，便算是功德了。难道还想胜过前人一筹吗？"

汉惠帝听后，恍然大悟道："我明白丞相的意思了。"

从这不难看出，所谓无为而治者，是指顺其自然，让百姓自得其所。这并非随波逐流，而是静观其变、顺应时势的大智大慧。汉朝经过长期的战乱，正是需要休养生息的时候，所以曹参无为而治，可稳定民心，使民有所依，这与当时的社会需要是吻合的。

第五十五章　含德之厚

【原文】

含德之厚，比于赤子①。蜂虿虺蛇不螫②，攫鸟猛兽不搏③。骨弱筋柔而握固。未知牝牡之合而全朘作④，精之至也。终日号而不嗄⑤，和之至也⑥。和曰常，知和曰明，益生曰祥，心使气曰强。物壮则老，谓之不道，不道早已。

【注释】

①赤子：刚刚降生的婴儿。②螫：毒虫子用毒刺螫咬人。③攫：用脚爪抓取食物的鸟。搏：鹰隼用爪击物。④朘：男孩的生殖器。⑤嗄：声音沙哑。⑥和：指阴阳两气相和的状态。

【译文】

含德深厚的人就如同初生的婴儿，有毒的虫不蜇咬他，猛兽不伤害他，凶猛的鸟兽不攻击他。骨软筋柔的小手握东西很牢固。小孩虽然不知男女交合之事而小生殖器却常勃起，这是精气极为充足的缘故。整天哭叫，嗓子却不沙哑，这是由于和气极为旺盛的缘故。阴阳两气统一是和气，了解和气就是明。有益生命就是祥，心中使气叫强。事物过分强壮会走向衰老，这都叫违反了道的法则，不遵守常道就会很快消亡。

【评析】

这一章主要讲人的最佳状态，它是一个人把无为大道修炼到最高程度后所能达到的最高境界，也就是进入到无我和忘我的赤子状态。老子用极其夸张的手法将道德蕴涵十分深厚的人比喻为赤子，赤子会怎样呢？赤子无我、无为、无欲，他不会去伤害任何事物或人，所以任何事物也不会对他造成伤害。老子言称毒虫不蜇他、野兽不咬他、恶鸟不攻击他，为什么柔弱可欺的婴儿却独能免遭伤害呢？这是我们心存的疑惑，我们再对初生的婴儿的特征作进一步的探讨。

初生的婴儿无知无欲，不知道他所生活的这个世界充满邪恶和矛盾，可以说他根本不知道自己是谁，他除了满足本能的需求之外根本不知道自己需要什么，所以他根本没有思想，也没有欲望，前面的章节中老子论述了真正的富有就是无欲无求，婴儿的状态是最富有的状态。我们成人却无法做到这一点，只有修炼到道德深厚的人才能像赤子一样无欲无求，心无杂念。

在老子看来，婴儿虽然无欲无争，但他并不软弱，看婴儿的表现吧，他的小手很柔软但很有劲，握东西很牢固，我们用劲也无法将其分开，用老子的话就是"骨弱筋柔而握固"。

老子也就婴儿的生殖器的特征进行了描述，他说婴儿不知道男女交合之事，也不知道自己的生殖器的功用，但他常常坚挺勃起，一点也不知疲倦。正因为他精气极为充足，所以他才会如此。

我们成人多讲几句话就会口干舌燥、声音沙哑，而婴儿却不同，他尽管高声长嚎也不会声音沙哑。这是为什么呢？老子认为婴儿的生命力是强大的，而他之所以强大，就因为他和气极为旺盛。这种状态虽然并没有强人的表现，却是生命力充沛的标志，是身体里的中和之气充足的象征，老子称其为理想的生存状态。这种理想的生存状态并不是每个人都能拥有的，只有潜心修炼大道，我们才能合乎人道，才能和大道同步，也只有这样我们才能日趋达到这种最佳的生存状态。

人不可能永远保持在赤子阶段，人要成长，这是无法扭转的客观规律，谁也改变不了。我们可以改变很多东西，而唯独改变不了的是我们的成长，我们要一天天地长大、要娶妻生子、要面临衰老和痛苦的死亡，我们要踏入社会、要同各种各样的人打交道，因此我们也变得世故甚至狡诈。虽然我们不情愿，我们渴望纯真，但我们为了生存而不得不采用随大流的生存方式，又加之我们自身的弱点，我们无法克服自己的欲望，因此我们变得骄气、霸气、躁气，而唯独缺少了与生俱来的和气。

老子最后指出："物壮则老，是谓不道，不道早已。"这是一种客观规律，我们知道任何事物发展到顶点都会跌落到原点，这就是人们常说的"物极必反"。老子说事物发展到强壮的阶段，就是因为它不能遵守赤子的和气之道，不遵守这个道理就会早早衰亡。老子将人作为最有力的证据，人在婴儿时期，什么也不知道，所以他无欲无求，正因为他无欲无求，不对任何事物造成伤害，所以他也不会受到外物的伤害，处于绝对的安全中。而随着年龄的增长，他有了自己的思想和意志，私心也随之膨胀起来，他变得多疑、患得患失，因此各种坏情绪也就不期而至了，痛苦折磨得他丧失了生活的勇气，过早地衰亡也就成了必然。

再看老子在此章节中蕴涵的"物极必反"理论，任何事物的发展都有一个限度，一旦超过了这个限度，就会走向它的反面，事物强壮到极点就必然会走向衰亡。这就告诉我们做任何事都必须把握好一个度，不然就会走向反面。

【经商之道】

李嘉诚审时度势见好就收

李嘉诚在1998年长江集团周年晚宴上，道出了他的一句至理名言："好的时候不要看得太好，坏的时候不要看得太坏。"这是他多年以来"见好就收"策略的最佳注解，也是李嘉诚做生意的最高境界，即"拿得起，放得下"。李嘉诚正是善于把握"见好就收"，才使他在商战中百战百胜。

世事无常，变幻莫测，时代的兴衰交替，以及商品、技术的不断革新，都显示出社会是动态的，生意人必须不断地向前，否则就会跟不上时代的步伐。

李嘉诚靠生产塑胶花掘得第一桶金，成为"塑胶花大王"，并赚了一大笔钱。然而，物极必反。早在李嘉诚开发塑胶花之前，他就预见到塑胶花终究会跟不上社会发展的快节奏，只能风行一段时间。

人类崇尚自然，而塑胶花无论如何也不能取代有生命的植物花。

作为塑胶业的"大哥大"，长江公司虽然拥有稳固的大客户，但是当时整个行业都在走下坡路，最后走向萎缩，已是不以人的意志为转移的大趋势。这样，竞争势必日益残酷。此外，越来越多的因素也在向李嘉诚敲响警钟。

1972年，塑胶业的从业人员达到香港劳工总数的13.2%，塑胶企业达3359家。李嘉诚从海外杂志上了解到，欧洲北美的塑胶花已被扫地出门。国际塑胶花市场正转移向南美等中等发达国家。香港也出现过几次塑胶花积压。

对此，李嘉诚早有心理准备，他见一叶而知秋，见微而知著。他深知长江在塑胶业的地位和信誉是无价之宝，所以采取一种无为而治的态度，让其自由发展。他将主要精力和心血投注于缔造以地产为龙头的商业帝国。

该投入的时候就要果断地投入，该撤出的时候就应义无反顾地撤出，否则就会因窒息而死。敢于放弃的商人才能前进。

因此，商人应该对自己所从事行业的前景有清醒的认识。做生意往往受非人力所能为的客观因素的影响，这就要求商人能够明察善断，占尽先机。像李嘉诚这样，他最早进入塑胶花领域，赚了一大笔钱后，审时度势，急流勇退，无论是进是退，都占尽先机。

第五十六章　知者不言

【原文】

知者不言。言者不知。塞其兑，闭其门，挫其锐①，解其纷②，和其光，同其尘，是谓玄同③。故不可得而亲④，亦不可得而疏；不可得而利，亦不可得而害；不可得而贵，亦不可得而贱。故为天下贵。

【注释】

①锐：锐气。②纷：纷乱，纷杂。③玄同：玄妙齐通，此处指道。④"故不可得而亲"及下面五句：意思是说玄同的境界已经超出了亲疏、利害、贵贱等世俗的范畴。

【译文】

真正有知识、有智慧的人是不夸夸其谈的人。高谈阔论者不是有知识有智慧的人。塞住嗜欲的孔窍，关闭嗜欲的门户，挫掉锋芒，消解纠纷，含敛光耀，浊同尘世，就叫作玄同。玄同又不得与道亲，也不得与其疏，不得与其贵，也不得与其贱。所以，"玄同"的境界为天所尊贵。

【评析】

这一章老子向我们展示了一个真正的智者形象，他决不会夸夸其谈以显示自己的高明和睿智，真正有知识、有智慧的人是不会随便高谈阔论的，他们常常保持缄默，不显山不露水，永远站在最低点仰视他人、俯瞰自己，他们是谦逊的是随和的。老子说只有毫无知识和头脑的人才会夸夸其谈，口无遮拦。这种人想通过侃侃而谈来显示自己的聪明才智，结果恰恰相反，这种随便谈论本身恰恰表明了他的无知和愚笨，可是他根本无法意识到这一点，老子对这种人作了严厉的批判。老子站在现实的大环境里，批判的不仅仅是当时的统治者，对普通的世人也作了最真诚的警示。

前面我们已经说过老子不仅是世人最好的警醒者，而且是大家最好的引路人，他决不会提出问题后躲到远处不管，而是给我们最可行的行动指南。在这一章里，老子针对大家常犯的错误，给出了最可行的建议："塞其兑，闭其门，挫其锐，解其纷，和其光，同其尘。"同时这也是老子眼里得道的圣人所具有的境界。怎样理解"塞其兑，闭其门，挫其锐，解其纷，和其光，同其尘"呢？老子在前面的章节中已反复强调了做人要委曲、柔弱、和气、恍惚、无为，也就是不可锋芒毕露，锋芒毕露就会伤害别人也会伤害自己，所以老子提出要"挫其锐"，这样就避免了伤人和自伤，顺利地保全了自己；我们作为凡夫俗子定会有这样的心理体验：一件事纠集在心头像一团乱麻，无论如何也解不开，我们心里的烦乱致使我们坐立不安，我们因此惶惑甚至痛不欲生。为什么不彻底解除心里烦乱的思绪让自己快乐地度过短暂的一生呢？老子让我们"解其纷"，心中的纷乱的思绪解除了，心灵也变得了无牵绊，自由自在了；做人要平和，不要过分炫耀，这是我们每个人都知道的做人准则，可究竟有多少人能做到这一点呢？我们为了在汹涌澎湃的浪潮中显示自己的存在，做过或正在做着怎样的荒唐事！我们为了显示自己的聪明才智，逢人便夸夸其谈，其实我们有多少智慧可供谈论呢？真正拥有广博知识和高深智慧的人是不屑于高谈阔论的，他们犹如深沉的大海般深不可及。真正的智者貌似普通，他们随大流，而决不追求个性。现在的一些小青年为了追求个性，将自己包装得怪模怪样，让人看了忍俊不禁，不知道是丑还是美。老子告诉我们要"和其光，同其尘"。现代社会物欲横流，人的欲望也跟着无限膨胀起来，我们很难控制住自己的欲望，这也是人的本性使然，老子规劝人们要堵塞住自己嗜欲的孔窍，关闭住自己嗜欲的门径。也就是"塞其兑，闭其门"。

我们生活的这个时代和老子生活的那个时代有着很大的差异，但人性的欲望是相同的，人很难克服自己的欲望，老子站在时代的起点上高瞻远瞩，对人的本性作了很客观的分析，在今天看来依然具有很重要的意义。有些人认为这样的时代，如果一味地聚敛光芒就会被时代所掩埋，无法将自己的才华真正地显现出来，于是他们不甘人后大肆宣扬自己，见人就大谈自己的能力和财力，酒香真的怕巷子深吗？真正的好酒是不怕巷子深的，它不但会香飘万里甚至会走向国外,这也是时代提供给我们的便利。推而言之,如果我们真的有才华还怕被埋没吗?答案是否定的。如果我们真的才华横溢便什么也不会怕,无论走到哪里都会有可供自己翱翔的天空,大可不必费尽心思地夸夸其谈,前面我们说过言语的局限性,言语无法穷尽我们真实的想法。所以老子得出真正有知识和智慧的人是不会高谈阔论的,只有没有知识和智慧的人才会夸夸其谈。

【为人之道】

安贫乐道意志坚定成大器

公元前489年,孔子师徒一行疲惫地来到陈国。

当时正是陈国被吴国层层围困陷于危机之时。楚国派兵解救,不料楚昭王病死军中,只好班师回国。

吴国军队乘势长驱直入,直至包围陈国首都宛丘城。正住在宛丘的孔子师徒不得不再次南下,朝楚国奔去。真是惶惶然如丧家之犬。

数年来的长途跋涉,加之处处碰壁,不免使孔子的学生们有些心灰意懒。

这次从宛丘逃出,沿路看到了人民苦于战火,流离失所,四处逃散。孔子师徒走在茫茫旷野之上,只见被烧掉的房屋树木,难见人的行踪,学生们不禁悲从中来,甚至开始怀疑这种长途跋涉有没有实际意义。

战火带给人类的永远是苦难,孔子师徒带的粮食早已经吃完,却再也找不到一粒粮食。

他们只好采集野菜野果充饥,已经连续七天没吃到真正意义上的"饭"了。

一天子路再次出去寻找吃的,半天才回来,却仍是两手空空。他实在有些忍不住了,便问孔子:"我听人说,对行善之人,上天总会给他以幸福,对作恶的人,上天也会用灾祸去惩罚他。先生你积善多年,研习礼仪,具有许多美德,四方之人也都知道这一点,为什么却不见上天降福,反而困顿到如此地步呢?

孔子见子路的情绪有些不对,他同时发现,严峻的形势正考验着自己弟子们的意志。子路的情绪也是弟子们共同的情绪。于是他耐心地对子路说:

"子路,有些问题,看来你还没有思考成熟。你以为所有有才干有品德的人都应该得到重用，但实际情况却未必这样。

"否则王叔比干也不会被挖去心肝；就是忠君之人也不是一定会被重用的，否则关龙逄也不会被桀杀害了；敢于谏诤的吴国伍子胥不是被肢解在姑苏门外吗？

"所以，能否被赏识重用，不但有德才问题，还有个机遇问题；贤能与否，却靠的是你自身的资质。许多德才兼备的贤者，一生因缺乏机遇而未被重用，这样的人又何止我孔丘一人呢？"

子路有些省悟，但面对眼前的窘状，仍有些愤愤不平。

孔子看出这一点，但他并不急于讲这些道理，而让子路自己来发问。

果然，子路呆坐片刻，又问道："贤德的君子，也有困窘的时候吗？"

孔子肯定地说："有的！"

他看看子路，接着说："君子和小人的区别在于君子即使被困境所扰，也能意志坚定，百折不挠，而小人一遇困境，就改变自己的志向。"

孔子让子路坐下，语重心长地说：

"香草芷和兰生长在茂密的深山老林中，没有人去欣赏，它们照样散发着浓郁的香气；我们修身养性，也并不是为了显达，而是磨炼我们自己的意志。

"只有意志坚定了，我们才能不被困难吓倒，在困顿中继续前进。

"至于能不能被重用，那需要时机。晋国的重耳所以能称霸天下，是因为他在受困时磨炼了自己的意志。

"会稽山之败更加坚定了越王勾践称雄的决心。齐桓公也是在莒国逃亡的途中更坚定了富国强兵的信念。

"子路，只有经过磨难方能坚定人的意志，有了坚定的意志，方才能成就大业。君子修身，不能不看重这些。"

子路听了孔子的话，心绪平静下来，他更加感到老师的伟大，于是又轻松地上路了。

下篇　德经

·233·

第五十七章　以正治国

【原文】

以正治国①，以奇用兵②，以无事取天下③。吾何以知其然哉？天下多忌讳，而民弥叛④；民多利器，国家滋昏⑤；人多知而奇物滋起⑥；法令滋章，盗贼多有。是以圣人之言曰："我无为，而民自化⑦；我好静，而民自正；我无事，而民自富；我无欲，而民自朴。"

【注释】

①正：此处指无为、清净之道。②奇：奇妙，出其不意。③取天下：治理天下。④忌讳：禁忌，禁令。弥：愈加。⑤滋：滋生，滋长。⑥奇物：邪事，奇事。⑦自化：自我化育，自我成长。

【译文】

以无为、清净的正道来治理国家，以奇诈、诡秘的方法来用兵，以不去扰民来取信天下。我怎么知道应该这样做的呢？天下的禁忌越多，民众就反叛得越厉害；民众的锐利武器越多，国家就越混乱；民众的心智和技巧越多，邪恶的怪事就越容易发生；法令越是森严，盗贼就越多。所以圣人说："我无为，人民就自我化育；我好静，人民就会遵纪守法；我无事，人民自然富足；我无欲，人民就自然朴实。"

【评析】

老子的无为而治的思想已在前面的章节里多次出现，这一章老子又就这一思想作了论述。老子通过对"天下多忌讳，而民弥叛；民多利器，国家滋昏；人多知而奇物滋起；法令滋章，盗贼多有"的论述，反证应"以无事取天下"。

"以正治国"，老子主张用清正无为的方略来治理国家，这是老子一贯的主张。老子作为当时一个普通的中级官员，他站在人民的立场上来审视当时的统治者，对统治者的言行和作为作了敏锐的探视和深刻的剖析，因而提出了要以正道来治理国家的良好建议，这一建议在今天看来依然具有十分重要的参考意义。中国人崇尚浩然正气，自古以来就以邪不压正来阐释正气的力量，中国的历代皇帝中有很多人将"正大光明"作为自己的座右铭甚或统治民众的道德准则，直到几千年后的今天，很多官员还依然将"正大光明"作为自己的为官之道，这里的"正"就含有正气和清正无为的意思。然而，官场的腐败自老子时代已经出现，国家成为统治阶级实施统治的暴虐工具，标榜的所谓的"光明正大"只不过是一个幌子。老子针对统治阶级对人民的残暴施政而高声疾呼，喊出了当时人民的心声。

"以奇用兵"，老子的《道德经》虽然不是兵书，但其中不乏一些作战用兵的思想，在前面的章节中已有涉及。在这里，"以奇用兵"讲的就是用兵之道，老子认为用兵就应该采用非常规的战术，要用奇法、奇谋、奇计来迷惑对方，使对方钻入圈套，从而达到出奇制胜的效果。老子在此提出战争问题，并不突兀，也不是随意而发，他是针对治国的"正"而言的，用兵要"奇"，从政要"正"，一奇一正治天下。我们知道老子反对战争，但战争不会因一个人的好恶而存在或消亡，确切地说战争不可避免，针对这种现实，老子不得不为弱者、为正义的统治者提供"以奇用兵"之计，这一用兵之计具有很大的借鉴价值。

"天下多忌讳，而民弥叛。民多利器，国家滋昏。人多知而奇物滋起；法令滋章，盗贼多有。"这是老子罗列的一些社会现象，也是他对国计民生的具体思考，其中不免含有老子对社会现状的忧虑、焦灼的情绪。在老子看来民众之所以发生叛乱，和人民的本性无关，人民的本性是善良的，除万不得已决不会惹是生非，人民发起事端和统治阶级的统治不合理直接相关。老子认为天下的禁忌太多，民众就会生活贫困，贫困就容易生是非，发生逆乱；人民拥有的锐利武器越多，国家就越容易发生混乱；民众的技巧心智越多，邪风怪事就越盛行；法令条文越森严，盗贼就越猖獗。

老子站在普通劳苦大众的立场上对当时的统治者提出了严厉的批判。我

下篇 德经

·235·

们再联系当时的社会大背景，春秋时代的列国，兼并战争此起彼伏，人们处于极端的混乱和盲目之中，随着等级观念的瓦解，人民手中都掌握了武器，武器是用来保护自己的，然而一旦人人手中都拥有了武器，那么每个人都不再是安全的了。人民不安全就会陷入恐慌，这种恐慌的心理是导致天下大乱的重要因素，天下不安定和统治阶级的统治不能说没有关联。老子对当时的统治者试图通过制定严酷的刑罚来平定天下大乱十分反感，他甚至对这种滥用国家机器的做法公然反对，在他眼里，严酷的刑罚非但起不到安定人心、稳定社会的效果，而且会起到反作用，因为严酷刑罚无法从根本上消除人心的欲念，老子主张无为而治，他强调感化的力量。

"我无为，而民自化。我好静，而民自正。我无事，而民自富。我无欲，而民自朴。"这是老子引用圣明的统治者的话来重申自己的观点，起到了恰到好处的证明效果。圣明的统治者"无为""好静""无事""无欲"，"无为"也就是无所作为；"好静"也就是怀柔、宁静；"无事"也就是无所事事，亦作无为解；"无欲"也就是没有私心杂念。这些圣明的统治者用"无欲""无为"来治理天下，其结果是民众富足、守纪，民风自然纯朴。

【从政之道】

刘荫枢计除弊政为民除患

刘荫枢是清代康熙年间的一位能吏，他在担任地方官时，革除了不少弊政，很受百姓的称道。

有一次，朝廷委派他出任赣南道道员（清代省以下，府、州以上的行政长官）。当时，驻扎在赣南的清军军纪败坏，不少部队私自设卡收税，肆意对过路行人敲诈勒索，成为当地百姓的一大祸害。刘荫枢到任后，决心革除这一弊政。然而，如果按官位的品级而论，刘荫枢要低于管辖当地驻军的总兵。因此，革除这项弊政显然不是下一道公文就能解决的。他左思右想，终于想出了一条妙计。

这一天，刘荫枢发出请帖，邀请当地的军政长官到自己的府上来赴宴。请帖发出之后，他又叫过道台衙门里的两名办事人员，要他们一人携带布匹，一人携带小麦，在中午时分通过城门驻军设的税卡，叮嘱说："如果他们收税，就把布匹与小麦抵押在那里，赶快回来向我报告。"二人点头称是，领命而去。

道台府内会聚着赣南的文官武将,宾朋满座,觥筹交错,好不热闹。

正当大家吃喝到兴头上的时候,忽然有两个人急匆匆地从外面走了进来,向刘荫枢报告说:"大人买的布匹小麦全被抵押在城门的税卡了。"

刘荫枢愤怒地说:"城门收税人太蛮横无理了,连道台衙门的人买的东西都敢抢夺,就知道他们对老百姓是怎样的了!"他故意问:"是哪一位税官敢于这样胡作非为?"来人回答说:"道台衙门的税官倒还不敢胡来,只有驻军设的关卡无人管束,胡作非为的事都是他们干的。"这时,刘荫枢站起身,向坐在旁边的一位总兵深深行了一礼,说:"驻军设卡收税本身就不合法,趁机对过路人敲诈更是错上加错。我知道,这些都是您的手下人背地里干的,希望您明察秋毫,下令取消这些不法的税卡。"这么一来,在座的人都把目光集中到总兵身上,目光中带着谴责、气愤的神情,把总兵弄得十分窘迫。

他红着脸,连连点头称是,表示同意革除。第二天,总兵发出命令,取消了驻军在城门设的税卡。

刘荫枢设计除弊政在赣南的百姓中一时传颂。人们不仅感谢他勇于为民除弊,而且对他善于使用谋略赞不绝口。

第五十八章　福祸倚伏

【原文】

其政闷闷，其民淳淳①；其政察察，其民缺缺②。祸兮，福之所倚；福兮，祸之所伏。孰知其极？其无正也③，正复为奇，善复为妖。人之迷也，其日固久矣。是以圣人方而不割，廉而不刿④，直而不肆⑤，光而不燿⑥。

【注释】

①闷闷：昏昏昧昧的状态，有宽厚的意思。②察察：眼里，苛刻。缺缺：狡黠，抱怨。③正：标准，确定。④廉：锐利。刿：割伤。⑤直：直率。肆：放肆。⑥燿：谣言，闪耀。

【译文】

人君施政宽厚，民众自然淳朴；施政苛严，民众就会狡诈。灾祸，幸福就倚傍在它旁边；幸福，灾祸就潜伏在它之中。谁能知道其变化有没有终极？它们并没有确定的标准，方正转变为奇特，善良转变为邪恶。对此人们迷惑不解，时间已经很长了。因此，圣人处世方正却不割伤人，有棱却不刺伤物，直率却不放肆，光亮而不耀人眼目。

【评析】

老子在本章中提出了这样一个很重要的哲学命题：祸兮，福之所倚；福兮，祸之所伏。意思是灾难和幸福是相依相随的，谁也无法脱离谁而单独存在，这就告诉我们任何的幸福背后总是潜伏着灾祸，但灾害并不是永远存的，灾难的反面就是幸福，所以我们要以平静的心态来面对灾难和幸福，做到"不以物喜，不以己悲"，才是人生的大境界。

这一章顺承上一章讲述圣明的统治者操纵国家政权的合理方式，老子说："其政闷闷，其民淳淳。""闷闷"就是宽厚、仁大的意思；"淳淳"就是自然纯朴的意思，联系起来讲就是统治者如果用自然无为的方式统治人民，人民就会摒弃妄为，回归于自然纯朴，人心自然纯朴就不会生是非，没了是非国家自然稳定太平。与此相反，统治者如果施行苛刻的政令，人民的承受能力一旦达到极限就难免会起来反抗，反抗的过程是心智的较量，人民不变得狡黠不足以应付统治者的盘剥，所以"其政察察，其民缺缺"。

老子所处的时代战乱频繁发生，人民生活在战争的阴云笼罩之下，担心、惊惧时刻伴随着人们，过着这样的日子，还有什么幸福可言呢？所以老子将人民的不幸归结为社会的变迁。在阶级出现之前，人们过着平等的没有压迫的日子，而自从阶级的出现，人们就有了压迫，正是这种压迫使人民的心智大开，他们利用自己的聪明才智制造了花样翻新、层出不穷的新奇器物，老子在上一章里就对这些各种古怪的事物作了否定，他认为正是这些古怪的事物使人民的思想和文化也变得光怪陆离。思想意识决定人的行为方式，思想的古怪决定人的行为方式越来越偏离轨道，与大自然越来越脱节，其表现就是人们恣意毁坏森林、植被，任意宰杀稀有动物，大肆污染环境等。这种狂妄的生活方式其实就是在危害我们人类自己，其结果就是我们生活的这个地球环境日益恶化，最后我们不得不葬送自己的躯体，与此同时，我们的精神家园也变得荒芜一片。再联系当时的现实，混乱的战争风云中，人们的私欲极度膨胀，不但牵涉到对名利的争夺，也直接涉及对财物的疯狂占有，人们欲望的无止境决定了人们不会获得真正的幸福，况且占有的财物也时时面临被人抢夺去的风险，财富的得与失成了人们衡量幸福的标准，这种所谓的幸福严重偏离了生命的轨道，人们对福和祸的测定变得麻木和没有指向。

老子针对人们在福和祸面前的迷失，发出了善意的提醒："祸兮，福之所倚；福兮，祸之所伏。"我们在中学课本里学到"塞翁失马，焉知非福"的典故，就是对老子这句话的最好诠释，这个故事讲的是一个老者失马复得，人们纷纷前来道贺，他并不认为那是好事。后来他的儿子从马背上摔下来，人们纷纷前来安慰，见他并不为此而悲，还说这未尝不是好事。果然不出老者所言，不几日，官府征兵打仗，他的儿子因摔伤了而幸免。由此可见，福和祸没有绝对严格的界限，为福而极乐或为祸而极悲都是不明智的，聪明的做法是不为好事大喜也不为伤事大悲，一切得失顺其自然，才能活得开心。

【为人之道】

孙膑装疯避祸否极泰来

《孙膑兵法》几乎家喻户晓，在古代它是军事经典，到了现在它不仅是军事方面的经典，还是商战人员必读之书。你知道吗？孙膑如不在劣势时装疯避祸，那就不可能有这部著作的诞生。

在三家分晋以后，韩、赵、魏三家中数魏国的势力最强大，魏惠王野心勃勃，也想学秦国收买人才，找了卫鞅等人来替他治理国家。后来又花了许多钱来招贤纳士，这时庞涓来了，声称是当世高人鬼谷子的学生，与苏秦、张仪、孙膑是同学。魏王信任了他，并让庞涓当了大将，他的儿子庞英、侄子庞葱、庞茅全都当了将军。"庞家军"倒也确实卖力，训练好兵马就向卫、宋、鲁等国进攻，连打胜仗，弄得三国齐来拜服。东方的大国齐国派兵来攻，也被庞涓打了回去。从此魏王就更信任他了。

庞涓的同学孙膑是大军事家孙武的后代。他德才兼备，是个罕见的军事人才。尤其是从老师鬼谷子那里得知了祖先孙子的十三篇兵法，更是智谋非凡。

孙膑来到魏国，魏王知道孙膑十分有才能，想拜他做副军师，协助军师庞涓行事。庞涓听了忙说："孙膑是我的兄长，才能又比我强，岂可在我的手下。不如先让他做个客卿，等他立了功，我再让位于他。"在当时，客卿没有实权，却比臣下的地位高，孙膑还以为庞涓一片真心，对他十分感激。

由于庞涓的陷害，孙膑的脸上被刺了字，膝盖骨也被剔去了，从此只能爬着走路，成了终身残废。

庞涓对孙膑的生活照顾得很周到，孙膑很是感激，一心想报答他，有一天，孙膑就主动提出要替庞涓做点什么，庞涓说："你那祖传的十三篇兵法，能不能写下来，咱们共同琢磨，也好流传后世。"孙膑想了想，只好答应了。后来，孙膑到底察觉了庞涓的奸计，便以装疯的方式想骗过庞涓。魏国的都城大梁内外都知道有个孙疯子，庞涓每天都听人汇报，觉得孙膑再也无法同自己竞争了，就没再动杀他的念头。孙膑活了下来。

有一天夜里，有个人坐在孙膑的身边，过了一会，那人揪揪他的衣服，轻声对他说："我是禽滑厘，先生还认得我吗？"孙膑经过仔细辨认，确认是墨子的弟子禽滑厘，便泪如雨下，激动地说："我本以为早晚要死在这里，没想到今天还能见到你。"禽滑厘说："我已经把你的冤屈告诉了齐王，齐王让淳于髡来魏国接你，我们全都安排好了，你藏在淳于髡的车里离开魏国，我让人先装成你的样子在这里呆两天，等你出了魏国，我们再逃走。"

第二天，魏王叫庞涓护送齐国的使者淳于髡出境，过了两天，躺在街上的孙疯子忽然不见了，庞涓怕魏王追问，就撒个谎，说孙膑淹死了。

孙膑到了齐国，齐威王和孙膑交谈了一下，觉得他是个不可多得的人才，当即想拜他为军师，孙膑说："庞涓如知道我在齐国，定会嫉妒，不如等有用得着我的时候再出面不迟。"齐王同意了。后来，孙膑陆续打听到自己的几位堂哥都已无音讯。前前后后，这一场冤屈全由庞涓一人导演而成。

后来，庞涓带兵连败宋、鲁、卫、赵等国，齐王派田忌为大将，孙膑为军师，使庞涓连连败北，最后，孙膑用"减灶法"引诱庞涓来追，暗设伏兵，将庞涓射死在马陵道上。

孙膑在小人当道时能忍辱负重，终于否极泰来，杀死了仇人，并写下了流传千古的《孙膑兵法》。

下篇 德经

第五十九章　长生久视

【原文】

治人事天①，莫若啬②。夫唯啬，是以早服③；早服谓之重积德；重积德则无不克；无不克则莫知其极；莫知其极，可以有国④；有国之母，可以长久⑤。是谓深根固柢、长生久视之道⑥。

【注释】

①治人：治理百姓。事天：保守精气。②啬：爱惜，保养。③早服：早早准备。④有国：含有保国的意思。⑤母：意思为根本、原则。国之母，国家之根本。⑥长生久视：长久维持、长久存在。

【译文】

治理民众养护身心，没有比注重节俭、爱惜精神更为重要的了。顺天道、应时节俭、爱惜各种资源，正是早早做好准备；早做准备，有长打算，就叫作注重积德；注重积德则无往而不胜，无往而不胜就无法估计他的力量；他就可以担当好治理国家的重任；掌握住治理国家的根本法则，才可以长治久安。这就叫作根深蒂固，长生久视的道理。

【评析】

"无为""不争""无欲无求"是老子思想的核心，如何克服人类本身的欲望？老子提出了"啬"的观念。何谓"啬"？啬即爱，引申为爱惜、保养，也可引申为节俭。

首先，我们先谈谈"治人事天，莫若啬。"治人也就是治理人民的意思，事天就是保养精气、养护身心的意思，整句话的意思就是统治者在治理百姓和爱护自己的身心的过程中要懂得节俭之道，通俗地讲就是要吝啬。"啬"字在古代是一个职位的名称，不是一个贬义词，而时至今日"啬"字已变成了"小气鬼"的同义语，甚至为大家所不齿。

"夫唯啬，是以早服。"何谓早服？"早服"就是及早服从、及早从事的意思。整句话可以理解为统治者只有懂得节俭，才能利人而不害人，服从自然之道理。一个人（统治者）如果不懂节俭，早作的打算（积蓄的粮食）也会很快消耗殆尽，早作打算又有什么意义呢？所以俭啬是服从自然之埋的行为。老子在此勉励统治者要节省民财、爱惜民力，不扰民，无为而治。

老子紧接着提出"早服谓之重积德"，什么是君主的德？君主的德行就是领导国家，领导国家的关键就是保证人民衣食无忧，这是国家稳定、太平的重要基础。素来"民以食为天"，只有人民衣食无忧，才会安心，才不会惹是生非。人民的粮食如何收藏、爱惜除关乎民心安定之外，还牵涉到战争的成败，在战争中自古以来遵奉"兵马未到，粮草先行"的原则，由此可见粮食在战争中的重要性，所以统治者懂得积蓄粮食是稳定国家的基础。作为君主应有高瞻远瞩的视野，对各种事变应有预见的能力，并根据自己的预测及时筹划出应对的策略，国家的粮食筹备是否充足是检验一个君主德行的重要指标。

"重积德则无不克，无不克则莫知其极。"老子在此强调指出积累德行所能达到的境界，"无不克"就是无所不胜，能克服一切、战胜一切的意思，一个国家物质储备富足，人民安定团结，社会秩序井然，领导者又精于筹划、目光长远，这个国家自然能战无不克。这里的战无不克，并非专指战争，还指各种困难和挫折，老子是反对战争的，他只为正义而战的一方指引出路。"无不克"是广义上的，一个人如果能做到无不克，他必然是高深莫测的，人们根本无法揣摸他的深度、极限和终极。

什么是"有国之母"？母，即雌性，喻指生育万物的大道，也可喻指事物的根本，"有国之母"的意思是有了国家作为立身的根本，这是就统治天下的君主而言的，有了国家作为立身的根本结果会怎样呢？老子很自然地推出"可以长久"。可以长久也就是能够获得长久的生存。

老了这一章旨在说明，统治者如果能够节俭，他的统治地位就能长久。节俭对统治者的意义重大，对我们个人也同样如此，节俭自古是中华民族的传统美德，一个人如果以节俭为美，那他必定是一个寡欲恬淡之人，他和大道大

下篇　德经

· 243 ·

德是同步的，必然少了很多烦恼、多了几分快乐。

【为人之道】

杨王孙顺乎天意主张裸葬

杨王孙是西汉时期大名鼎鼎的思想家，他主张勤俭节约，反对奢侈浪费。

他临死前，把儿子们叫到床前，叮嘱他们说："我死后不要厚葬，不要任何财物陪葬，我要光着身子，返璞归真。你们一定要牢牢记住，不要违背我的心愿。"

杨王孙的朋友祁侯知道了这件事，便前去劝他，对他说："我听人说你要求裸葬入土，这是真的吗？"

杨王孙点了点头。

祁侯说："你怎么能这样糊涂呢。假如先人无知则罢，如果先人有知，这不等于在地下戮尸吗？怎么去见祖先呢？其实陪葬一点东西也花不了几个钱，你还是改变主意吧！"

杨王孙欠欠身子，对祁侯摆摆手，说："我打算用这种行动来矫正世俗。从古至今，人们一直推崇厚葬，其实厚葬对死者毫无益处，但世人却争相以此标榜，宁愿财物在地下腐烂，甚至有的今天刚埋入地下，明天就被盗走。

"财物被挖走不说，尸体被抛在一边，这与暴尸荒野有什么区别？

"再说，死亡是人生命的变化和回归，人们用厚葬来伪饰真实，就使生命失去了归宿。人本来就应当来去了无牵挂，我听人说，精神是上天赋予的，形体是大地赋予的。精神离开形体，就称为'鬼'，'鬼'的意思也就是归。

"死人的尸体孤零零地存在，难道会有知觉吗？其实魂魄早已离开了，用许多布帛锦缎包裹它，用珠玉珍宝陪送它，这实际是掠夺了生者的财物，白白浪费了钱财。

"从前，舜尧死后下葬，把木头挖空做成匣子，用葛藤缠裹封扎，挖墓穴时，向下深度不超过泉水，向上不致泄露尸臭。这样做根本无损于他们的伟大，相反却因为品行高洁而流芳千古。

"圣人生前崇尚俭易，死后安葬也不奢靡。不做无用的事，不花无用的钱。现在呢？耗尽财物为死者厚葬，不管活着的人如何，让生者受到死者的连累，这不是太荒谬了吗？

"我之所以这样做，就是为了纠正时弊啊！"

杨王孙一口气说完，祁侯连声说："好！你说得对。"

杨王孙死后，他的儿子按照他的遗愿把他裸葬了，这在当时厚葬的风气下，实在是惊世骇俗之举。

杨王孙真可谓是一位旷达的智者，他参透了生死乃属自然规律，没有必要为厚殓死者去浪费钱财。

其实人赤条条来到这个世界上，"生不带来，死不带去"，而且人死如灯灭，身体不存在了，又何来精神魂魄呢？这时再去摆阔气讲排场，将大量财物埋入地下，实在是多此一举啊！

第六十章　德交归焉

【原文】

治大国，若烹小鲜①。以道莅天下②，其鬼不神；非其鬼不神③，其神不伤人；非其神不伤人，圣人亦不伤人。夫两不相伤，故德交归焉④。

【注释】

①小鲜：小鱼。②莅：临，莅临。③非：非但，不仅。④德交归焉：德复归于他们，让他们享受德的恩赐。

【译文】

治理大国如同烹饪小鱼一样。用大道治理天下，那些鬼怪就不能作怪了。并不是鬼怪不愿作怪了，而是鬼怪作怪也不能伤害人了。不但鬼怪作怪不能伤害人，而圣人也不伤害人了。鬼怪和圣人两者都不伤害人，所以人们守德而安宁合一。

【评析】

在上章老子主要讲述了节俭在治国中的重要意义，老子虽然没有明言治国必须秉承自然无为的宗旨，但节俭的前提条件则必须是自然无为，有为则有花费，实际上老子强调的还是自然无为的思想。这一章老子所强调的仍然是自然无为，如"以道莅天下"就是强调以自然无为去治理天下。老子的无为思想贯穿于《道德经》的始终，不管是为官还是为人，老子都提倡运用无为的思想来关照。

"治大国若烹小鲜"，"小鲜"即小鱼，我们都知道小鱼的身体还没有长成，骨弱肉薄，一不小心就会将小鱼弄碎，因此烹煎小鱼所忌者就是不断翻折，如不断翻折，势必将小鱼煎碎。老子不是说治理国家像烹饪小鱼一样容易，而恰恰相反，小鱼并不容易烹煎，要多加小心才能烹饪出美味的小鱼来，治理国家也是如此。如果统治者恣意妄为，势必导致国家的混乱，老子用烹饪小鱼来比喻治理国家，旨在说明无为而治的重要意义。统治者安静无为，不扰害百姓，否则，灾祸就要来临。要保证国家的平安，执政者就必须小心谨慎，认真严肃，不能以主观意志随意左右国家政治，这句话用极其形象、简洁的语言概括了这个极其复杂的治国谋略。如果以个人的主观愿望去改变社会，朝令夕改，朝三暮四，忽左忽右，老百姓就会无所适从，国家就会动乱不安。相反，如果国家制定的政策汰令能够得到坚定不移的贯彻执行，就会收到富国强兵之效。

"以道莅天下，其鬼不神"。鬼神是各个民族都普遍信奉的传统信仰，其由来已久。鬼神是否真实存在？古今的看法和说法都大相径庭，古人一般都相信鬼神的真实存在，而按照现代社会的科学理论，鬼神自然是子虚乌有，它们不过是人心中畏惧、胆怯、虚妄的产物。此处且不必理会古今之是非，一般来说，在阳气鼓荡的时代及刚气十足的人身上，都很难发现鬼神的踪影；而在一些阴气凄迷的年代及一些虚弱、娇柔、神经质的人们身上，则往往有鬼神的莅临。老子对于鬼神的态度颇有现代精神。老子这里所说的道，是正气伸张的表现，它能压倒一切邪气，使充满邪气的鬼神没有立足之地，甚至丧失了它奇异怪诞的功能，因此鬼神在大道面前不敢为非作歹了。

鬼怪到底是什么？我们谁能客观地表述出鬼怪的真实面目？谁又真正地见到过鬼怪呢？鬼怪只存在于我们的思想意识之中，它并非客观地存在，用老子的自然和谐思想来推衍，可以认定鬼怪是自然界不和谐的产物，自然界不和谐而鬼怪生，这是自然而然的事情。

我们在电视里看到机器人试图消灭人类的穷凶极恶的场景，这多少有些虚构的成分在里面，但有一点我们不得不承认，人类改变世界的欲望是无止境的，这就会在很大程度上创造出自己的杀手。鬼怪也不再单纯指我们头脑中青面獠牙的怪物，而是扩展到了科技领域，比如科技发明和人类欲望的产物：洲际导弹、原子弹、氢弹，这些都可以称得上人类现代的欲望生成的鬼怪。这些鬼怪的杀伤力是巨大的，人类利用自己的聪明才智创造出的鬼怪正在威胁着人类正常的生活，只是人们只顾眼前的小利益而故意回避了这些鬼怪的危害。老子在两千多年前就反对人有智慧，极力提倡无知无欲。老子是从人类的本性出发考察欲望的，这在今天依然具有借鉴意义。

遵循自然大道，竭力削弱自身的欲望，这本身就是遵循了道德的标准。遵循了道德，鬼怪也失去了原本的威力，鬼怪不伤害人，人类相安无事，和自然界和谐相处，一切就都自自然然、和和美美了。

【从政之道】

子产欲图治大国如烹小鲜

春秋末期，郑国的宰相是子产。他善于执政，把国家治理得有条不紊，深得民心。他的执政之道就在于刚柔相济，把握住高压和怀柔两种政策的最佳尺度。

当时，许多大国都觊觎郑国。子产认为，郑国要求得生存，当务之急是增强国力。于是子产一面提倡振兴农业，另一方面为确保军事费用，决定征收新税。一时间，民怨四起，对他恨得咬牙切齿，甚至有人还密谋杀害他。他的家人和朋友都纷纷劝他改变主张，朝中大臣也站出来反对他的政策。

面对来自各方面的压力，子产没有丝毫的动摇。他力排众议，义无反顾地继续实施既定的政策。

"我所做的一切都是为国家和人民着想，即使牺牲我自己的名利也在所不惜。如果虎头蛇尾，我殚精竭虑想出来的兴国之道就会付诸东流。我决心一如既往地贯彻我的政策。老百姓的责难只是因为我的政策没有立竿见影的效果。过一段时间后，他们就会明白的。"子产这样对别人解释。他不改初衷，面对责难仍然坚持己见。

过了几年，农业的振兴计划收效甚大，人民的生活水平日益提高。军队也逐步强大起来，足以抵抗外敌的入侵。郑国在诸侯国中逐渐树立起不可动摇的地位。

子产的政策并不都是如此"刚硬"，他在教育政策的制定上就表现得非常"宽容"。

郑国为了大力培养知识分子，在各地普遍设立了称之为"乡校"的学校。但是许多对当政者不满的人就利用乡校传播与统治者相反的观点。若任其发展，就会不利于民心安定，对统治也造成威胁。因此，许多大臣提议关闭乡校。

　　子产却不以为然，反驳道："如果那些人聚集在乡校谈论政治，我们就可以听取他们好的意见，不断改良我们的政策，这样看来，不是一件好事吗？"

　　子产借用了一个比喻，继续说："人们的言论就好比是河川里的水，如果我们钳制他们的言论，就如堵塞河水一样。尽管暂时控制住了，不久那些不满就会像洪水一样滚滚而来，堤坝和堰塘终将被冲毁。与其这样，还不如疏通流水，引导它们畅通无阻地流出来，这样不是更合适吗？"

　　从此以后，郑国的教育文化事业得到了繁荣发展。

　　由于子产广开言路，集思广益，在他为政期间，郑国国泰民安，国家呈现出一派欣欣向荣的景象。

　　绵里藏针，柔中存刚是成功的为人之道，刚柔相济是行之有效的处世手段。治理国家同样如此。

　　子产深知，如果君主严刑峻法，过于苛刻，就会使人们畏而远之；如果太宽松，就会使臣子骄纵跋扈，不易驾驭。所以必须恩威并济，把握好时机和火候，正如老子所言："治大国，若烹小鲜。"

第六十一章　皆得其欲

【原文】

大邦者，下流也①，天下之牝也。天下之交②也，牝恒以静胜牡③。为其静也，故宜为下也。故大邦以下小邦，则取小邦；小邦以下大邦，则取于大邦。故或下以取，或下而取。大邦不过欲兼畜人④，小邦不过欲入事人。夫两者各得所欲，则大者宜为下。

【注释】

①下流：水所汇聚之处。②牝：雌性，阴性。交：交汇，汇总。③牡：雄性，阳性。④兼畜人：把人聚在一起养护。

【译文】

大国，要像江海居大而处下，要像雌性那样安静柔弱，使天下百川河流交汇在这里。雌性常以安静胜过雄性，因为她守静，所以做事以谦恭卑下为宜。大国对小国谦下，就可取得小国的归附；小国对大国谦下，就可取得大国支持。所以有的谦下取得归附，有的谦下得到支持。大国不过是希望网罗小国，小国不过是希望依附大国。于是大国小国都达到各自愿望，则大国尤以谦恭卑下为宜。

【评析】

老子在以上的章节中曾多次讲到统治者治理国家要无为而治，这一章主要讲了作为一个大国在对待别的小国时应持有的态度。

春秋末期，诸侯国林立，兼并战争连年不断，大国争霸，小国自保，人民不堪战争之苦。老子一贯反对战争，针对战争带给人民的灾难，老子痛心疾首，几乎到了忍无可忍的地步，于是他不由自主地发出了"大邦者，下流也"的呼声。下流，不是现代意义上的卑贱、无耻，它是江河的流向，我们都知道水是向低处流的，海之所以能纳百川，是因为海甘居下位，恬静宽容，无所不包，所以它成就了自己的"大"，它的作为是合乎道德的，所以它能长久而博大。老子认为大国如果能像大海，常常处于谦和、卑下的位置，国家就能太平，人民就能安宁，人心安，国家自然会更强盛。

老子接着以雌性的柔和和安静能战胜强硬的道理来说明问题。大国之大并非仅凭战争兼并小国而获得，它之所以会大，一方面是客观上的地理位置的优越。春秋时代的大国大都处在中原文明的边缘地带，这里地势低洼、水草丰美，正是这种地理位置的优越在很大程度上成就了大国的地位。大国之所以能保持长久的地位取决于统治者统治有方，他们清楚大国和小国的关系，老子也针对这种关系作论述，他说，"故大邦以下小邦，则取小邦。小邦以下大邦，则取于大邦。"意思是说，大国如果以谦和、卑下的态度处理和小国之间的关系，就能取得小国的信赖；小国如果能以谦卑的态度对待大国，亦能取得大国的信任和保护。小国和大国的关系用海纳百川来形容是最恰当不过的，海是博大、深沉、宽容、谦和、卑下的，正是因为它的这些特性，百川才会欣然归于它的怀抱，也因此成就它的博大、宽厚、永不干涸；百川只有得到了这样的归处才变得勃勃生机，一路欢歌下流入海……

在老子生活的春秋晚期，大国和小国并存的封建割据时代已进入最后阶段。西周时期的几百个诸侯国家在周边的大国的威逼下已经丧失了独立自主的地位，几乎都成了大国的附庸。这些小国虽然幸存了下来，但处境很艰难，它们不但要向大国俯首纳贡，还要分担大国重大工程项目的劳役，小国的人民不堪忍受屈辱和劳顿之苦，可又无可奈何。大国固然不肯以谦下的态度对待小国，它们奴役小国的人民，使他们深受其苦。老子针对这种社会现状，提出了自己的主张，渴望能以此来唤醒大国的宽厚和仁慈，他幻想通过自己的力量改变社会现状，无疑具有一定的局限性。

老子认为柔弱能战胜刚强，可真实的社会现状却和老子的观点背道而驰，我们是否会因此而对老子的观点予以否定？社会现状中柔弱没能战胜强硬只是一时的弱势表现，从总体而言，柔弱总能战胜刚强。综观自然界的种种现象，我们就不难发现：看似强大的事物却不能长久地存在，而看似渺小的事物却有着很强的生命力。具体来讲，庞大的恐龙曾统治着整个自然界，而到最后竟被最弱小的猴子种属取而代之，很多事实无不证实了老子的观点是正确的。

国家谦和、卑下才能够长久，人类也是如此。人类如果不能做到谦和、卑下，其统治自然界的地位就会被其他的物种所取代，甚至自我毁灭，这是毋庸置疑的。所以我们作为人类的个体，就应该从我做起，对待周围的人要谦恭、柔和、甘居低位；对待周围的物应该友善、包容，不对动物大肆捕杀，不对植物任意砍伐，和自然万物和谐相处，才能"两者各得其所欲"，也只有这样我们才不愧做万物的长者，才不愧拥有聪明才智。

【经商之道】

满足消费者的个性需要

在20世纪80年代初期，美国制鞋企业高浦勒斯公司在经营上遇到很大的困难。当时弗兰西斯担任公司的总经理。

弗兰西斯认为，企业家生产产品是为了满足消费者的需要。在市场经济的初级阶段，消费者需要的是物美价廉的产品，到了现在，经济已经十分发达，百姓生活富足，人们买鞋不再仅仅是为了御寒防潮，更多的是为了满足自己的情感需要。所以，产品必须富有个性，才能满足消费者的需要。

弗兰西斯为此要求设计人员以"销售感情胜于销售鞋子"为宗旨，充分发挥每个人的想象力，设计出多种多样、富有个性的鞋。

在这一崭新的管理理念下，该公司在市场上推出了"男性情感""女性情感""优雅感""野性感""沉稳感""轻盈感""年轻感"等各种主题的鞋子。弗兰西斯还为这些类型的鞋子取上稀奇古怪的名字，如"袋鼠""笑""泪""爱情""摇摆舞"等等，令人回味无穷。赋予鞋这种商品特殊的感情是企业管理的独具魅力之处。这种独具特色与个性的鞋一出现，便在不同的消费群体中引起强烈的心理呼应。

公司并且在广告中通过怀旧、乡愁、童趣等情感诉求方式来增加人们对商品的情感投入，获得良好的感情交流。在包装上印有精美图案，吸引消费者的注意，引起人们各种情感的涌动。

由于高浦勒斯公司生产的鞋满足了消费者的各种情感的需要，许多人都愿意购买高浦勒斯公司制造的鞋。于是，他的这一举措为这个公司带来了丰厚的利润。

当一个行业能给大家带来高利润时，大家便会一窝蜂地加入那个行业。如你已迟了一步，所有的先机被先来者抢光了，此时你该怎么办呢？李维·施特劳斯的成功创业就告诉了你该怎么做。

100多年前，美国西部掀起了一股"淘金热"，犹太人李维·施特劳斯怀着淘金发财的梦想来到旧金山。但是，当他看到那里已经聚集成千上万淘金的人后，改变了自己的初衷，离开淘金的人潮，自己开了家经营日用品的小商店。

有一天，他携带一些线团之类的小商品和一批供淘金者搭帐篷、马棚用的帆布外出销售。在船上，小商品很快便销售一空，待抵达码头时，他携帆布去推销，可是却未能如愿。懊丧之余，李维·施特劳斯听到淘金者抱怨裤子不耐磨，没穿几天就破了。他灵机一动，立刻找到一家服装店，用自己的帆布作布料做了几条裤子，卖给淘金者，一下就卖完了，并接到大批的订单。此后，李维·施特劳斯专门从事牛仔裤的生产、销售，并成立了李维·施特劳斯牛仔裤公司，设立专门的服装厂，大批量生产"淘金工装裤"，以淘金者和西部牛仔为销售对象。由于这种耐磨的帆布裤适应了人们的需要，既结实又好看，因而销路十分好。

李维·施特劳斯取得了初步的成功，但是他并未就此止步，而是继续投入到产品的深层次开发中。

李维·施特劳斯根据工人们的劳动特点，不断改进裤子面料和样式，以适应工人的需求。最终，他找到一种法国哔叽布为面料来生产裤子，既坚固耐用，又美观大方。

考虑到人们习惯于将矿石的样品放进裤袋里，先前使用线缝制的裤袋不牢固，李维·施特劳斯就在缝制臀部裤袋时改用金属钉钉牢；牛仔裤的扣子则用铜、锌的合金材料制成，并在重要的部位用皮革镶起来。这样就不但赢得了广大矿工的好评，而且由于它形成了牛仔裤的特有样式，成了一种时髦服装，受到人们的欢迎。结果它的销售量直线上升。

此后，李维·施特劳斯公司根据人们不同时期消费观念的变化，又不断推出新的样式，使牛仔裤做到耐穿、便宜、合身。时至今日，李维·施特劳斯公司已经在世界12个国家设有加工厂，在许多地区和国家设有销售网，形成年销售额达20亿美元的大型企业集团，令诸多服装加工业同行为之震惊。

　　大家想想看，如李维·施特劳斯当初也跟着别人去淘金，能有今天的成绩吗？

第六十二章　万物之奥

【原文】

道者万物之奥。善人之宝①，不善人之所保。美言可以市②，尊行可以加人③。人之不善，何弃之有？故立天子，置三公④，虽有拱璧以先驷马⑤，不如坐进此道。古之所以贵此道者何？不曰：求以得⑥，有罪以免邪？故为天下贵。

【注释】

①宝：法宝。②市：市场，交易，交换。③加人：有益于人。④三公：太师、太傅、太保之谓。⑤拱璧以先驷马：古代的献礼，轻物在先，重物在后，故有此句。⑥求以得：有求必得。

【译文】

道是万物的主宰，善人的法宝，不善的人也用之保全自己。美好的语言可以换来别人对你的尊重，高尚的品行可以有益于人。人群中那些不善的人，哪能抛弃他们呢？所以立天子、置三卿，纵然有拱抱的宝璧在先，驷马随后的献礼，还不如献上清静无为的道。古人为什么贵重道呢？不是说有求的可以得到，有罪的可以幸免吗？所以道为天下人所珍视。

【评析】

上一章老子讲述了大国和小国的关系及他们应持有的谦和态度，这一章老子主要阐述道的宝贵和修道所应坚守的正确目的。讲道的宝贵，老子重提道的属性和功用：道是产生天地万物的本源，是贮藏万物的庇护之所，它时刻在保佑着天地万物；道是世界物质中未被感知的存在，对万物一视同仁，它评价万物不把万物的过去行为作为评价标准，而是把现行和将来的行为作为评价标准；因此，无论是好人还是坏人，当他体悟了道掌握了道的理念精髓之后，道都是极其珍贵的宝物，同样在保全人的平安上发挥作用。

"道"为什么是宝贵的呢？因为它不仅是善者的宝物，同时也时时刻刻在保佑着不善之人。不善者还能成为人，正是由于"道"在保佑着他们。这里必须强调一点，我们所说的善和不善不是普通意义上善良和不善良，而是得道和未得道的意思。

美好的言论可以博取尊敬，美好的行为可以被人看重，不善之人怎么可以抛弃呢？所以位于天子，设置三卿，虽然可以先进奉拱璧，再献驷马，供奉上天，但还不如用"道"来进奉上天，即去爱不善之人。

上一章讲的是大国对小国的"谦"，大小国之间也应"谦"，这一章是讲高贵的人，对不善之人也该以"谦"字为道。真正的奉天不是拱玉璧、献驷马，而是要人"道"以爱人，谦以下人。"谦"，就是要克服人对自我的仗恃心，此心不除，不可能公正视人视物，当每有事发之时，就会被仗恃心蒙了眼睛，从而丧失了体认道的机会。

"美言可以市，尊行可以加人，人之不善，何弃之有？故立天子，置三公"，讲的是道的平等待人，也不是毫无原则地对待，也有奖有惩。道对人的奖惩体现在道为人类设立了天子和三公上，天子和三公代表道去管理天下的百姓，去惩恶扬善。"加人"，即增加人口，指子孙繁盛。"三公"，古时地位仅次于帝王的三位官员称三公。周代多指太师、太傅、太保而言。对此段之理解古今注家人言人殊，有人认为："立天子，置三公"是说人有美言尊行可至为天子、三公。有人认为"人之不善，何弃之有"，是说不善之人，也没有理由去抛弃他们。

"虽有拱璧以先驷马，不如坐进此道。古之所以贵此道者何？不曰：求以得，有罪以免邪？故为天下贵。"是再次重提道之宝贵，并明确指出修道要有正确的修道目的。为了让人能了解道之宝贵程度，老子以帝王之尊的仪象来与得道相比，说即使得到了帝王之尊的地位，也不如静坐悟道。为了说明修道的正确目的，老子以古人对道的珍贵是珍贵其哪一方面，来说明修道的正确目的是什么。"拱璧"，两手捧着璧玉。"驷马"，四匹马拉的车。前有人拱璧导引，后为自乘四匹马拉的车，是春秋之际帝王出行的仪仗。"坐进"，静坐以领悟。"求以得"，求取得到，这里指求取得到对道的理念的深层认识。"有罪以免"，指悟道后按道行事可以免除以往的罪过。古时的人为什么贵重这个"道"？不就是因为所求可得，有罪可以避免吗？所以，"道"为天下所贵是不难理解的。

　　老子的这一思想对我们依然具有很大的启发意义，我们作为万物的灵长生活在这个地球上，我们拥有聪慧的头脑和灵活的四肢，这应该作为我们成为高贵的人的条件，高贵的人具备谦和的道德品质，对周围的人不分好坏一视同仁，决不因某些人的低劣而鄙视他们，但我们很难做到这一点，与此相反，我们常常会因某人曾有过劣迹而鄙弃他，而大道却不这么做，它对任何人都是仁慈的，对不善之人也同样加以保护。我们应该学习大道，并做到和大道同步，对世间之物不分贵贱一视同仁。

【经商之道】

布卢明代尔的生意经

　　不同的人们有不同的需求，如果随大流，就意味着往绝路上赶。于是，不少公司把顾客适当地分成了许多阶层，然后针对他们的不同需要来提供适合他们胃口的产品和服务。这种做法不但可以提高产品的附加值，而且同时可以增加公司的利润。

　　布卢明代尔就是一个在这方面表现突出的例子。该公司的成功之处就在于：它所开办的时装用品专卖店中的每一个专卖店都为顾客提供某种特别的服务，或是为迎合某种特别的顾客而专门设立。旁氏公司也是通过采取类似的战略而在化妆品市场上扶摇直上的。《福布斯》杂志在形容该公司董事长拉尔夫·沃德的战略时说："虽然他完全可以玩100万美元的大型促销游戏，但他却偏偏要到小市场上去捕捉那些正在'打瞌睡'的竞争者。"例如，他在1987年推出的瑞夫烫发剂和垄断了4000万美元市场的吉列公司推出的托尼烫发剂一决高低。沃德自豪地说："这个市场已经沉寂多年了，继我们推出这种新产品以来，它已经成为每年可盈利1亿美元的大市场了！"接着，他进一步把各产品部门独立起来，以便加速产品的发展与更新，扩张其市场的活动范围。这是消费品业极其少见的一个战略。

　　这些公司就通过针对性的特别服务越做越强。

第六十三章　能成其大

【原文】

为无为，事无事①，味无味②。大小多少，报怨以德。图难于其易，为大于其细。天下难事，必作于易；天下大事，必作于细。是以圣人终不为大，故能成其大。夫轻诺必寡信③。多易必多难。是以圣人犹难之④，故终无难矣。

【注释】

①事：从事。②味：体味。③寡信：缺少信用。④犹：总是。

【译文】

以无为之心去作为，以无事之心去做事，以无味之心去品味。以小为大，以多为少。用恩德报答仇恨。解决难为之事要从容易处着手，做大事要从细小入手。凡是天下的难事，都必定从容易开始；凡是天下的大事，必定从微小的事情做起。因此圣人始终不自以为伟大，所以才能成就他的伟大。凡是轻易许诺必然会失去信用；凡是把事情看得简单必然会困难重重。因此，圣人总是认真对待困难，所以，他才反而没有困难。

【评析】

老子关于无为思想的论述，几乎贯穿于整个《道德经》中的各个章节，前面已经讲得很多，尽管如此，由于每一个章节的侧重点不同，就使无为每每有新意涌现。人类生活究竟应该采取怎样的方式度过？古往今来，是一个见仁见智的问题，从积极角度对待人生，人类既然有别于其他万物，则理应在生活中体现出人的意义。

　　此章老子主要阐述他的自然无为思想的含义。所谓无为是指为无为，因此无为的含意其实是说做任何事都不要掺杂进自身的主观意志在内，不要妄图用自身的主观意志去改变事物的客观属性，而不是什么事也不做。能够不把自身的主观意志强加于行为之中，也就做到了自然。由此，我们可以看出老子所讲的自然无为实际是在讲一种自我修养的思想境界——一种抛弃主观而顺从客观的空灵澄净的思想境界。这种思想的实践解说就是：大事化小，小事化了，多事变少，少事变无，以德报怨的人与自然之间，人与人之间的妥协和调和的世界观。老子的哲学是一种调和的哲学，老子是反对任何形式的对抗与斗争的。但老子也看到世间之事客观上永远无法逃避矛盾与斗争的存在，因此他从把矛盾与斗争从激烈的对抗拉回到相对平和的消弭的愿望出发，去规划他的为无为："图难于其易，为大于其细。"慎终如始，希望矛盾与斗争在其刚刚萌生时就予以消除，并通过谨慎小心的做事而不产生新的矛盾与斗争。

　　"为无为，事无事，味无味"，有人解为："以无为为为，以无事为事，以无味为味"，这种解释没有把老子的自然无为的思想理解为一种自我思想境界的修养要求，而是作为一种单纯的行动指导思想来看的。按照此种理解，那么老子就是提倡什么事都不必去做了，我想就老子本人来讲也不可能什么事都不做，人之生存就须做事，否则，无法生存。如真是这样，老子的哲学也就没有意义了。

　　"为无为，事无事，味无味"，实是修道的真实境界。每有事发之时，德之苗自然会出现，不需你为、你事、你味，只是个"发现""明白"。但是，就是这个"发现""明白"的过程也千万不可好高骛远。

　　大生于小，多起于少，困难的事情要从易处着手，实现求道的远大理想要从细微处入手。天下的难事，必从容易做起；天下的大事，必从细微处入手，所以有道的人从来不自以为大，因此能成就大事。轻易的允诺是不足信的。把事情看得太容易了，一定会遭到更多的困难。所以有道的人遇见事情总是把它看得很艰难，最后反而没困难。

【经商之道】

施乐公司大意失"荆州"

施乐公司现在面临着严峻的挑战,即使在自己的传统优势领域,也就是大型的超高速复印机领域,施乐公司也面临着来自德国海得堡印刷机械股份公司的强力挑战。对手通过推出以"开放式体系结构"为特征的复印机向施乐公司发起进攻,这种复印机体积小,可以接受多种格式的电子文件,相对于原来的复印机,在性能上改进了不少。

施乐公司是美国复印机领域的巨人,在20世纪60年代和70年代初期,在世界复印机市场上一直保持着垄断地位。然而,到了20世纪70年代中后期,在复印机领域的竞争非常激烈,日本厂商不断涌入复印机行业,尤其是佳能公司,施乐公司却对此采取漠视的态度,这直接导致了公司在市场上的节节败退,份额也从起初的82%下降到35%,从而失去了复印机市场的垄断地位。

1976年以来,日本厂商一直大举入侵施乐公司原有的市场,但施乐公司并没有意识到竞争的存在,由于长时间的麻痹大意,最终导致施乐公司已逐渐失去了市场上的优势地位。那一年,日本厂商佳能、NEC等公司,都以施乐的成本价格销售复印机,并从中获利,它们的产品开发周期和开发人员比施乐要少50%。

尽管施乐公司以前有着很好的技术,还拥有帕洛阿尔托研究中心(PARC),很多计算机领域最具革命性的技术都是在这里产生的,例如:鼠标、激光打印机等。然而,施乐公司长期以开创者自居,以占尽先机为乐,似乎并没有想到充分运用这些技术来求进一步发展,导致公司多次丧失良机,面对新一代传真机、打印机和扫描仪的挑战,施乐公司的复印机业务正在遭遇前所未有的危机。

施乐公司因"麻痹大意"而遭受惨重的损失,竞争对手却丝毫不生怜悯之情,佳能公司在数字彩色复印机上咄咄逼人,不断在市场上获得巨大成功。尽管施乐公司希望可以收购Tektronic公司,以增强自己在彩色激光印刷业务上的实力。然而,事实和愿望之间的差距总是很大的,在惠普公司和利盟公司的双重夹击下,该公司在这个有利可图的市场上,所占的市场份额已经急剧下滑到11%,这几乎只是原来的一半。

施乐公司失去的"荆州"能不能夺回,还是一个很大的未知数。

第六十四章　无为无败

【原文】

其安易持，其未兆易谋，其脆易泮①，其微易散。为之于未有，治之于未乱。合抱之木，生于毫末②；九层之台，起于累土③；千里之行，始于足下。为者败之，执者失之④，是以圣人无为故无败，无执故无失。民之从事，常于几成而败之。慎终如始，则无败事。是以圣人欲不欲，不贵难得之货；学不学，复众人之所过，以辅万物之自然而不敢为。

【注释】

①泮：散，解。②毫末：细小的萌芽。③累土：堆土。④执：掌握，把持。

【译文】

局面安定时容易把持，事物未露先兆时，易谋划；脆的东西易分开，微小的东西易消散。处理问题应在事故未萌发之前，治埋事情要在乱了未闹起来之先。合抱的大树生于微小的根芽；九层的高台从一筐一筐的土垒起；千里的远行开始于脚下举步。主观妄为要失败，强行把持一定会失去。所以圣人不妄为，所以不失败，不强行把持所以不失去。人们做事，常常是在快要成功的时候失败的。处事之法则是慎终如始，就不会有失败之事。所以圣人行不欲之欲，不珍贵难得的财物；行不言之教，反众人之过失而行之。所以圣人能辅助万物按其自身规律发展变化，而不是轻举妄动。

【评析】

这一章紧承上一章，上一章主要讲"为无为，事无事，味无味"的道理，这一章老子顺延着上一章的余意进一步提出了一整套物理与人理相结合的新颖理论，其中的所有观点都不但孕育了极深刻的哲理，且含有了富有实际意义的行动技巧及切实可行的生活智慧，这些格言后来成为中国人修身行事的座右铭。

"其安易持，其未兆易谋，其脆易泮，其微易散。"老子首先指出了如何透过事物的现象而捕捉其本质的道理，这些道理，在今天看来并没有什么令人疑惑不解或高深莫测之处，这是因为这些道理已经在漫长的岁月里被大众化了，它们已成为民众传统信仰的重要组成部分，但是，它们在2500年前的时代，就不啻为发聋振聩之语。

在本章中，老子运用三个排比句："合抱之木，生于毫末；九层之台，起于累土；千里之行，始于足下。"由此，再看一下荀子《劝学篇》中所写的这几句话："积土成山；积水成渊；不积跬步，无以至千里；不积小流，无以成江海"。可见，他们在思想观点上有某些相同或承继关系，或者说，荀子吸取了老子的这一观点。但接下来的结论，荀子与老子不同，他说"锲而不舍，金石可镂"，人要像蚯蚓那样"用心一也"，虽然"无爪牙之利，筋骨之强"，也要"上食埃土，下饮黄泉"，提出积极进取的主张。而老子则主张无为、无执，实际上是让人们依照自然规律办事，树立必胜的信心和凭借坚强的毅力，耐心地一点一点去完成，稍有松懈，常会造成前功尽弃、功亏一篑的结局。

事实上，宇宙间的所有看上去属于偶然的和突发性的事变，都必然经过了一个复杂、隐晦、潜移默化的演化阶段，只不过人们往往注意不到罢了。人类注意不到事物之潜移默化，而许多动物却比人类具有更加敏锐的洞察力，暴风雨来临之前的晴天白日下，老鼠、蚂蚁、青蛙、飞鸟们都会预感到灾难的即将到来而纷纷未雨绸缪。按照生物界的常理，人类自然也应该具有未雨绸缪的能力，但事实上，在近代科学工具产生之前，人类确实已经丧失了这种能力。至于为什么会丧失？或许是人类脱离大自然的时间过久、隔离过大，或许是人类过于注重了对人类世界的关爱而故意疏远了大自然，或许是人类有意地回避了那些无可逃避的灾难。

老子的提示对日益沉迷的人类具有深刻的启发意义，他告诉人们，所有强大的、不可战胜的事物都有它的萌发时期，萌发时期的事物正处于柔弱阶段，如果人们善于把握事物的这种规律，就能够防患于未然。他指出："为之于未有，治之于未乱。"正是对能瞻前而不能顾后的人类的提醒。

老子洞察了万物对生命的坚守，从来都不是通过变换表面形式来故弄玄虚，而是真诚地顺从自然，感到人类的许多行为确实是脱离自然界太远了。而且，人类这样犹如急行军一般的前进，对生命质量的提高会有真实帮助吗？老子不认为人生应该如此度过。老子在此强调了一切灾难和祸患都因有所作为和心理偏执而起，他说："是以圣人无为故无败，无执故无失。民之从事，常于几成而败之。慎终如始，则无败事。"不试图有所作为，自然比较少有失败；个人行为不偏执，自然比较少有失误。老子认为，一般老百姓们做事情，因为不懂无为的道理，亦不能把一件事情从始到终地以一种极其慎重的态度来进行，他们虽然永远在忙碌着，却总在事情眼看着即将成功的时候失败了。

【经商之道】

梁伯强从小做大的生意经

梁伯强从很不起眼的小小指甲钳入手，做成了全球的大生意。他在老家广东省中山市小榄镇的聚龙集团，专做工艺品和小五金产品，在这个珠江三角洲的名镇，他也算是一号人物了，与乐百氏的创始人何伯权等人几乎同时创业，可年利润却只有2000多万元。

2001年下半年，梁伯强在小榄镇一下子圈了300亩地，他想把小榄镇打造成全球的指甲钳制造中心。在他看来，这是中国入世给他这个小老板的机会，但对这样一个大的投资决策他多少有点紧张。

1998年5月的一天，梁伯强偶然从报上看到一篇《说话指甲钳》的短文，从中得知朱总理1997年曾以指甲钳为例，要求轻工企业努力提高产品质量，开发新产品。小小指甲钳能在总理心中挥之不去，可见这绝非易事，这里有市场的空白点，也是企业发展的机遇。一想自己在工艺品、小五金行业做这么多年，什么赚钱做什么，结果也没干出什么大名堂，梁伯强觉得是该有所专攻了。他决定在小五金行业做单一产品，做品牌，而不再做那些低档的产品，梁伯强把宝押在了指甲钳上。

经过考察和攻关，梁伯强生产出第一款命名为"圣雅伦"的新一代指甲钳。经国家日用金属制品质量监督检验中心检测，各项指标均达到或超过称霸国际指甲钳市场的韩国产品，而价格仅是韩国产品的60%。这让当时中国轻工行业协会既吃惊又兴奋。

2001年8月，梁伯强收到了全国日用品标准化中心委托函，委托聚龙集团起草指甲钳行业的国家标准。当时，"圣雅伦"在国内指甲钳的高档市场占据了70%以上的份额；在国际市场，"圣雅伦"已经进入东南亚和欧美市场。2002年销售额已达到6000万元，梁伯强走出了第一步。

梁伯强还有更远大的理想，在"中国小五金之乡"小榄镇打造一个全球最大的指甲钳制造基地，新建六条现代化生产线，年销售额达到6亿元；在中国小商品集散地、全国物流中心浙江义乌与合作伙伴利中金属制品有限公司推出一个新品牌——利中牌指甲钳，占领国内中档指甲钳市场；与广东另一家指甲钳企业进行战略结盟，组建中国指甲钳集团，在全球打响"指甲钳，中国造"的口号。

梁伯强的指甲钳生意实实在在地印证了不舍小利累积大富的经营法则。

第六十五章　善为道者

【原文】

古之为道者，非以明民①，将以愚之②。民之难治，以其智多③。故以智治国，国之贼④；不以智治国，国之福。知此两者亦稽式⑤。常知稽式，是谓玄德，玄德深矣远矣，与物反矣，然后乃至大顺⑥。

【注释】

①明民：使动用法，使民明。明：知晓巧诈。②愚：敦厚，朴实。③智：巧诈，不是智慧之意。④贼：灾难。⑤稽式：法式，模式。⑥大顺：自然。

【译文】

古代遵行大道的人，不是使民众明察，而是使民众淳厚朴实。老百姓所以难治理，是因民风伪诈。所以以巧智治国，是国家的灾祸；不以巧智治理国家，是国家的福气。要知道这两种治国方略也是两种治国法则。常知法则，这叫作玄德。玄德深不可测啊，远不可及啊，和万物一起复归道的质朴，才能极大地顺乎于自然。

【评析】

"古之善为道者，非以明民，将以愚之。民之难治，以其智多。"我们知道老子一向反对心智，在他看来民众之所以难治，是因为统治者治理不善造成的，那么统治者应该怎样治理才能将民心安抚呢？老子指出，应该"将以愚之"，这里的"愚"是纯朴厚道的意思，一旦民心淳朴了，民众就不会生出事端，天下自然太平，也就容易治理了。老子并非站在统治阶级的立场为其出谋划策，而是为广大老百姓的安定幸福考虑。

"知此两者亦稽式。常知稽式，是谓玄德，玄德深矣远矣，与物反矣，然后乃至大顺。""玄德"是什么？不就是前文"含德之厚，比于赤子"之"德"吗？不就是"修之于身，其德乃真"之"德"吗？不就是"道生之，德畜之"之"德"吗？只有这个"德"才是深且远的"道"之"德"，而非人间所谓的道德之德，德性之德。"与物反矣"，这是说，玄德与具象的物不一样，"德"与道一样也是无形无象，必须透过"物"的运动才能显其"德"，也就是我们上文一再提到的"德"之苗，皆不是可以寻找到的物象，必须透过物象去审视品味。一旦落于具象，就不再是"德"了。

我们可以通过对老子这一章的解读，透悟人生的规律：只有一切遵循大道，做到敦厚朴实，才可拥有真实的人生。老子说如果使民众拥有心智，人心就多伪诈，国家就难以治理，我们可以推延到个人，如果我们心机太多，不但自己会感到劳累、困顿，而且还会破坏和周围人的良好关系，试想在一个人人都狡诈、善变、满怀心机的群体里，每个人都想着如何满足自己卑俗的欲望，那么这个社会就会变得虚伪、狡诈、面目可憎，我们生活在这样的一个群体中还有什么乐趣可言呢？

没有人喜欢生活在伪诈的环境里，没有人喜欢和虚伪的人打交道，我们要想摆脱这种讨厌的人和环境，就必须从自身做起，无论环境如何每况愈下，我们都要保持清醒的头脑，将自己恢复到自然的纯真状态，待人接物都应秉承自然淳朴的特性。现代社会，很多人主张返璞归真，这在一定意义上起到了作用，但必须清楚地认识到，返璞归真绝非仅为一种形式，不仅是回归山林，到大自然中去呼吸新鲜的空气，甚或游山玩水，而是达到心灵的回归，心灵的回归就是灵魂彻底抛弃世间的浮华，达到和自然的和谐统一，只有这样我们才算摆正了自己的位置，才能悠然自得，人生才能其乐无穷。

【从政之道】

陈少游聪明反被聪明误

唐玄宗天宝年间，在长安的崇玄馆里，正在进行一场激烈的辩论。一方是以期升为首的大批太学生，另一方只有陈少游一人。以前，期升在全馆是论辩高手，谁都服他。可是这一次，陈少游却不慌不忙与他展开辩论。陈少游声音朗朗、引经据典，而且他的阐释不止于文句，寓意甚深。他还特别表现出对庄子、老子、列子等经典的精深研究。结果，全馆的同学谁也辩不过他。

陈少游的表现，得到大学士陈希烈的赏识。从此他对陈少游总是另眼相看。不久，陈少游就被任命为渝州南平（在今重庆市东）令。以后又不断升迁。随着官位的升迁，他的贪欲也不断增长。

他还擅长随机应变，擅长言辞。他聚敛财富，同时又舍得以钱财笼络权侫，这是他不断升官发财的诀窍。他笼络住了泽潞节度使李抱玉，李抱玉上表代宗皇帝，要求任命陈少游为自己的副使。永泰二年（公元766年），李抱玉再次上表提拔他为陇右行军司马。几经升迁调转，陈少游做了桂州刺史。

但是陈少游很不满足。桂州在今天的广西壮族自治区，地处偏远，他希望能求得一个离京师比较近的州郡为官。他寻机回到长安，几经打听，知道现在受皇帝宠幸、掌握朝中大权的是宦官董秀，他把董秀的有关情况打听清楚后，便在董秀家附近找一家旅馆住下，单等董秀回家。见到董秀后，陈少游发挥了他伶牙俐齿的特长，几句话就使谈话融洽起来。"兄弟家中几口？每月得多少花销？"陈少游关切地问董秀。"在下担任现职已经几年，家庭负担很重。现在物价上涨很快，哪个月都得一千多贯。"董秀诉苦似地说道。

"这样重的负担，一个人的俸禄怎能够用呢！兄弟肯定需要经常向人借钱。如果有人愿意大量地给您提供钱财，只求您关心爱护，那您的日子可就宽裕多了。我虽然没有什么能力，但我愿意保障兄弟的用度。每年我愿献给您五万贯。现在我的手头就有一多半，先交给您。剩下的一半，我回去以后，派人给您送来，免得您为了生活而奔波劳碌。您看如何？"

董秀没想到还有这样的好事，便欣然同意了。

这时，陈少游落下泪来，说道："只怕我今后再也见不到兄弟了。"董秀急忙称呼着陈少游的官职说："中丞有这样强的才能，不应该总是在外任。您给我几天时间，我一定办好这件事。"

从董秀这儿出来，陈少游又找到元载的儿子元件武，给他也送了重礼。这样，董秀和元载在朝廷内外一起给他制造舆论，几天的工夫，陈少游便被拜为宣州（在今安徽省）刺史，果然比桂州近了许多。大历五年（公元770年），又改任越州刺史兼御史大夫浙东观察史。大历八年改任扬州大都督府长史淮南节度观察使。官一步比一步大，任职的地方一次比一次离京师近，而且所在地一个比一个富庶。

下篇　德经

陈少游为官的经验是：多施小惠，让手下人得到好处感到安心，对上还要讨好朝廷。当时安史之乱结束不久，吐蕃、回纥等族不断犯边。如遇水旱灾害，国家的财政就非常困难。这时，陈少游主动提出，把扬州的税率提高百分之二十，盐税也每斗加一百文。他后调换的这三处，都是天下富庶之地，很有油水可捞。他安抚了上上下下，便大肆搜刮起来。那些以供给朝廷为名多征的赋税，实际上有很大一部分进了他自己的腰包。他几乎每天都要求各地给他送礼。他还经营商业。几年的时间，他的财富就达到上亿钱之多。

有了钱，他就拿出一部分贿赂有权势的达官显要。他每年送给元载的金帛，价值就达十万贯。他还贿赂宦官骆奉先、刘清潭、吴承倚等人，让这些人不断地在皇帝面前说他的好话，陈少游觉察到德宗对元载的信任在下降，便开始疏远他。

不久，元载的儿子元伯和被贬到扬州，陈少游表面上和他交朋友，暗中却派人监视他，并把元伯和的不法行为报告给德宗。德宗觉得他很忠诚，对他很信任，不断给他提官。有一次让他去镇压叛军，他打了败仗，反而给他加了官，还给他封了地。

陈少游有时干脆就明抢。德宗建中四年（公元783年），叛贼李希烈兵逼长安，德宗逃到奉天（在今陕西省乾县）。当时度支汴东两税使包佶在江淮地区征来的租税价值八百多万贯存在扬州。

陈少游闻讯后心想，皇帝已经逃离西京，以后怎样还很难说，不如把这一大笔财赋拿过来。他派一个手下的判官找到包佶，说："现在局势不安定，请您拿出二百万贯给我们作军费。"软硬兼施之下，八百万贯国家财赋全被陈少游抢了去。包佶无奈，写了一份奏表，封在一个弹弓的弹丸里，派人送给德宗，禀报了赋税被陈少游强抢的情况。

正好这时陈少游派来的人也在朝中。德宗问那人："有人察报，陈少游抢了包佶的财赋，有这回事吗？"那人不知德宗的态度，只好吞吞吐吐地说："我那时已经离开扬州，不知此事。"德宗说："少游是守护国家的大臣，现在转运不便，为了防止他人抢劫，他取用一些也未尝不可。"众臣听了德宗的话，大吃一惊。这话传到陈少游耳朵里，他那悬着的心才放下来了。这时陈少游听说已经称帝的李希烈攻陷了汴州，马上要进攻江淮，便急忙派人给李希烈送去大量礼物。李希烈还向陈少游这里派来了刺史。包佶这时也赶到了奉天，向德宗亲自报告了陈少游抢夺财赋的事。陈少游很害怕，便上表说那是为了防卫急用，并且准备归还。为了还上这笔债，陈少游便在自己的管辖区内大肆加税搜刮，但因为受到战争破坏，一时征集不到这么多钱财。这时，李希烈被打败，并从他那里缴获了他的《起居注》，上面明明白白地记载着某年某月某日"陈少游上表归顺"的事。陈少游知道后，又惊恐又羞愧，发病而死。

第六十六章　莫能与争

【原文】

江海所以能为百谷王者①，以其善下之，故能为百谷王。是以欲上民，必以言下之；欲先民，必以身后之。是以圣人处上而民不重②，处前而民不害。是以天下乐推而不厌。以其不争，故天下莫能与之争。

【注释】

①百谷王：川流归依，百川峡谷所归附。②重：累，不堪重负。

【译文】

江海之所以能成为百川之王，是因为江海能处在百川之下，故能成为百川之王。圣人之所以能身居民众之上，是因为其对民众谦虚卑下。圣人之所以能领导民众，是因为其把自身的私利放在民众之后。圣人在民众之上，民众没有重负；圣人在民众之前，民众没有受害。天下民众乐于奉献而毫不厌倦。因为他不与人相争夺，所以天下没有人能跟他相争夺。

【评析】

这一章老子开篇以一个十分常见的物理现象来引出自己的观点，我们都知道海纳百川，这在前面的章节里我们已经论述过，江海之所以能纳百川，是因为江海位于百川之下，它自甘卑下之位，所以百川会自然地归属于它，从而成就了它的浩瀚，让它成了百川之王。老子拿统治者与之进行类比，说圣明的统治者之所以能领导民众，并得到民众的归顺和爱戴，最主要的原因是他不计个人得失，甚至将个人的私利放在民众的利益之后，他对待民众就如同江海对待百川一样谦和卑下，一切以民众为先，故而能够得到民众的尊敬和拥护。

我们联系老子所处的时代背景，春秋晚期，国家、社会、阶级、等级、地位、政权、政府、君主、大臣、贵族、王侯这些东西已全部出现并已经日趋完善，人民的自由权以及对部落重要活动所拥有的决策权至此已经全部丧失。统治集团控制国家的统治地位亦已完全巩固，他们与人民大众之间形成地位分明的不同阶级。这时，不要说国家的最高领导者，就是一般的官员也已经用不着表现什么卑下的言辞和谦虚的姿态了。

老子本是富有谋略的智者，但由于他过于关注民生的苦难，也时时对国家政治存有一些天真的幻想，他希望远古时代的仁慈酋长们能够重新出现，或者是当时的领导者们能主动效法那些远古的圣人，他说："是以圣人处上而民不重，处前而民不害。是以天下乐推而不厌。以其不争，故天下莫能与之争。"统治者虽然高高在上，但人民却感觉不到压迫；统治者虽然处于领先地位，但人民却并不感到伤害。老子提倡领导者的卑下是真诚的，他认为领导者做到了让人民没有任何压迫的感觉，则他不但会赢得国民的拥戴，而且会获得天下人的推举。如果他能够这样，天下就没有什么力量可以与他抗衡。

当今社会，和平与发展依旧是时代的主题，时代给我们每个人以机遇，创业的浪潮此起彼伏，席卷着每一个人的心，而在创业的路上有的人事业如日中天，有的人则勉强维持现状甚至面临危机，是什么原因使他们如此不同？我们通过分析不难发现，其中的成功者不仅仅表现在其头脑的聪慧，还表现在卓越的用人才能上。俗话说，一个篱笆三个桩。任何人都不可能孤立生存，他总要或多或少地借助别人的帮助，作为一个领导者更是如此。如何将自己的员工团结到自己的周围并充分发挥其才能，这是领导者成功的关键，也是衡量领导者基本素质的客观指标之一。一个好的领导者，深知员工的心理特点，清楚他们的内心需求，所以他将员工的需求和利益放在首位，尽量满足员工的需求，他不会因为员工不小心犯的一个小错误而大加指责，他的宽容之心宽如海；他也不会因为员工和自己的意见相左而排斥、打击员工的积极性；相反，他会采取十分谦卑的态度来对待有远见和创意的员工，用欣赏的杰度接受员工的见解，这样员工就产生了很强烈的归属感，自然不会因为领导的妄自尊大而跳槽。而对于领导来讲，优秀员工的跳槽无疑是难以估量的损失。

对于一个企业如此，对于我们每一个人更是如此，谦和卑下是我们做人的准则，为什么这么说呢？无数惨痛的历史教训无不证明了这一点，我们的祖

下篇 德经

先早已向我们提出了"谦受益，满招损"的谆谆告诫。我们只有谨遵教诲，才能避免在人生的道路上连连受挫。

【为人之道】

李嘉诚谦逊谨慎低调做人

李嘉诚就是个鱼和熊掌兼而得之的顶级商人。他控有香港最大的综合性财团，多年荣膺香港首富乃至世界华人首富。他同时又是个道德至上者，他说的每句话，莫不符合道德规范，堪称道德圣典。

李嘉诚自言："我喜欢看书，现代的、古代的都看，经常看到深夜两三点钟，看完就去睡觉，不敢看钟，因为如果只剩下两三个钟头，心就会很怯。"他有感而发："在看苏东坡的故事后，就知道什么叫无故受伤害。苏东坡没有野心，却总是被人陷害，他弟弟说得对：'我哥哥错在出名，错在高调。'这是一个很无奈的过失。"

许多人向李嘉诚请教如何才能做好生意。李嘉诚的回答是：保持低调。所谓保持低调其实就是通常人们所说的谨慎谦虚做人。

做生意和做人一样必须要秉持一种谦虚和合作的态度。

李嘉诚最为人称道的是与合作伙伴的关系。与他合作过的生意伙伴，从包玉刚到李兆基、郑裕彤及荣智健，无一例外地成了他的朋友，这些皆源于他"谨慎低调做商人"的原则。

对竞争对手，即使己方处于绝对优势，李嘉诚依然保持一贯的低调。收购置地时，李嘉诚与李兆基、郑裕彤、荣智健组成财团，已处于绝对优势，但对方反对收购，李嘉诚遂决定放弃收购。这固然有收购成本过高的考虑，难能可贵的是，李嘉诚没有利用手中的股权逼迫对方高价赎回，而是以市价转让给对手，放弃了一个千载难逢的黄金机会，并且附带了"7年之内不再收购"的条款，为以后双方的合作埋下了伏笔。

对于员工，李嘉诚认为是员工养活老板，而非老板养活员工，因此，李嘉诚把员工放在一个较高的位置上。在长江实业创业之初，资金没有盈余，李嘉诚就积极改善员工的生活、工作条件。对老员工，他没有像他人那样一脚踢开，而是积极地给予各种照顾。李嘉诚常说："假如今日没有那么多人替我办事，我就算有三头六臂，也没有办法应付那么多事情，所以成就事业的关键是，要有人能够帮助你，乐意跟你工作。"正是因为李嘉诚对待员工的低姿态，长江实业的行政人员保持了高度的稳固性，流失率非常低，甚至可以说几乎没有。

成名以后，李嘉诚的经商谋略、行为方式，成为人们评价和模仿的对象。但这种低调的哲学却不太能被人们接受。然而不管别人怎样，李嘉诚仍然保持他一贯的低调作风。

当年李宅办理李泽钜的婚事时，在李泽钜去接新娘之际，李宅门口聚满采访的记者。李嘉诚破例邀请记者参观李宅花园，李宅高三层，李嘉诚本人住三楼，李泽钜与王富信则在二楼构筑爱巢。李嘉诚站在草坪上说："一层才2000平方英尺，不算大呀！长江实业集团公司里很多人住的地方不比这里差。"

按常理，李家娶媳妇本是大出风头之事，但李嘉诚却保持一如往昔低调处事的作风，若不是有十分强烈的自我约束意识是做不到这一点的。

【从政之道】

张扬终被张扬误

隋文帝杨坚有五个儿子，其中长子杨勇和次子杨广最有出息。杨坚在北周辅政时，杨勇被立为世子，拜为大将军。开皇元年（公元581年），杨坚登基做了皇帝，杨勇被立为皇太子，杨广被封为晋王。

杨勇非常好学，直率热情。当太子后，辅助父亲参与政事，处理得当，深得杨坚喜欢。然而，因为他喜好张扬，喜欢讲排场，便越礼接受百官朝贺和宠幸姬妾。这样杨坚慢慢对他产生了猜疑和戒心，开始疏远他。而且他母亲独孤皇后也对他心怀不满，渐渐把宠爱之心转向次子杨广。

晋王杨广非常阴险，善于谋划。他非常嫉妒哥哥的皇太子位，一心想夺哥哥的太子位。

为了树立自己谦虚、俭朴的好形象，他房子里的陈设都很简单，甚至只用年老貌丑的人服侍他的起居；他又极力结交朝中大臣，每当有人拜访他，不论官职大小，总是和萧妃一起到大门口迎接，为来人摆盛宴、送厚礼。这样一来，独孤皇后更加鄙薄太子的为人，愈发令赞杨广的德行。杨坚知道这些事情后，非常高兴，心中已动了废太子的念头。

而且杨广在入朝时，让车马侍从一律装扮得朴朴素素，博得了文帝的好感。在与朝中大臣交往时，杨广也装出恭恭敬敬、谦卑有礼的姿态。于是，他得到了群臣的交口称赞，声誉压过了他的哥哥。

　　为了促成独孤皇后废掉太子的决心，杨广又使用了诬陷兄长的手段，他入宫面见皇后，别有用心地说道："儿臣虽然愚笨不敏，但经常信守手足之道。也不知儿臣犯了什么罪，竟惹得太子不喜欢。他总是满腹怒气，想要加害儿臣。儿臣无日不担心他在母后面前进谗使坏，或者在儿臣的酒食中下毒。因此，儿臣终日忧心忡忡，只恐有一天会陷于绝境。"

　　独孤皇后听了勃然大怒，说道："太子越来越让人无法忍受。我给他娶了元家女，希望她成为他的得力助手，为他弘扬基业，他却寻花问柳，一心宠爱出身下贱的阿云，让她生了好几个孩子。元妃本来无病，突然就死去了，肯定是他派人下毒，才使元妃致死。到此地步，我也不能追根究底，为什么他又对你打这个主意？我在尚且如此，我死以后，还不把你当鱼肉吃了？我每每想到东宫没有正妃，皇上千秋万岁之后，让你们兄弟几个向阿云跪拜问候，那该是多么大的痛苦啊！"杨广听后拜伏在地，呜咽不止，皇后也悲痛得肝肠欲断。

　　有一天，杨勇把自己装扮得漂漂亮亮，带着一行穿着豪华的宫女们出去游玩。恰巧被他的父王看见了。杨坚想：身为太子，其排场比父王还阔气，这小子是不是想夺位呀！大臣杨素也看不惯杨勇，认为他太骄横了。

　　一天，杨素进宫见独孤皇后，婉转地说："晋王杨广孝悌恭俭，像他父亲一样。"用这话来揣摩皇后的心态。其实皇后早就不喜欢杨勇了，也想立杨广为太子，她说："你的话很对，晋王孝敬友爱，比太子要好得多。"杨素趁机添油加醋说杨勇蛮横不成器。皇后明白他的意思，让他辅助皇帝进行废立太子之事。

　　杨坚派杨素观察杨勇的行为，杨素说："杨勇怀恨在心，恐怕要发生变故，希望陛下防备。"杨坚听了他的报告，对杨勇更加猜忌了。独孤皇后也暗中派人罗织杨勇罪名，向杨坚进谗言，形势对杨勇日益不利。杨素也公开诋毁杨勇，宣扬杨勇的过失。同时看不惯杨勇的奢侈，姬威也出来向皇帝说杨勇非常骄横，大量营造宫殿，又命令女巫占卜吉凶，说："皇帝的忌期在开皇十八年，这个期限快到了。"等诬陷之词。杨素还找出东宫的珍奇古玩陈列在宫廷里，作为太子的罪证。

杨坚终于改立太子为杨广。杨勇就是过于张扬，让小人有机可乘，才失去了当皇帝的机会。

【经商之道】

丰田喜一郎博众家之长为己用

丰田喜一郎的成功就在于他能"走出去考察"。他对照分析、比较本国与别国的差距，同时重视人才，并积极网罗人才，设计出有鲜明特点的丰田牌汽车，使之走遍世界的各个角落。

丰田喜一郎是日本一位著名的纺织机械制造商的儿子，按常理，他应该继承父业，搞纺织工业，但他却遵照父亲"一个人的一生只能干一行，我搞纺织，你就干汽车吧"的遗愿，选择了汽车制造业。

"干汽车"必须从零开始。丰田喜一郎做的第一件事是，到世界各国去考察。1929年和1930年，丰田喜一郎的足迹遍及西方各大城市。德国的奔驰汽车公司、美国的福特汽车公司给他留下了非常深刻的印象。两年的考察不仅开阔了丰田喜一郎的眼界，使他清楚地看到日本的汽车制造工业与西方发达国家汽车制造工业的差距，更使他看到了汽车工业的巨大前景。他坚信一个光辉的"汽车时代"必将来临，从而坚定了开拓汽车制造工业道路的信心。

丰田喜一郎还认为：人才是企业成功的根本。考察一结束，喜一郎就着手网罗各方面的人才，并真诚地到有关专家、学者家中去拜访、求教，获益匪浅。

丰田喜一郎深知制造汽车离不开钢铁，便多次到日本东北大学的特殊钢国际权威本多光太郎教授家中拜访。在本多光太郎指导下，丰田喜一郎建立了为他的汽车公司提供优质特殊钢的供应基地。成濑正男是国际著名的齿轮专家，在成濑正男的帮助下，丰田喜一郎成功地研制出特种丰田齿轮。丰田喜一郎的好友隈部一雄是位汽车专家，丰田喜一郎采纳了隈部一雄的建议，博采福特、雪佛莱等名牌汽车之长，使丰田车形成了"节油、坚固、廉价"的鲜明特点。喜一郎的妹夫利三郎忠诚可信、长于社交，喜一郎就请利三郎出任公司经理，自己任副经理，专管工厂的生产及处理各种技术难题。

1938年11月，丰田汽车厂正式投产。

1948年，丰田牌小轿车实现了批量生产。

今日的丰田汽车年产车约300万辆，占世界汽车生产总数的十分之一。全世界几乎每一个国家都有日本的"丰田"车在奔驰。

丰田喜一郎成功的关键是他懂得"谦虚"在创业中的重要性。无论是提高产品的质量，还是吸引贤人，都需要有谦虚的品德。

第六十七章 我有三宝

【原文】

天下皆谓我大，大而不肖①。夫唯不肖，故能大。若肖，久矣其细也夫。我恒有三宝，持而宝之：一曰慈，二曰俭，三曰不敢为天下先。夫慈故能勇，俭故能广，不敢为天下先，故能为成器长②。今舍其慈且勇③，舍其俭且广，舍其后且先④，则死矣。夫慈，以战则胜，以守则固。天将建之，如以慈垣之。

【注释】

①我大：我即"道"。我大：道大。肖：相像。不肖：不像具体的事物，即已大到无形。②器长：万物的首长。器：指万物。③且：取。④后：退让。先：争先。

【译文】

天下都说我道大，大到无形。只有大形，所以能成无形，若有形，早已成为细小了。我有三件宝贝，持有而珍重它。第一件叫慈爱，第二件叫节俭，第三件叫不敢处在众人之先。慈爱所以能勇武；节俭所以能宽广；不敢处在众人之前头，所以能成为万物的尊长。现在有人舍弃慈爱而搞勇武，舍弃节俭而搞大规模行动，舍弃退让而搞领先，就会死亡。那慈爱，用于作战就可取胜，用于守卫就会坚固。天将建立之事，则以慈爱去护卫它。

【评析】

老子以大道来自述其身，大道是无形的，这在前面的章节中我们已进行了多次讨论。这一章老子主要讲述道的原则在军政方面的具体运用，道的原则是什么呢？在前面的章节中早已涉及，这一章老子对其作了总结性的表述。道的原则有三个，即老子所说的三宝，一是仁慈，也就是仁爱之心和同情之心；二是俭朴，可以理解为节俭、不奢侈；三是不敢为天下先，意思是不露锋芒、不争不夺、谦和卑下，这一层意思和老子的无为思想一脉相承，也可以说是无为思想的具体表现。

本章包含两层内容，第一层讲道之伟大；第二层讲道之原则的妙用。这两层内容之间是相互联系的，我们要能从中领悟出两者之间的密切关联，而不应该将两者孤立起来解读。"天下皆谓我大，大而不肖。夫唯不肖，故能大。若肖，久矣其细也夫。"这句话是老子就大道的伟大而作出的描述，大道是什么样子的呢？它不像任何事物的样子，这正是大道的伟大之处，我们对此不免会产生疑问：是什么成就了道的伟大呢？并将这种伟大得以保全呢？是老子文中所说的三宝，即慈、俭和不为天下先。

老子认为，正是因为仁慈，所以才能做到英勇无畏；正是因为节俭，统治者的统治地位才能长久，其领导的民众才能富足、安康；正是因为谦和退让，才能成为万物的尊长。我们可以从老子的思想进行推理，得出：如果我们舍本逐末，就会走上绝路，如老子所言"今舍其慈且勇，舍其俭且广，舍其后且先，则死矣"。由此可见，老子所说的三宝所具有的价值，老子称之为宝贝是恰如其分的。

最后，老子得出"夫慈，以战则胜，以守则固"的结论，乍一看我们不免心里犯疑：对敌怀有仁慈之心怎能够取胜、守固呢？我们从老子的整个思想体系去分析，就不难理解老子在此句中所包含的真意，老子主张无为，"慈"用另一个名词表达就是无为，无为而无不为，用在战争中自然能取胜，这是老子反对战争思想的表现。

佛教里有"因果报应"的说辞，我们也常说"善有善报，恶有恶报"，真正的善良和仁慈的内心，其本身就是无比平和的。

【为人之道】

王永庆的朴素生活作风

台湾地区超级富豪王永庆的名字叫得很响，即使在世界企业家行列中，

"王永庆"这三个字也是如雷贯耳。王永庆不仅是台湾地区最大的集团——台塑关系企业集团的董事长，也是台湾地区工业界的领袖，更是世界闻名的富豪。

20世纪80年代末期，美国一家杂志曾编制的世界超级富豪排行榜中，王永庆名列世界第16位。然而，就是这么一个拥有数十亿美元家产的超级富翁，个人生活却节俭到令人难以置信的程度。

王永庆在家中，每天坚持做毛巾操，所用的那条毛巾竟用了20多年。直到实在无法使用为止。家里用的肥皂，即使剩下一小片，也不会丢掉，而是将其黏附在大肥皂上，力求用尽其剩余价值。

王永庆的这种朴素的生活作风，在公司里也同样保持着。他一般在公司里吃午餐，从不搞特殊化，吃的是和一般部门主管一样的盒饭，边吃边听汇报、检查工作。他招待客人时，并不是到豪华大饭店里去大摆宴席，而是在各分公司设立的招待所里设便饭招待客人。

一般而言，大企业里的高级管理人员一般都配有轿车，但台塑关系企业集团出于节约的考虑，不但处长级没有配备轿车，就连经理级也没有专车。一旦发现下属有铺张浪费的现象，王永庆的处罚是相当严厉的。一次，有4名部门主管因公请了3位客人吃饭，一顿饭吃下来，7个人吃掉了2万元新台币。王永庆知道这件事后，不但把4位主管狠狠地教训了一顿，还对他们施以重罚。

王永庆作为一个名声大振的超级富豪，在常人看来，根本没有必要这么节省，可他却一直保持着节俭朴素的传统美德，实在值得称道。

【从政之道】

守仁爱素朴之道，固汉室江山

汉朝的开国皇帝刘邦的雄才大略无人不知，他儿子汉文帝刘恒在位期间创造的"文景之治"更是令人叹服。汉文帝刘恒之所以能把刘家的事业进一步向前发展，是因为他懂得渐进的道理，不贪功冒进，以俭养德。

汉文帝刘恒，在位23年。他在位期间，不求建功立业，而是针对汉初民生凋敝的局面，采取"无为而治，与民休息"的国策，使秦末颠沛流离的百姓终于有了休养生息的机会。天下如有旱灾或虫害，他就倍加施恩于臣民，如免去诸侯进贡、开放山木川泽、允许民众渔猎。在对待皇室财政开支方面，他带头缩减自己的衣服、车驾、犬马，裁减官僚机构的官吏，开放粮仓赈济平民，自其登基以迄驾崩，他未曾扩建过宫室苑囿，未曾增加过犬马车驾，凡于民不利的，他就下令予以撤销。

有一天，宫中计划修建露台，文帝叫来工匠进行预算，需要花费百金。文帝听后说："百金等于10户中等人家的产业，我奉守先帝的宫室，经常担心有辱先帝的声名，何必要修这露台呢？"便废止了修台的计划。

他平常穿的衣服也是质地差的布料。为了节省衣料，就是他最宠爱的慎夫人，也不许她长裙拖地。宫中的帷帐不准许有花纹锦绣。他在修葺皇陵时，用的一律是瓦器，禁止用金、银、铜、锡等贵重金属作为装饰，而且不修高大的坟墓，为的是节约费用，让老百姓安居乐业。

他做的所有事都出自一个目的，即"以示敦朴，为天下先"，也就是在全国带头倡导艰苦朴素的风气。

汉文帝的清心寡欲、不讲排场，不仅表现在生前，还表现在他对自己死后的丧事处理上。他非常不放心自己的丧事，唯恐人们铺张浪费，劳民伤财，因此立下遗诏："我听说天下万物诞生后，没有一个不死的，死是天地间的常理，生命的自然结局，怎么可以过分哀痛呢？方今之时，人们都喜欢活着，厌恶死去，人一死就要厚葬，弄得损财破产，长时间服孝，以致伤身害体，对这种做法我十分不赞成。况且我又无德，没做什么有利于人民的事。现在谢世，却使百姓长期服丧痛哭，寒来暑往，旷日持久，让人家的父子为我哀痛，老少为我伤心，不能正常饮食，停止祭祀鬼神，这等于加重了我的罪孽，如何对得起天下黎民百姓！我有幸得以守护宗庙、微末之身列于天下君王之上，已有20余年。仰赖天地神灵的福佑，国内安宁，没有战争。我虽不敏，却常恐行为有失，辱没了先帝的遗德。想到岁月悠长，唯恐难以善终。而今有幸得尽天年，能侍奉于高庙之中，以我之不明，有这样的结局，还有什么可悲哀的呢！你们要命令天下臣民，自出丧之日起，服孝三天即皆可除孝服。不要禁止人家娶妇嫁女、祭祀、饮酒、食肉等；参加丧礼的也不要光着脚；孝服的带子不要超过三寸，不要在车驾、兵器上缠孝布；不要命令男女民众来宫中啼哭，应来宫中举哀的，早晚各举15声，礼毕即可。非早晚举哀之时，不得擅自哭泣。要布告天下，使臣民明白我的心意，我下葬的霸陵，山川要一仍其旧，不要妄加改变。我死后，把宫中夫人以下的宫女全都放归其家。"

汉文帝奉行中道，循序渐进，一点一滴，赢得了民心，赢得了历史，为西汉中期的繁荣奠定了坚实的基础，在历史上留下了"文景之治"的美名。

从汉文帝的"无意建功名，功名反在身"的结局可看出，为官之人越是坚守仁爱素朴的大道，越能得到人民的敬爱，其功德在不经意间修成了。

【经商之道】

丰田公司把节约成本进行到底

丰田公司之所以获得今日的显赫地位，与它对降低成本的长时期、全方位的努力是分不开的。

丰田公司在追求成本领先的过程中，采取了全方位的措施。它们对汽车的整个生产流程进行了全面的改善，尤其对那些重复性的大规模制造流程。在改善的基础上，公司建立起了新的流程，新流程的首要目标就是削减成本。

在此过程中，丰田公司首先提出了"看板系统"的概念，具体的做法是在公司的厂房摆放一套彩色的看板，用于显示生产过程中的现有库存量。这一系统看似简单，却非常有效地降低了公司的库存水平，它使得丰田生产车间里的流水线节拍变得非常的和谐，极大地提高了生产效率。

丰田公司还和供应商签订了关系更加密切的采购合同，直接从供应商那里获得存货。他们通过计算机系统与供应商直接进行联系，当工厂的库存下降到安全值以下时，他们就能够从供应商那里获得迅速的补给。这样的补给每天可以进行一次，甚至必要的时候一天可以进行好几次。对于丰田公司来说，这样的举措使得公司的库存水平始终保持在一个较低的水平上，极大地降低了库存成本。这一由丰田公司首创的生产方式就是现在已经广为人知的JIT生产。

丰田公司本着降低成本这一至高无上的原则，通过长期不懈的努力，提高自己的生产效率，并建立了完善的精益生产体系。鉴于丰田公司在生产上所做的贡献，人们把这种生产方式称之为"丰田生产方式"，这一方式在20世纪80年代彻底打破了美国三大汽车巨头的垄断神话。

丰田公司还在设计环节降低成本，它们在设计新产品的时候，都会把生产、销售和零部件采购要求考虑进去。这样做有很多好处，它使得各部门在产品问世前就经过了充分的协调，针对各部门的不同意见，设计部门通过计算机来进行改进，从而避免了很多不必要的浪费。

在采购环节上，丰田和供应商会坐到一起，大家共同商量降低成本的措施。它们会找出占采购成本90%的零部件，然后按照不同零部件组成工作小组，要求他们和供应商协商降低成本的办法。丰田经常通过这种做法来降低成本，同时还要保证供应商有利可图。

事实上，丰田公司在降低成本上的努力并不仅仅局限于对生产领域的效率改进，丰田公司从不放过一些细小环节上的成本节省，从一点一滴做起。在丰田公司，办公用纸用完了正面还要用背面，午间休息的时候必须关灯，并取消了传真改发电子邮件。在丰田公司，每一名员工都是监督浪费和消除浪费的专家，公司还对员工进行宣传和培训，将一些好的节约方式推广到分销、物流等业务中去。有人甚至这样评价道，丰田公司的利润大部分并不是生产过程中产生的，而是在每一个细小环节中不断抠出来的。

正是凭借着几近"抠门儿"的做法，丰田公司在内部各个环节进行着全方位的成本节约努力，这也使得丰田公司一次次地创下了赢利新纪录，并且在日本经济长期低迷和萧条的情况下，仍然保持了长久的竞争优势。

第六十八章　不争之德

【原文】

善为士者不武[1]，善战者不怒，善胜敌者弗与[2]，善用人者为之下。是谓不争之德，是谓用人，是谓配天，古之极也[3]。

【注释】

①不武：不崇尚武力。②弗与：不争，不与人正面冲突。③配天：符合天道。古之极：古代的准则。

【译文】

善于做士的人，不崇尚武力；善于打仗的人，不轻易被敌人激怒；善于战胜敌人的人，不与敌人正面争斗；善于用人的人，对人谦下。这就叫作不争的德行，这叫善于使用人的力量，这叫作配合自然之道，是古代德的准则。

【评析】

"善为士者不武，善战者不怒，善胜敌者弗与，善用人者为下。"意思是说一个高明的士是不讲求武力的，善于指挥战争的人是不容易被激怒的，善于克敌制胜的人并不争一时之高低，善于用人的人对别人表示谦下。老子并没有不允许士参加战争活动，但他反对士仅仅充当一名只知披挂上阵和暴跳如雷的蛮横武夫。为什么士大夫不必是武艺高强的武士呢？我们知道，老子虽然反对智慧、谋略这些东西，但他尤其反对武力、暴力以及一切强大有力的表现；他本人充满了智慧和谋略，在军事方面更有独到的见解和高深的韬略。在老子看来，当时正在进行的如火如荼的兼并战争，简直就像小孩子的游戏一般可笑，无数辆兵车后面跟随着无数步兵，敌对双方的指挥官都是些虎背熊腰的蛮勇之士，根本不讲也不懂什么策略、计划和深思熟虑，只经过极为短暂的相互冲撞，便胜负已分。

老子反对战争——"不以兵强于天下"，"夫佳兵者，不祥之器"，是老子的反战名言，这与他反对一切强大事物的态度相一致。但老子的柔弱并不是软弱，老子的不争并不是屈从，这在老子对军事学的看法中随处可见。

老子认为，以冷静的态度来进行战争，才能制定出合理的计划，才能避免不必要的损失，才能取得最好结果。善于克敌制胜的人，不是要寸土必争，斤斤计较于一时一地之得失，而是要获得最后胜利，所以，能够以不争的态度来指挥战事，就往往能够把持全局、操纵战机、进退自如。善于用人的人应该在态度上表现得谦下，亦是高明的策略。善于用人的人一定是上级领导人，他们既然拥有用人的权力，为什么还要表现出谦下的姿态呢？老子以为，谦下是一种获得人心的最佳方式，一名领导者不能以自己的力量完成所有工作，尤其是一名军事指挥官不可能独立进行一场战争。所以，他们必须依靠众人的力量，而依靠众人便需要有一种态度来把众人的力量凝聚在一起。在一般情形下，无论是政治领袖还是军事指挥官，他们往往采取极端严厉的态度来确立自己的威信和权威，但老子以为，采取谦下的态度才是真正的善于用人，大众的心理往往是吃软不吃硬的。

【为人之道】

李嘉诚谦和待人化敌为友

香港大亨李嘉诚在商场上驰骋了半个多世纪，只有对手，没有敌人，堪称天下奇迹。而造就这个奇迹的原因是他善于化敌为友、为人和善。

李嘉诚在任何时候都不以势压人，即使对竞争对手亦是如此，他一贯的做人准则是"善待他人，做朋友不做敌人"。

商场充满了尔虞我诈、弱肉强食。能做到这一点，不少人认为是不可能的事。但是，在李嘉诚的身上，善待他人、让他人一同分享利益的事情举不胜举。就此，香港《文汇报》的主持人还曾访问李嘉诚，寻求他做人的秘诀，以解开人们心中的疑惑：商场如战场，经历那么多艰难风雨之后，李嘉诚为什么对朋友甚至商业上的伙伴，总是那么的坦诚和磊落？

李嘉诚认为，人要去求生意就比较难，生意跑来找你，你就容易做。一个人最重要是要有中国人的勤劳、节俭的美德，对自己可以节俭，但对他人却要慷慨，并且要讲信用、够朋友。这么多年来，任何一个国家的人，任何一个省份的中国人，只要跟李嘉诚做伙伴的，合作之后都能成为好朋友，从来没有因任何事闹过不开心。

对于合作之后又能成为好朋友这点，最具有说服力的事情，莫过于与老竞争对手怡和的争夺战。那时，李嘉诚鼎力帮助包玉刚购得怡和属下的台柱——九龙仓，又从怡和所控制的英资置地手中购得港灯，还率领华商众豪"围攻"置地，然而李嘉诚并没有为此而与怡和的高层纽壁坚、凯瑟克结为冤家对头。在每一次"战役"之后，他们都握手言和，继续联手发展地产项目。李嘉诚认为："只有照顾到对方的利益，这样人家才愿与你继续合作。"追随李嘉诚20多年的洪小莲姑娘，谈到李嘉诚的合作风格时说："凡与李先生合作过的人，哪个不是赚得盘满钵满！"

【经商之道】

对下谦和共创事业辉煌

在许多企业，老板与员工的关系是对立的，就是一般的管理人员和员工的关系也是对立的，由于这种对立，造成上下的目标不一致，造成团体力量的削弱。而摩托罗拉公司自成立之日起，就针对这一问题，采取了以下有效措施：

一视同仁，长期雇用。摩托罗拉公司在雇用员工时，对应聘者一视同仁，对应聘者的种族、宗教、性别、年龄、国籍等不作限制，更不歧视应聘者身上的残疾或其他生理缺陷。摩托罗拉在员工雇用方面的显著特点就是所有的正式员工均与公司签订无限期合同，这就意味着除非员工犯有重大错误，公司在一般的正常经营情况下将对其进行实际上的终身雇用。与很多公司的三年合同期甚至一年合同期相比，这一制度为员工提供了就业稳定性的保障，增强了员工对企业的认同感和责任感，同时也使得企业对员工在技术和管理上进行长期投资成为可能。

真正的人格尊重。摩托罗拉公司的员工还享有充分的隐私权。员工的机密记录，包括病例、心理咨询记录和警方调查清单等都与员工的一般档案分开保存，公司内部能接触到的所有雇员档案仅限于"有必要知道"的有关人员。员工的私人资料，只有在征得本人书面同意的情况下才能对外界公布。这种对员工隐私的周密保护也充分体现了公司尊重人性的原则。

开放的沟通渠道。摩托罗拉公司的开放沟通政策是指公司为促进员工关系，鼓励和增强员工参与意识所采取的双向沟通策略。它充分体现了摩托罗拉公司以人为本、尊重个人、发挥人的潜能、实现个人价值与企业共同发展的经营理念，使员工和企业共同营造开放的沟通环境及相互尊重的文化氛围成为可能。通过开放式沟通，一方面，公司可以随时了解和关注员工中存在的各种问题，听取员工的改善意见；另一方面，员工也可以采用公司内部各种沟通渠道与公司管理层及相关部门进行直接沟通，或通过各种途径全面了解公司内部有关政策和生产、经营、管理、业务、培训发展的状况。员工可以根据个人情况选择不同的直接沟通方式，如参与"总经理座谈会""肯定个人尊严"对话等方式。公司还设有业绩报告会、《大家庭》报、公司网联网页等面向全体员工的沟通渠道。此外，员工还可以通过"畅所欲言"和"我建议"等形式反映个人问题，进行投诉或提出合理化建议。

通过开放式的沟通，使员工便于采用不同的沟通方式进行直接沟通，管理层也可以根据存在的问题及时有效地处理好员工事务，以不断促进员工关系，创造良好的工作环境。

摩托罗拉公司就是通过这一系列的措施，增加了员工的认同感和责任感，让员工感觉到：自己就是公司的主人，我们要为这个大家庭添砖加瓦。

摩托罗拉公司就这样赢得了员工的信任，上下一致，创造了一个又一个的辉煌。摩托罗拉公司的呼机风靡全球，让人们赞不绝口，紧接着又推出质量优良的手机，让人们爱不释手……

【从政之道】

太祖求贤若渴雪夜访赵普

赵匡胤在陈桥兵变、黄袍加身后，便派人同守卫开封的禁军将领石守信、王审琦联系共同造反，宰相范质无奈，只得帮助赵匡胤举行了禅让仪式。

赵匡胤在后周曾任归德军节度使，他的任所在宋州，所以就以"宋"为国号，史称北宋。

赵匡胤不惜一切代价收揽人心，他兵不血刃占领开封，又对前朝重臣大加笼络，个别反对他的藩镇节度使，也因不得人心，很快被镇压下去。赵匡胤很快稳定了北宋的统治。

北宋建立政权后，剩下的问题便是如何统一南北。

一天夜里，赵匡胤苦思冥想，怎么也想不出一个统一全国的合理策略。他辗转反侧，不能安睡，干脆起身出门，找到他的弟弟赵光义，两人一起去找赵普，想听听他的意见。

赵普闻讯急忙出迎，看到二人立在雪中，惊讶不已，赶紧将二人请进屋内。赵普问："夜深雪大，皇上为何还来找我？莫非有什么事情？"

赵匡胤叹道："现在一榻之外，净是他人的地方，我如何能够安心啊？所以来找你商量对策！"

赵普说："陛下现在统一中国，时机当然成熟，但不知陛下打算怎么办？"

赵匡胤犹豫不定地说："我想先打太原。"

赵普沉默片刻说："这不是我所预料的。"

赵匡胤忙问为何。

赵普说："太原地处南北两边，如果占为己有，那么，辽兵南下之患就要由宋来独挡。如果暂留太原作北方屏障，等平定南方诸国之后，太原不攻自破。"

赵匡胤听完，长出了一口气："我早有此意，只是不敢轻易下结论。今天听您一席话，我下定决心，先南后北。"

后来，太祖按照赵普的建议去做，统一了中国的大部分地区。

第六十九章　哀者胜矣

【原文】

用兵者有言："吾不敢为主而为客①，不敢进寸而退尺。"是谓行无行，攘无臂②，执无兵，乃无敌矣③。祸莫大于轻敌，轻敌几丧吾宝。故抗兵相若④，哀者胜矣⑤。

【注释】

①为主：主动进攻，打击敌人。为客：被动退守，不得已而退守。②攘：举起。无臂：没有胳膊。③执：把持。无兵：没有兵器。④抗兵相若：两军相当。⑤哀：悯，仁慈。

【译文】

兵家有言说："我不敢挑起战争，而宁愿防守，不敢盲目进击一寸，而宁愿退后一尺。"这就是说，虽然有行动却好像没有采取行动，虽然举起手臂却好像没有举起手臂，虽然手执兵器却好像没有兵器，虽然面对敌人却好像没有敌人存在。灾祸莫大于轻敌，轻敌几乎丧失了我的法宝。所以在两军势均力敌的情形下，怀有仁慈悲悯之心的军队能取得胜利。

【评析】

老子紧接上一章对用兵之道作了深入细致的剖析。我们都知道老子是反对战争的，他不可能为战争的双方出谋划策，但不能否定他的军事谋略才能。老子不仅是哲学家、思想家、政治家，而且是军事家。

老子开篇引用兵家常说的话："吾不敢为主而为客，不敢进寸而退尺。"这里的主和客，是指战争的挑起者和被动迎战者，寸是极短的长度单位，尺比寸稍长，老子用尺和寸来形容战争的不可挑起性，老子是反对战争的，他主张在不得已的战争中，要以退为进，切忌轻举冒进。这也是老子的无为思想在军事中的具体运用。

在老子看来，主动出击去侵略别人，其本身在道德仁义上就输给了别人，为什么这么说呢？如果我们主动出击，对方就为正义而战，人都是有正义感的，对方的民众因我们的贸然进攻而心怀愤怒，其战争的积极性就会提高，其还击的力度就会很大，这对我们是极其不利的。相反，如果我们守而不攻，给对方主动出击的机会，我方的士兵就会愤然还击，制敌于败局。主动进犯别人微不足道的一寸，都会被对方视为凌辱，就会有遭受反击的可能，所以主动进犯别人应极力避免；如果我们能够主动后退一尺，我们表现出的是谦让和宽容的美德，虽然仅为微不足道的一尺，却会感化对方，使对方也以退让相待，在我国古代有"让地三尺又何妨"的佳话，讲的就是为了一点地盘即将陷入械斗漩涡的双方，最后却因一方的主动退让而化干戈为玉帛。我们一再说老子是反对战争主张和平的，战争带给广大劳苦人民的是无尽的灾难和痛苦，这一切老子亲眼目睹，所以他想通过自己的呐喊将战争的阴云驱赶殆尽。可他一个人的力量是多么的渺小，他不可能改变当时的形势，万般无奈之下老子拿起手中的笔抒发了自己的一腔赤诚。

"是谓行无行，攘无臂，执无兵，乃无敌矣。"这是一句难以理解的话，然而联系老子的整个思想体系来理解就不会显得晦涩难懂了。这句话的意思是说虽然有行动却好像没有采取行动，虽然举起手臂却好像没有举起手臂，虽然手执兵器却好像没有兵器，虽然面对敌人却好像没有敌人存在。这听起来好像很玄了，明明有的东西怎么说好像没有呢？联系老子的思想体系我们不难理解，这是老子无为思想所能达到的最高境界——一切有却似无，看似无为却有为。

我们曾多次强调，无为不是什么也不做，不是骄傲轻敌而不做应战的准备，老子声称"祸莫大于轻敌，轻敌几丧吾宝"。骄傲轻敌必败无疑，这是军事中的重要思想，无论是古代还是现代，这种军事思想都发挥了积极的作用。我们可以推广应用到其他的领域，任何骄傲自大轻视他人的行为都是违反道德标准的，都会受到惩罚。

老子最后以"哀者胜矣"作结，点明了自己的主旨，这里的"哀"不是悲哀，而是心怀仁慈的意思，老子曾说仁慈位居道之三宝之首，仁慈的另一个名词则是无为，用无为进攻则可以得胜，守则可以坚固。这和老子在此章所提出的"哀者胜矣"意思相同。老子认为应在战争中怀着一颗仁慈的内心，因为只有怀着一颗仁慈之心，才能在战争中不滥杀无辜的生灵，这种审慎的态度是对生命的尊重，也是对自己的尊重。

【为人之道】

张英胸襟宽广写诗化干戈

清代中期，当朝宰相张英是安徽桐城人。他素来注重修身养性，颇得他人的喜欢和尊重。同时他也非常孝敬父母，在朝廷做官时，把母亲安顿在家乡，并经常回家探望。张老夫人的邻居是一位姓叶的侍郎。张英在一次回家看望母亲时，觉得家中的房子呈现出破败之象，就命令下人起屋造房，整修一番。安排好一切后，他又回到了京城。

很巧的是，叶侍郎家也正打算扩建房屋，并想占用两家中间的一块地皮。张家也想利用那块地皮做回廊。于是，两家发生了争执。张家开始挖地基时，叶家就派人在后面用土填上；叶家打算动工，拿尺子去量那块地，张家就一哄而上把工具夺走。两家争吵过多次，有几次险些动武，双方都不肯让步。

张老夫人一怒之下，便命人给张英写信，希望他马上回家处理这件事情。张英看罢来信，不急不躁，抖起如椽大笔写下一首短诗："千里家书只为墙，再让三尺又何妨？万里长城今犹在，不见当年秦始皇。"封好后派人迅速送回。

张老夫人满以为儿子会回来为自家争夺那块地皮，没想到左等右等只盼回了一封回书。张母看完信后，顿时恍然大悟，明白了儿子的意思。为了三尺地既伤了两家的和气又气坏了自己的身体，更何况，如果真大动干戈，对双方来说，都是灾难，这样太不值得了。老夫人想明白了，立即主动把墙退后三尺。邻居见状，深感惭愧，也把墙让后三尺，并且登门道歉。这样一来，以前两家争夺的三尺地反而成了一条六尺宽的巷子。

当地人纷纷传颂这件事情，引为美谈，并且给这条巷子取了一个特别的名字——六尺巷。有人还据此作了一首打油诗："争一争，行不通；让一让，六尺巷。"

【从政之道】

司马懿坚守不出立于不败

三国时期，诸葛亮肩负先主刘备对他的嘱托，想尽快荡平曹魏，统一天下。因此他先后五次亲率大军，出斜谷北进，第五次出兵在渭水以南扎下营寨，而曹魏司马懿率军前来迎战也南渡渭水，背水建营。

开始几次交锋，司马懿连连失利，后坚守营寨，拒不出战。诸葛亮在祁山令蜀兵与魏民相杂种田，秋毫无犯，安居乐业。又派将士四散结营，各处屯田，作长久之计。

司马懿在众将怂恿之下，奔上方谷而来。蜀将魏延早已等候多时，将其父子三人及其士卒引入谷中，山上蜀兵一齐丢下火把，又火箭射下，地雷俱响，父子三人被困在上方谷。突然天降大雨，他们三人才逃回渭南营寨，不料营寨已被蜀兵占领。司马懿只好退到渭河以北结营，以后一直坚守不出。

诸葛亮多次派人挑战，司马懿只固守不战。于是诸葛亮修书一封连同一件女人衣服装在盒子里，派人送去羞辱他，迫使他出战。不料，司马懿竟接受礼物，并款待使者。席间，他询问诸葛亮寝食及身体状况，使者不知是计，竟实言相告说："丞相夙兴夜寐，事事亲自经手，每天只吃很少的东西。"司马懿高兴地对众将说："诸葛亮事多食少，他不会维持很久了！"

魏将受了女衣的奇耻大辱，纷纷请战，司马懿仍安守不战。他认为蜀军远道而来，利在速战，而自己坚守不出，正是拖垮蜀军的良策。再者诸葛亮疲劳过度，必不能持久。双方相持100多天，蜀军不断挑战，司马懿毫不理会，只是密切注视诸葛亮的消息。

司马懿越是安守不出，诸葛亮越是焦虑不安，数10万大军，远征在外，每天消耗巨大，而自己已积劳成疾，病体难撑，余下时间不多了。于是他将军内之事分派完毕，令人扶上小车，遍观各营。之后回到本寨，躺在病榻上，给后主写下遗表，又安排蜀军后撤之事。他嘱咐杨义，让大军后队作前队，前队作后队，阵容整齐，缓缓而退，并把以前所雕自己的木像安坐在车上，推到军前，大小将士，分列左右，司马懿见了一定会逃走的。安排完毕，当晚即死去。

司马懿深懂"安守勿应，以待其敝"这一制胜之道。他坚守不出的策略，大大消耗了蜀军的力量，实际上，是他把诸葛亮拖垮了。

【经商之道】

AT&T 贸然行事走上了不归路

AT&T曾经是美国最大的固定电话运营商，AT&T的梦想是成为"未来通信超级市场"，在这个超级市场里，不但有电视、市话、长途电话，还有互联网服务。为此，它不停地投资，结果，连续的几次投资都以失败告终，使得AT&T背上了沉重的债务负担，逐渐走向了不归路。

1984年，小贝尔从AT&T分离出去以后，AT&T便开始了向外扩张的步伐，例如通过贝尔实验室收购了大量的技术成果，这其中包括显赫的UNIX操作系统、计算机语言和专业交换机技术等。技术上的潜在优势使得AT&T开始骄傲自满起来，它们甚至认为能够挑战IBM在电脑领域的领导地位，再加上电脑行业在那时刚刚开始起步，前景非常迷人，不知天高地厚的AT&T认为凭借自己的实力，要进入电脑行业简直是易如反掌，于是AT&T毫不犹豫地扎了进去。

为了推出自己的PC机，AT&T与意大利Olivetti公司合作，不久AT&T就推出了自己的PC6300以及小型机3BZ。然而，令AT&T觉得不可理解的是，消费者并没有领情，面对AT&T的PC，消费者还没有回过神儿来，因为AT&T电话在他们心中留下了太深的印记，可怜的AT&T始终没有办法改变自己在消费者心中的这一形象。

然而，AT&T并没有因此而停下自己的步伐。1991年，AT&T耗费73亿美元巨资购入电脑制造商NCR。然而，AT&T又一次打了大败仗，吃到了一个烫手的山芋，最后忍着剧痛以28亿美元的价格将之抛弃。由于在电脑行业的投资连续失败，耗费了AT&T的巨额资金，在一路碰壁十年之后，AT&T不得不带着巨大的遗憾离开了这片它们曾经寄予厚望的市场。

在电脑行业吃了大亏的AT&T面对高成长的行业，抵挡不住诱惑，又一次选择了有线电视行业，投入了1150亿美元。接着，AT&T又投入了近10亿美元，对影像系统进行全面升级，使它拥有通话的功能。就这样，AT&T又因盲目投资而遭遇失败。

不难看出，AT&T在进行多元化扩张时，过于乐观，以至于盲目进入了自己陌生的不相关领域，而且在陷入困境后，又不吸取教训，还贸然行动，结果一错再错，不能自拔。

第七十章　被褐怀玉

【原文】

吾言甚易知，甚易行；天下莫能知，莫能行。言有宗①，事有君②。夫唯无知，是以不我知③。知我者希④，则我贵矣⑤。是以圣人被褐而怀玉⑥。

【注释】

①宗：宗旨。②君：主。事有君：办事有主见。③不我知：宾语前置，实为"不知我"。④希：同"稀"，少的意思。⑤则：法则，此处活用为动词，效法。⑥被褐：被，穿着。褐：粗布。

【译文】

我的话很容易理解，很容易施行。而天下的人都不能理解，不能去施行。言论有宗旨，办事有主见。正因为不理解这个道理，所以不理解我。理解我的人很少，那就更高贵了。因而，圣人总是穿着粗布衣而怀里揣着美玉。

【评析】

老子在这一章里用看似发牢骚的话语再一次阐述了大道的特点。老子声称自己的话虽然很简单很容易理解但还是没有人能够理解，他为此抒发了自己的抑郁和苦闷。老子还说自己的话是有宗旨的、办事是有主见的，可是人们对此却表现迟钝，甚至不加理会，实在令人心寒啊！这时老子几乎陷入了绝望，他怀着悲愤难耐的心情抒发着自己的无限伤感，"言有宗。事有君。夫唯无知，是以不我知。"这是他心中积聚已久的情绪的迸发，老子也是人，是有血有肉的情感动物，他的情绪也会在压抑的状态下瞬间爆发。

"吾言甚易知，甚易行；天下莫能知，莫能行。"老子的道或许在当时是"甚易知"和"甚易行"的，但因当时的人们被欲望蒙蔽了身心，除了满足自己的欲望之外，他们别无他求，我们联系老子所处的时代特点就不难发现，老子的道在当时被冷落的情景，老子发此嗟叹也是可以理解的。当时所流行的是鼓励欲望的思想和理论，老子的无为思想显然是没有市场的，老子一向排斥欲望和妄为，这和当时的世风格格不入。人们的头脑被欲望充塞着，根本没为老子的思想留一丝一毫的空间，在他们看来，老子的无为是没有实在意义的空洞理论，其架构于虚无缥缈的真空之中，和现实相差甚远，过于抽象和玄远，根本无法理解，而在老子看来，自己的思想是易于理解和行动的，在不能被人理解的情况下，老子的内心自然是苦闷的，这其中也包含着他对当时的统治者的失望情绪，老子主张实行无为而治，他的一整套治国理论也被统治者束之高阁，不予理睬，老子对此能不困顿抑郁吗？

老子在本章的结尾谈到了圣人（得道者）的真实情态，他用了极其简洁的"被褐怀玉"来概括圣人的外貌，圣人的外部特征是穿着粗布衣服，和平常的人没什么异样，但在如此简陋粗俗的外表下掩盖的是冰清玉洁的内心，老子称之为"怀玉"，玉是稀世珍宝，它也喻指美好的品质，在这里老子用玉来比喻圣人的纯洁的内心和不与世道合污的高洁品德。

我们从老子的思想中得到启示：真正的美丽是心灵的美丽，而绝非仅指外表的华美。我们所处的时代和老子所处的时代相去甚远，但人们满足自己的欲望的要求是相同的，老子主张克服自身的欲望，达到内心的完美，这一思想在我们的时代同样实用，而且有着十分重要的意义。当今社会，人们的内心有着强烈的自我满足的欲望，对财富的极大占有已成为许多人的最大人生目标，他们在追求财富的路上迷失了自己，将自己的灵魂驱赶到了一个无人的角落，独自哭泣去了，在他们华贵的包装下掩盖的是多么虚伪的内心！还有的人由于时运不济无法满足自己对财富的疯狂占有欲望，于是走上了邪路，断送了自己的前程甚至一生的幸福，何苦呢？人生来世不容易，真正属于我们的只有我们的内心和灵魂，要知道再高档的时装和再华丽的容貌到头来也只是一场虚空，为什么这么说呢？衣服或财富都是身外之物，生不带来死不带去，就连属于我们自身的美丽容貌也会随着时光的流逝而衰老，真正属于我们的只有自己的灵魂和内心，我们灵魂的高贵和内心的丰厚是我们自己给自己的最大的礼物和最高的奖赏，生命给予我们的是短暂的几十年光景，生命的转瞬即逝会带给我们很多遗憾，我们会失去很多宝贵的东西，包括生命在内，可我们纯洁的灵魂和高贵的内心是任何人也剥夺不走的。

【为人之道】

韦诜择婿以德为先

唐玄宗时，裴宽曾经在润州做参军，当时韦诜任润州刺史，裴宽是他的下属。

韦诜的女儿已经到了该谈婚论嫁的年龄，韦诜一心要为女儿找一个德才兼备的女婿，可是上门提亲的不少，韦诜一个也没相中，不是嫌人家学问不好，就是嫌人家品德不好。一天，韦诜正在为女儿的事情发愁。他在花园中踱来踱去，不知不觉就走到了女儿的二层绣楼上，看到女儿正在用心刺绣，不忍打扰，就来到廊上眺望，偶然间发现花园里有个人，只见那人拿着小铲挖了个小坑，然后从怀中掏出一包东西，埋了进去，然后又小心地把土盖好。韦诜觉得好奇，就命下人去看看到底是怎么回事。下人回来禀报说："那人是裴宽。有人送给他一大块鹿肉干，没留下姓名放在门前就走了，他没法退还给人家，又不想收人家的东西，所以只好把它埋了起来。"韦诜听了点头表示赞许。又命人去打听一下裴宽的为人，下人们回来禀报说："裴宽为人清廉，从来不收人家的贿赂，生怕玷污了自己的家门。如果有人给他送东西，他一定马上派人送回去。即使不送回去，他也会派人给送东西的人回赠一份价钱相当的礼物。"韦诜听后，对裴宽的为人赞叹不已。

为了再考察一下裴宽，韦诜还设了一计。他命手下人去请裴宽，就说自己要请裴宽喝酒。裴宽接到刺史的请柬当然不敢怠慢，慌忙收拾了一下就来赴宴。韦诜并没有宴请别人，只请了裴宽一个。席间，两人谈得很是投机，韦诜见裴宽不是那么拘束了，就假装说："裴宽啊，自从我上任以来，你在我身边也立下不少的功劳，我打算为你置办一所宅院，以供你居住，你现在住的地方太差了。"裴宽听到这话，慌忙放下手中的酒杯，跪在韦诜面前，说："大人，辅佐您只不过是尽自己的责任，并没有什么功劳，您又何必赏赐我呢？"韦诜悄悄地说："你不必害怕，我这是偷偷送给你的，又没有旁人知道，以后你助我多聚敛些钱财，到时一定有你的好处。"裴宽顿时脸色大变，厉声说：

"大人，我原以为您是个清官，不想您也是如此……大人，我请求辞官。"说着就要起身离去。韦诜看裴宽果真清廉，于是大笑说："裴宽，我是骗你的，只想考考你，不错，你是个人才。我决定把女儿嫁给你了！"裴宽又惊又喜。

结婚那天，裴宽也没什么好衣服，就拣了一件绿色的相对新一些的衣服做新婚礼服。裴宽本来又瘦又高，穿了这件衣服，十足似个小丑，族人们都取笑他，戏称他"碧鹳"。韦诜则一脸严肃地说："我疼爱自己的女儿，一定要让她嫁给贤公侯做妻子。裴宽虽然其貌不扬，但是他为人清廉，将来一定能成大事，你们怎么能以貌取人呢？"

韦诜择婿注重其品德而不重其外貌是十分可取的。韦诜的眼力确实没有错，女婿裴宽后来果然很有出息。没过多久，裴宽就被朝廷重用，前后任刑部员外郎、户部尚书兼御史大夫、礼部尚书等职。裴宽为官正直不阿，在朝中时，不怕得罪权贵，不肯徇私；任地方官时，很有政绩，百姓感念恩德。史书上说他"为政务清廉，所莅人皆爱之，世皆冀其得宰相"，可见他在当时人们心目中的形象和地位。

裴宽有兄弟八人，都通过科举做了官。兄弟之间十分友爱，在城东造8所住宅，相邻而居。裴宽的甥侄辈也都有名，家族人口众多，吃饭时常常要以击鼓为号。所以在开元、天宝年间，如果要讲家族名望，以裴家为最好。裴宽与韦氏白头偕老，福寿贵盛，裴宽享年75岁去世。

第七十一章　以其病病

【原文】

知不知，尚矣①；不知知，病②也。是以圣人之不病也，以其病病也，是以不病。

【注释】

①尚：同"上"，上等，高明。②病：毛病。

【译文】

知道自己不知道，是最好的；不知道却自以为知道，是毛病。圣人之所以没有毛病，是因为他把毛病当作毛病对待，所以他就没有毛病了。

【评析】

老子在这一章谈到了人性的弱点之一：自以为是，其表现是刚愎自用。老子在前边的章节里提出过"自知者明"的观点，我们也常说人贵有自知之明，只有真正地自知了，我们才不会固执己见、自以为是。老子说："知不知，尚矣。不知知，病也。"意思是知道自己的无知是高明的，而强不知以为知就是弊病了。老子针对当时的人自以为是、自作聪明的病态提出了严厉的控诉。他在对这些病态的人作了剖析之后，又将圣人的"不病"摆在了世人的面前，以此进行对照，结果不说自明了。圣人怎样呢？"是以圣人之不病也，以其病病也，是以不病。"老子说圣人没有毛病的原因是圣人能承认自己的缺点和不足，并努力加以改正，长此以往他也就没有什么毛病了。

圣人贵在能承认自己的不足，而不是自以为是、刚愎自用，所以圣人日益完善成了大家学习的榜样。我们每个人都不可能孤立生存，都和他人发生着各种各样的联系，生活在大集体中的我们，怎样才能和他人和睦相处？首先我们必须克服自以为是的弱点。

如果一个人的目标错了，而他仍要奋力向前，而且自以为自己意志坚定、态度坚决，那么导致的恶劣后果，恐怕比没有目标或犹豫不前更为可怕。这种盲目心理能让人付出惨重的代价，刚愎自用带给人的是失败的痛苦，而不是成功的幸福。我们每个人都一样，为了事业的成功，或者爱情的成功，常常无所顾虑，勇往直前，这本来是好事，然而一旦走错路，又不听别人的劝告，不肯悔改，结果就会与自己的奋斗目标南辕北辙。

刚愎之人常常是狂妄之徒，狂妄的人常常在无意中伤害了他人的自尊心，而自己也常常因为这种无意而受伤。有一些人，并不一定没有才华，他不能施展才华的原因是太狂妄。没有多少人乐意信赖一个言过其实的人，更没有多少人乐意帮助一个出言不逊的人。

刚愎之人，多是无礼之人；无礼之人，多是孤立之人；孤立之人，多是最终失败之人。大凡具有大将风度之人，多具有谦逊的品德，而刚愎之人，骨子里总是透着一股小家子气。最糟糕的要算是既刚愎而又无能之人，刚愎使他什么都敢干，无能使他把所有的事情都搞得一团糟。有时刚愎者尽管心中已感觉到自己错了，但仍坚持自己的看法和做法。而这一点最让周围的人受不了。固执是刚愎者的一个手段，用来获得想要的东西，别人越反对，他就越是非要不可。这种固执让别人讨厌。长此以往，就会发现别人都躲着自己。

一个骄傲自满的人必定是一个刚愎自用的人。面对一个狂妄而骄横的人，我们无需与之理论，时间自会证明他的实际价值，事实自会惩戒他的无知可笑。

我们无论做人还是做事，都要坚持"虚心使人进步，骄傲使人落后"的原则，要明白世上万事万物都处在不断的发展变化之中，只有根据事物的发展变化，及时调整自己的计划策略，才能处处掌握主动权，使自己立于不败之地。而刚愎者则恰恰相反，他们最大的缺点就是常常自以为是，认为自己的判断是完美无缺的，因而常常表现得骄横跋扈、一意孤行，他们往往过高估计自己的能力，总是低估对手，这样就容易被表面的假象所蒙蔽，导致判断失误，遭到失败。

【为人之道】

张飞刚愎自用死于小卒手

古语云："人固有一死，或重于泰山，或轻于鸿毛。"一代名将张飞因盖世的英雄气概而叱咤风云。可是，他的死却一点儿也不壮烈，让人扼腕痛惜。

张飞是三国时期蜀国的名将，骁勇善战，武艺高强。他力大无比，在当阳桥上大吼一声，就喝断了桥梁，使河水倒流。

可是，张飞有一个致命的缺点，他不愿向自己的下属承认自己的过失，而且对待部下过于严厉，小有过失，便重加惩罚。那些将士每日都提心吊胆地过日子，生怕自己栽到张飞的手上。心中是又气又怕。

关羽死后，张飞为自己好兄长的离去痛不欲生，旦夕号泣，常常拉着部将们借酒浇愁。平日他就特别严厉，喝醉之后，心情更加恶劣，一点儿不顺心就对身边的人加以鞭挞，有的甚至被鞭打致死，军中上下敢怒不敢言。

张飞为了给关羽报仇，主动请兵讨伐东吴。出师的那一天，刘备劝说他："我知道你的脾气不好，又喜欢喝酒，醉了之后什么也不知道了，动不动就随便打人，事后，还要将那些人留在自己的身边。现在你官高位重、权势在手，你打了骂了，别人也拿你无可奈何，只好忍气吞声。但是三十年河东，三十年河西，说不定哪天你这个制人者就该受制于人了，这个时候你就人祸临头了。你一定要改改这个坏毛病！"

"他们那等下人如何能制得了我？"张飞将刘备的话当耳旁风。

"你要是长此以往，肯定会不得人心的！"刘备警告说。

张飞敷衍了几句，并没有往心里去。回到军中之后，命令手下于三天之内置办白旗白甲，三军将士为关羽挂孝，举军伐吴。帐下两位末将范疆和张达一听说只有三日的限期，估计了一下，回说："三天时间恐怕太少，请宽限几日。"

张飞细一想，觉得他们说得有理。但一转念，如改了日期，这不表明自己不顾实情乱下命令吗？为了掩饰自己的错误，他便大声呵斥道："我说三日就三日！"

二人觉得实在是办不到，连忙陈述理由："我们说的是实情，三天实在是太仓促了……"

下篇 德经

"难不成我说的就是虚情了？你们竟敢违抗我的命令！来人！"张飞下令将二人绑在树上，各鞭打五十，并严令道："三天一定要备齐，若超过时限，三日后你二人的首级就悬于此！"

两个人被打得皮开肉绽、血肉模糊、怒火中烧，回到营中商量对策。范疆说："此人性如烈火，三天要是备不齐，咱俩的命是保不住了！"张达说："就算咱们备齐了保住了性命，恐怕日后也要死在他的乱鞭之下。与其让他杀了我们，倒不如我们杀了他！"两个人计议已定，暗中等待时机。

当晚张飞在帐中又同部将饮酒，大醉一场，卧于帐中，不一会儿就鼾声如雷。范疆、张达二人半夜里各怀短刀，潜入帐中，瞅准机会将张飞乱刀刺死。

一代名将，就这么窝窝囊囊地死在自己的末将手中。

【从政之道】

关羽骄傲自满丢性命

三国时期，蜀国大将关羽骁勇善战，为蜀国立下过不少汗马功劳，后来他"大意失荆州"，实际上并非一时的疏忽大意所致，而是因为他自高自大、不听规劝造成的悲剧。

建安二十四年，关羽出师北进，俘虏了魏国左将军于禁，并将南征将军曹仁围困在樊城。为了防止吴国趁机袭取自己后方，他在荆州留有一部分很强的兵力。此时，镇守陆口的吴国大将吕蒙听说后，假称有病需要回建业休养。回去后，就与陆逊密谋趁机攻打荆州。

陆逊说："关羽这个人一贯刚愎自用，现在又立下大功，就更加骄傲自满了，再加上听说你生病了，对我们的防范极有可能松懈下来。此时我们出其不意地进攻，肯定能打他个措手不及。"为了进一步麻痹关羽，吴国还派"无名小辈"陆逊代替老将吕蒙镇守陆口。年轻的陆逊一到陆口，马上给关羽写信，说："前不久，您巧袭魏军，只用了极小的代价，便获得了很大的胜利，立下了赫赫战功，这是多么了不起呀！敌军大败，对我们盟国也十分有利。我刚来此地任职，没什么经验，学识也浅薄，一直很敬仰您，所以恳请您指教。以前晋文公在城濮之战中所立的功劳、韩信在灭赵之战中所用的计策，都无法与您所用的战略相比。"先前吕蒙镇守陆口时，关羽还存有防范戒备之心，而今换了年轻的陆逊，加上陆逊信中谦卑的词语，就使关羽产生了极大的虚荣自满之情，使他对吴国彻底放心了。他丝毫未把陆逊放在眼里，认为陆逊是一区区小人物，奈何不了荆州，他甚至还嘲笑孙权："仲谋见识短浅，用此孺子为将！"于是他撤出了原来留守荆州的主力，一心一意对付魏军去了。

由于关羽刚愎自用、目空一切，根本不去想为什么吕蒙偏偏在此关头离开陆口？东吴又为什么特意派一无名小卒镇守要塞陆口？陆逊上任后为什么第一件事就是给自己致信送礼？刚愎蒙住了他的双眼，使他对东吴的这一系列行动与迹象都不加任何分析，更听不进手下谋士的劝说，执意撤走荆州人部分兵力，从而最终造成荆州的失守。

他刚撤走荆州兵力，陆逊就秘密调遣部队，轻而易举地攻下了荆州。吕蒙同时带军进入江陵，控制了关羽及其将士的家属。对这些人，吕蒙采取了安抚政策，不仅向军中公布了有关纪律，不准干扰百姓、夺取财物，而且派出亲近的人去慰问救济老人，生病的给吃药治疗，挨冻受饿的给衣服和食物，从而赢得了民心。

关羽刚听到南郡被攻破的消息时，还不相信，仍振振有词地说："此敌人讹言，以乱我军心耳！东吴吕蒙病危，孺子陆逊代之，不足为虑！"接二连三的探马到来，才使他不得不接受这个事实，立即往襄阳逃去。中途听到襄阳失守，迫不得已又改投公安，可是公安守将已投降吴国。形势如此危急，刚愎固执的关羽还依然自负地率军企图从陆路收复荆州。但没走多远，就遇到强大的吴军的阻拦，加上后面魏军的追杀，可说是进退无路，大势已去了。此时，他才痛苦地对手下谋士司马王甫说："后悔不听足下之言，今日果有此事！"到此孤立无援境地，不得已，他只好率领残兵败将往西退守麦城，最后只剩下十多个骑兵。

关羽被围困麦城多日，不见援军，不得已只好准备弃城突围，潜入西川以等待时机。他听说有一偏僻的山间小路可通西川时，就决定从小路突围。谋士司马王甫知道后，连忙劝阻，认为一旦敌人在那里藏有埋伏，后果不堪设想，但关羽依然自恃武艺高强，听不进司马王甫的意见，甚至扬言："虽有埋伏，有何惧哉！"执意走小路。结果钻进了吴军的口袋，关羽父子等人轻而易举地就被吴国伏兵捉住了。不久，关羽父子就被杀掉了。

·301·

第七十二章 自爱不贵

【原文】

民不畏威①，则大威至②；无狎其所居③，无厌其所生④。夫唯不厌⑤，是以不厌。是以圣人自知不自见⑥，自爱不自贵⑦。故去彼取此。

【注释】

①威：威吓，指统治者的镇压和威慑。②大威：极大的威胁。③狎：同"狭"，意为压迫、逼迫。无狎：不要逼迫。④厌：读如压，压迫的意思。⑤不厌：不憎恶，不厌恶。⑥不自见：不自我表现。⑦自贵：自显高贵。

【译文】

人民不惧怕统治者的权威，统治者的大难就要临头了。不要逼迫人民使人民不得安居，不要压榨人民使人民无以生计。只有不迫害人民的生计，人民才不憎恶统治者。因此，圣人要有自知之明而不要自以为是，要懂得自我珍爱，而不显耀权势。应该舍弃后者而采取前者。

【评析】

上一章老子着重论述了普通大众的自知之明，这一章论述统治者的自知之明问题。老子说："民不畏威，则大威至。"第一个"威"指统治者的权威、高压政策，第二个"威"是威胁，即人民的反抗斗争，整句话的大意是如果人民不再害怕统治者的权威，那么统治者也就要大难临头了，为什么这么说呢？我们联系老子所处的时代背景来分析，春秋晚期，社会问题错综复杂，其中表现最突出的还是统治者的生活享受问题，他们追求物质享受，骄奢淫逸。

统治者是民众的榜样，其生活的奢侈和行为的不检点，必将会诱发民众的强烈欲望，在欲望的驱使下，人民必然会不惜一切代价，甚至冒着死亡和犯罪的危险去满足自己的欲望。当然不惧怕统治者的权威也成了很自然的事，不惧怕统治者的权威其结果会怎样呢？统治者的统治地位必然会受到威胁，统治者最关心的就是自己的统治，因为统治地位的丧失就意味着其安逸生活的结束，耀武扬威的日子的终结，甚或统治者随着统治地位的被推翻，自己沦为奴隶或走上亡命之途，这是令统治者最不愿看到的、最痛心的。

"无狎其所居，无厌其所生。夫唯不厌，是以不厌。"针对统治者的统治地位的岌岌可危的情况，老子对统治者提出了最严厉的警告，他的目的并不是为统治者保全名位，而是站在人民的立场上警告统治者要好自为之，不可再作威作福、荒淫无耻、凶残无度了！老子警告统治者说："不要逼迫人民，使人民不得安居，不要压榨人民，使人民无以生计。只有不迫害人民的生计，人民才不憎恶统治者。"民以"生"为本，如果连生计都难以维持，人民还惧怕什么苛政、威严呢？如果人们缺衣少食、居无定所，那么人们就不可能安于现状，社会发生动乱也就成了很必然的事。

老子针对当时的社会现状，提出了自己的观点："是以圣人自知不自见，自爱不自贵。故去彼取此。"在老子眼里圣明的统治者有自知之明，他们绝不会因位居高位而炫耀，更不会骄奢放荡、恣意妄为。他们懂得自爱，也懂得爱自己的民众，其实自爱本身就是爱民的表现，反过来也成立，爱人就等于爱自己，因为人民是自己立身高位的基础，不爱民众就等于不爱江山，不爱江山就等于不爱自己。老子拿高明的统治者的行为来暗示当时的统治者应如何立身处世，其忧国忧民的情怀可见一斑。

【从政之道】

夏启修身习德成功赢民心

原始社会末期，夏启率先破坏禅让制，通过父亲的权威夺得帝位，子继父业，天下共愤。其中有一个部族首领叫有扈氏，他首先站出来指责夏启不应当抢夺伯益的王位，并要求夏启把王位立即还给伯益。

夏启不肯，有扈氏一怒之下征讨夏启，双方在甘泽举行决战。决战之后，夏启的军队被有扈氏打得七零八落，几乎全军覆没。

夏启的下属大臣建议赶快补充人员，重整军队，准备第二次战斗。可是夏启没有这样做，他知道很多人不赞成父死子继的规矩，所以才不肯拥护他。在这种情况下，肯定没有人来参加他的军队，打败对手简直是妄想。要想取得胜利，首先必须把人心拉向自己这一边，让人们知道夏启是一个贤能的人，由他来继承王位是符合实际的。

于是夏启严格要求自己，以博得人们对他的信任。吃饭时他只吃一碗清淡的蔬菜，睡觉只铺一张很薄且又粗糙的旧褥子，除了祭神和祭祖以外，他从不演奏音乐作为娱乐。他还爱护孩子，尊敬老人。并且，他重视提拔贤能：谁有本领，就请来加以重用；谁懂得武艺，就请来让他带兵打仗。

夏启这样坚持了几年，产生了巨大的效果，他的声誉大大提高了。人们常常说："夏启真不愧是夏禹的好儿子！你看他要求自己多么严格，对待别人又多么热情、有礼貌。天下就应当交给像他这样的人来治理！以后要是有谁再来和他争王位，我们应当全力保护他才对。"

人们互相传颂着夏启的好处和优点，于是都不约而同地认为夏启是夏禹的唯一继承人，对于父死子继的制度，再没有人觉得不合理了。

夏启看到人心已经倒向他这一边，就发动了对有扈氏的战争。这一次，有了人们的大力帮助和支持，他的力量大大增强。最后，夏启终于把有扈氏打得大败。有扈氏本人做了俘虏，被放逐到草原地区。夏启成功地解除了有扈氏对自己的威胁，他的地位也得到了最终的确认和巩固。

第七十三章　天网恢恢

【原文】

勇于敢者则杀①，勇于不敢者则活②。此两者，或利或害。天之所恶，孰知其故？天之道③，不争而善胜，不言而善应，不召而自来，坦然而善谋④。天网恢恢，疏而不失⑤。

【注释】

①敢：勇敢，坚强。②不敢：柔弱，不逞强。③天之道：指自然的规律。④坦然：黯然，坦然。⑤恢恢：广大无边。疏：稀疏。

【译文】

勇敢而胆大妄为就会遭到杀害，勇敢而不逞强就能保全性命。这两种行为一个获利一个遭害。天所厌恶的，谁知道其中的原因？自然的法则，不交战而善于胜利，不发言而善于回应，不召唤而自动到来，宽缓从容却善于计谋。苍天布下的法网广大无边，虽网眼稀疏，但不会遗漏。

【评析】

老子以一个"勇"字开篇，自然地牵引到了无为的人生哲学上。

"勇于敢者则杀，勇于不敢者则活。"这里的"勇"是勇气、勇敢的意思。整句话的大意是勇敢到无所不敢为时，就会招来杀身之祸；勇敢到有所顾忌时就能保全性命。怎样理解呢？老子在这里的意思是真正的勇敢是敢为而又有所不敢为，而不是恣意妄为、胆大包天。可是老子怎么又把生死和勇敢联系到一起了？它们之间到底有怎样的因果联系？老子没有具体说明，需要我们联系老子的思想体系去细细体味。

　　老子一贯主张无为，这是他思想体系的核心，前面的诸多章节中老子一再为我们阐释了无为的内涵，这一章老子再一次提起，并提升到了生死存亡的高度。勇敢是有一定的限度的，一旦超过了这一限度就会转向反面，就不能称其为勇敢而只能称作鲁莽了。鲁莽是一种性格缺陷，在今天看来，鲁莽是不可能遭杀身之祸的，而在当时就有可能会被杀甚至株连九族，其后果是不堪设想的。所以老子所说的"勇于敢则杀"并非夸张之辞。

　　老子又说"此两者，或利或害。天之所恶，孰知其故？"通过分析，我们不难发现同样是勇，程度不同结果就大相径庭，老子一贯主张自然无为之道，重柔弱不重强悍妄为。我们都知道自然之道是不可违逆的，违背自然规律就会受到自然规律的惩罚，"勇于敢"是恣意妄为，是违背自然规律的举动，所以老子认为会招致杀身之祸。与此相反，"勇于不敢"是顺应自然规律的，所以就"活"，即保全性命。老子将生死和勇提到同一高度来论述，可见把握好勇的度是多么重要。

　　"天之道，不争而善胜，不言而善应，不召而自来，坦然而善谋。"老子说自然的法则是不交战而善于取胜，不发言而善于回应，不召唤而自动到来，宽缓从容却善于计谋。主要是说自然不争不夺却赢得了万物的归顺和爱戴，不战而征服了万物。我们人类之所以要"勇于敢"，是因为有私心，为了满足自己的欲望才和别人争夺、和自然争夺，大自然是不与人争的，所以它取得了万物，人在争取的过程中显示出了自己所谓的勇敢。这种勇敢是违逆天道，注定要遭受失败的。

　　最后老子以"天网恢恢，疏而不失"八个大字作结，八个大字如同八支无形的而又杀伤力极强的枪，时刻瞄准为所欲为的统治者、无所不敢的亡命之徒……

【从政之道】

王猛依法严惩豪强

　　王猛，字景略，北海剧（今山东省昌乐西）人。他出身贫贱，但博学而喜读兵书，胸怀大志，期望能遇到明主，一展才华，匡世济时。东晋桓温北伐入关，曾与王猛相见。王猛一边谈论时局，一边捉着虱子，旁若无人。桓温觉得他是个难得的人才，班师南返时，赐给他车马，并授予高官督护，请他一起归晋。但王猛认为东晋朝廷看重门阀，不会重用他这样的寒士，就仍然留在北方未走。

前秦的苻坚一心想成就霸业，十分注意收用人才。他听说王猛的名声，急忙派人把他找来。苻坚和王猛纵谈天下大事，意见竟不谋而合。两人都相见恨晚。

苻坚登上皇位后，便任命王猛为中书侍郎。

当时始平一带社会秩序非常混乱，豪门大户横行霸道，为非作歹；盗贼土匪到处都有，无恶不作，历任县令都治理不了，善良百姓受尽欺压，无处申冤。苻坚就把王猛调去当始平县令。

王猛一上任，就申明法令，有胆敢违抗者定严惩不贷。有个官吏是个地头蛇，在朝中又有后台。他一向在当地作威作福，肆无忌惮，根本不把王猛看在眼里，对他发布的法令置若罔闻。一次，他触犯了王猛的法令，王猛一点儿也不客气，依法严惩，把他用鞭子打死。这下当地豪强就像炸了锅，联合起来上书告王猛草菅人命，竟然鞭杀了颇有权势的官吏。这些豪强在朝中都有为他们说话的人。于是有关部门就弹劾王猛，把他抓起来，用囚车押到廷尉所设的诏狱。

苻坚接到报告，亲自质问王猛。

苻坚说："为政之本，以道德教化为先。你刚上任儿天，却杀了那么多人，怎么这么残酷啊？！"

王猛回答说："我听说：'宰宁国以礼，治乱邦以法。'这就是讲，礼是用来治理安宁太平国家的，对于混乱污浊的地方就要用法来治理。陛下不嫌弃我才疏学浅，派我去治理难以管理的地方。我决心恪守职责，不辜负明君的重托，为国家剪除凶险狡猾之徒。现在我刚刚杀死一个奸人，剩下的还有上万个坏蛋。倘若责备我未能除尽残暴的恶人、肃清不法分子，那么，我甘心受刑处死，以谢辜负陛下重托之罪；倘若指控我为政残酷无道，那么，我是实在不敢接受的。"

苻坚听了这番话，大为感慨地对群臣说："王猛真是同春秋时管仲、子产一样的人啊！实在了不起！"于是赦免了他，并且加以重用，一年之内升了5次官。

王猛由于严格执法，纪律严明，所以他率领的部队没有骚扰百姓的事情发生，他所管辖的地区盗贼不敢出没，人民能够安居乐业。在他执政的15年里，前秦的吏治得到了整顿，政治比较清明，社会比较安定，因而增强了国家实力。

第七十四章　民不畏死

【原文】

若民恒且不畏死，奈何以杀惧之也？若民恒且畏死，而为奇者，吾将得而杀之①，夫孰敢矣？若民恒且必畏死，则恒有司杀者②。夫代司杀者杀，是代大匠斫也③。夫代大匠斫者，希不伤其手矣。

【注释】

①奇：奇诡、诡异。为奇者：为邪作恶的人。②司杀者：专管杀人的人。③大匠：高明的工匠。斫：砍伐。

【译文】

民众不畏惧死亡，为何还要用死亡来威吓他们呢？如果民众害怕死亡，那么对于那些为非作歹之徒，我依法杀掉他，谁还敢为非作歹呢？如果民众确实总是怕死，那经常有专管杀人的人。代替刑戮者去胡乱杀人，这可以认为是硬代大工匠砍木头。那代替高明木匠去砍木头的人，很少有不砍伤自己的手指头的。

【评析】

生对于我们而言是有重大意义的，没有生命，谈什么都没有意义，我们每个人都十分珍惜自己的生命，这是毋庸置疑的。老子说民众不害怕死亡，为什么人民会不怕死呢？这是个令人疑惑的问题。我们联系当时的社会背景就不难发现民不畏死的原因了。春秋晚期，社会动荡不安，当时的统治者荒淫无度，而且对人民施行苛刻的政令，甚至不惜屠杀人民来满足自己的欲望，生活在水深火热之中的人民朝不保夕，他们对生的渴望很淡漠，生对于他们而言已不再可怕，在他们看来生是痛苦的，死倒是一种最好的解脱，所以他们自然不害怕死亡。对于不怕死的人以死相威胁还有什么意义呢？因此老子提出了"民不畏死，奈何以死惧之"的质问，其中夹杂的老子的愤懑情绪是我们能读得出、感觉得到的，老子之所以会愤然，是因为他对人民的仁爱和怜悯以及他对生命的敬畏和尊重。

"若民恒且畏死，而为奇者，吾将得而杀之，孰敢矣？"老子紧接上文的"民不畏死"提出了相反的假设：如果民众害怕死的话，统治者就可以对那些为非作歹之徒依法判以死刑，那么以后谁还敢为非作歹呢？在这里老子提出了一个杀一儆百的方略，老子是仁慈的，他反对战争、更不提倡杀人，老子用"杀"会让人感到别扭，但只要我们清醒地认识到老子提倡要杀的是为非作歹、胆大妄为的不法之徒，而不是普通的劳苦大众，就不难理解老子的思想和意旨了。

一旦人民不再畏惧死亡，那么国家的苛刻制度和严酷刑法就无法发挥作用，也就形同虚设了，或者说它不再有惩处的作用和震慑的威力了，那些为非作歹之徒就更加肆无忌惮了。此种情形之下，国家势必更加混乱，人民更是无活路可走，统治者的统治地位就会面临被颠覆的危险。如果统治者能以人民的利益为重，让人民有衣可穿、有饭可吃、有屋可居、有乐可享，人民自然就会珍惜自己的生命，自然不会再去冒险和为非作歹，天下太平，苛政也就失去威力，统治者的统治地位稳固。圣明的统治者懂得去珍惜生命，不轻易实施酷刑，对人民进行道德法律制度的宣传教化，使他们在畏惧死亡的同时明白了法律的威严，只有这样才能真正起到杀一儆百的效果。

"则恒有司杀者。夫代司杀者杀，是代大匠斫也。夫代大匠斫者，希不伤其手矣。"这是老子针对当时国家的法律之混乱和不健全向统治者提出的忠告。老子明确提出为官者应各司其职，任何越俎代庖的行为都会以伤害自己而宣告终结，这是统治者必须注意的。

【从政之道】

杀一儆百：雍正帝偷匾训臣整顿吏治

康熙和乾隆掌政时期，国家呈现出太平盛世的局面。康熙时期的繁荣得益于康熙治理天下有方，然而康熙晚期，国家却一直走下坡路。一方面是他晚年多病，不能勤政；另一方面是确立皇储的问题搅得朝中一片混乱。因此，在他统治晚年，朝中官员渐渐疏于政治，因循敷衍、懒散拖沓、贪污行贿把官场弄得乌烟瘴气，一直蔓延到雍正初年。

雍正登基后，决心全面整顿，改变朝廷大臣玩忽职守的态度和消极懒散的作风。他清楚这种作风已经有很长时间了，彻底废掉不是轻而易举的事情。但如果对他们仅仅宣传一些大道理，恐怕收不到较好的效果。

雍正想来想去，觉得不如来个杀鸡给猴看，说不定能产生大的影响，震住其他大臣。但是，到哪儿去找这只"鸡"呢？不久，雍正就找到了突破口。

一天，雍正让手下趁别人不注意时，把刑部大门上的匾额拿回来，藏在屏风后面。然后雍正耐心地等待，看看刑部有什么反应。

一天过去了，刑部没有什么异常。

两天过去了，刑部依然像什么事都没有发生一样。

第七天，雍正再也沉不住气了。他命令召见刑部主管官员。一见面，他突然问："你们主管衙门外的大匾额还在吗？"

官员不知雍正有何用意，毕恭毕敬地回答说："在！"

可是当他们抬头看皇上时，只见雍正脸色阴沉，不知自己说错了什么，慌忙补充说："应该在吧！"说罢，不敢言语。

雍正向近旁的侍从招招手，两个内侍便把刑部大门外的匾额从屏风后抬出来。刑部主管官员一看，吓得直哆嗦，一时不明白究竟是怎么回事。

雍正指着放在大殿中央的匾，厉声说道："这块匾额已经放在这里七天了，可你们却没有任何人发现！这么人的缺陷你们居然都没有注意到，不知你们平日会疏忽多少事务！堂堂 部之首尚且玩忽职守到如此地步，又怎么能以身作则、教导下面的人勤于公务呢？"

雍正大发脾气，刑部主管吓得双腿发软，连连叩头，俯首请罪。他在皇上面前立下誓言，决心痛改前非，整顿吏治，提高效率。

雍正对其他部门什么都没说，但自从这件事传开后，朝廷六部拖拖拉拉的办事作风很快就有了改观。

第七十五章　无以生为

【原文】

民之饥，以其上食税之多①，是以饥；民之难治，以其上之有为②，是以难治；民之轻死，以其求生之厚③，是以轻死。夫唯无以生为者，是贤于贵生④。

【注释】

①食税：征收的税敛过多。②有为：指繁苛的政治，或统治者强作妄为。③求生之厚：生活奉养过于丰厚。④贤：胜过，超过。贵生：厚养生命。

【译文】

人民之所以会遭受饥荒，是因为统治者榨取吞食赋税过多，故而遭受饥荒。老百姓之所以难以治理，是因为统治者多欲暴敛，故而难以治理。人民之所以轻死去冒犯法律，是因为统治者奉养奢侈，将民脂民膏都搜刮净了，人民无以为生，故而轻死去冒犯法律。只有不追求生命的丰厚而又有所作为的人，才比珍贵自己生命的人更胜一筹。

【评析】

这一章顺承上一章继续讲统治者和人民之间的矛盾对抗。我们都知道自从阶级出现之后，统治阶级和被统治阶级之间的矛盾就是不可调和的，二者是对立统一的关系。一旦统治者以人民的利益为重那么人民生活就会富足幸福，国家太平安定，统治者的统治地位就会稳固。与此相反，如果统治者追求自身的安逸，而不顾人民的死活，对人民大加盘剥，人民就会轻生进而铤而走险，不惜一切代价反抗统治者的压迫，而统治阶级也会不甘示弱，对人民施以严酷的镇压，最后以你死我活而告终。

"民之饥，以其上食税之多，是以饥。"老子在此以直截了当的言词揭示了人民忍饥挨饿的原因，人民之所以要忍受饥饿的煎熬，并不是因为人民懒惰，收不到可供解决温饱的粮食，而是因为人民的粮食都被贪婪、淫逸的统治者盘剥殆尽了，所以人民不得不忍饥挨饿，日子过得苦不堪言，繁重的赋税压得人民喘不过气来，又无食物满足人民基本的温饱需求，所以人民起来反抗也是必然的事。正所谓哪里有压迫哪里就有反抗。

对于人民的反抗，统治阶级不可能无动于衷，他们会想尽各种酷刑来对付人民的反抗，即老子所说的"以其上之有为"，这里的"有为"是指统治者的强作妄为，统治者强作妄为结果会怎样呢？当然是"是以难治"。人民难以治理是统治阶级的原因，是统治阶级的妄为和蛮横导致的。人民难治了又会产生什么结果呢？毫无疑问那就是国家的混乱，直至统治阶级的统治地位被颠覆，这是统治阶级最不愿意看到的结果，可他们又不知道这其中的原因，老子在此以直截了当、明白易懂的言语向统治者作了细致入微的剖析。他为统治者敲响了警钟，但他的目的并不是为统治者出谋划策，其主要的目的还是为人民的生活寻找一个幸福的出口，而不是永远捆在统治阶级的妄为、高压之下。

这一章老子又提出了"民不畏死"的问题，人民为什么会不怕死，为什么会轻视死亡呢？上一章我们已作了阐释，在这里老子冉一次提起，起到了强调的作用。生命对每个人而言都是极其宝贵的，一旦人民对死都已不再重视，那么问题就十分严重了，老子对"民之轻死"的原因作了进一步的透析，他说是因"其上求生之厚"，"求生之厚"是指统治者对自己的奉养过于丰厚奢侈，统治者过于注重自身的安逸、享受，其必然会减损人民对物质的占有和利用，人民缺衣少食，连基本的温饱都达不到，而统治者却穷凶极欲、恣意妄为。面对这种不公正的现象，人民实在忍无可忍，不惜冒着生命危险去僭越法制。这是容易理解的，人民连最基本的生活都满足不了，生是一种折磨，死反倒成了一种解脱。

老子在结尾以"夫唯无以生为者，是贤于贵生"作结，点出了统治者应坚持的人生态度。在老子看来，不追求生命的丰厚而又有所作为的人比厚养自己生命的人更胜一筹。

【从政之道】

乾隆帝笼络群臣不行苛政

乾隆是清朝第四个皇帝，他的父亲雍正皇帝治国，一向以政烦令苛、手段严酷而著称。对待政敌，他更是冷酷无情。传说康熙本来是要将帝位传给第十四个儿子的，雍正采用阴谋手段取得了帝位。

这招致了他那些众多皇兄、皇弟的不满和反抗，尤其以八弟和十四弟的反抗最令他头痛。雍正毫不手软，对他们严加惩处，取消他们作为皇室成员的资格，甚至连他们的名字也被强行更改，改用一些侮辱性的字眼儿"阿奇那"、"寒思黑"（满语猪、狗之意）来称呼他们，并宣布他们的罪状，将他们拘押在监狱之中监禁终身。

雍正对待开国功臣也是薄情寡义。在他夺权的阴谋活动中，有两个人参与此事，并立了大功。一个是他的妻兄年羹尧，一个是他的舅舅隆科多。

可雍正在地位巩固、大权在握之后，翻脸不认人，制造罪名，向这两个人下毒手。年羹尧的罪名多达90余条，被赐死，隆科多被囚禁而死。

雍正制造的这个大冤案，在朝野中引起了十分强烈的不满，但大臣们慑于雍正的残酷，皆敢怒而不敢言。

乾隆即位时已经24岁，他自然清楚他父亲的苛政所带来的恶劣影响和造成的严重后果。他决心改变这个局面，反其道而行之，但他却又不能公开否定父皇所做之事，那样怕被人指责为不孝，在政治上对他是非常不利的。

于是，他来个"明修栈道，暗度陈仓"，对雍正抽象肯定。他一方面说要"时时以皇考（即雍正）之心为心，即以皇考之政为政"，同时又在"刚柔相济"的名目之下，明确表示说："我主张凡事要从宽"，要"减少苛捐杂税，让人民得以生存"。

他首先做的一件事情是大刀阔斧、毫不顾忌地纠正雍正钦定的冤、假、错案，恢复了一些皇室成员的身份，将还健在的胤祺放出来，晋升为恂郡王；已死的将其子孙皆充入官室；对年羹尧一案及其株连人员平反。

乾隆的这一举措，的确效果显著。他立刻赢得了朝野的一致好评和拥护，为其后60年的统治奠定了良好的政治基础。

第七十六章　强大处下

【原文】

人之生也柔弱，其死也坚强①；草木之生也柔脆，其死也枯槁②。故曰坚强者死之徒③，柔弱者生之徒。是以兵强则灭，木强则折。强大处下，柔弱处上。

【注释】

①坚强：指人死了以后身体强硬。②枯槁：枯萎残败。③死之徒：属于死亡的一类。徒：类。

【译文】

人在活着的时候身体是柔弱灵活的，死亡后身体就变得坚固僵硬了。草木有生命的时候形质是柔软脆弱的，死了就变得干枯残败了。所以说坚强的东西属于死亡的一类，柔弱的东西属于有生命的一类。因此，兵强则败，木强则被伐被烧。强大处于下位，柔弱居于上位。

【评析】

这一章老子以人和植物的生死状态来说明柔弱胜刚强的道理。人在活着的时候，面色红润，身体灵活，胳膊和腿都能屈能伸，行动自如。而一旦死去，身体就会变得僵硬，就会变成冷冰冰、硬邦邦的一具死尸。这话听起来很是让人难受，可这毕竟是事实，是任何人也无法摆脱的命运，有生就有死，这是自然规律，谁也不可能违逆。老子紧接着人的生死而谈到了植物的生死状态，植物在生的时候，枝繁叶茂，鲜活美丽，而一旦死亡就会形容枯槁、僵硬易折。无论是人还是花草树木，活着的时候是柔弱的，而死后就变得刚强、坚硬了。因此，老子概括为"坚强者死之徒，柔弱者生之徒"。老子说僵硬、刚强是通向死亡的途径，而柔弱、卑下是通向生的途径。

【为人之道】

狄仁杰以弱服强自保命

唐代武则天专权时，为了给自己当皇帝扫清道路，先后重用了武三思、武承嗣、来俊臣、周兴等一批酷吏。她以严刑峻法、奖励告密等手段，实行高压统治，对抱有反抗意图的李唐宗室、贵族和官僚进行严厉的镇压，先后杀害李唐宗室贵戚数百人，接着又杀了大臣数百家，至于所杀的中下层官吏，更多得无法统计。武则天曾下令在都城洛阳四门设置"匦"（即意见箱）接收告密文书。对于告密者，任何官员都不得询问，告密核实后，对告密者封官赐禄；告密失实，并不反坐。这样一来，告密之风大兴，无辜被株连者不下千万，朝野上下，人人自危。

一次，酷吏来俊臣诬陷平章事狄仁杰等人有谋反的行为。来俊臣出其不意地先将狄仁杰逮捕入狱，然后上书武则天，建议武则天降旨诱供，说什么如果罪犯承认谋反，可以减刑免死。狄仁杰突然遭到监禁，既来不及与家里人通气，也没有机会面奏武后说明事实，心中不由焦急万分。审讯的日期到了，来俊臣在大堂上宣读完武后诱供的诏书，就见狄仁杰已伏地告饶。他趴在地上一个劲地磕头，嘴里还不停地说："罪臣该死，罪臣该死！大周革命使得万物更新，我仍坚持做唐室的旧臣，理应受诛。"狄仁杰不打自招的这一手，反倒使来俊臣弄不懂他到底唱的是哪一出戏了。既然狄仁杰已经招供，来俊臣将计就计，判了他个"谋反是实"，免去死罪，听候发落。

来俊臣退堂后，坐在一旁的判官王德寿悄悄地对狄仁杰说："你也可再诬告几个人，如把平章事杨执柔等几个人牵扯进来，就可以减轻自己的罪行了。"狄仁杰听后，感叹地说："皇天在上，后土在下，我既没有干这样的事，更与别人无关，怎能再加害他人？"说完一头向大堂中央的顶柱撞去，顿时血流满面。王德寿见状，吓得急忙上前将狄仁杰扶起，送到旁边的厢房里休息，又赶紧处理柱子上和地上的血渍。狄仁杰见王德寿出去了，急忙从袖中抽出手绢，蘸着身上的血，将自己的冤屈都写在上面，写好后，又将棉衣里子撕开，把状子藏了进去。一会儿，王德寿进来了，见狄仁杰一切正常，这才放下心来。

狄仁杰对王德寿说："天气这么热了，烦请您将我的这件棉衣带出去，交给我家里人，让他们将棉絮拆了洗洗，再给我送来。"王德寿答应了他的要求。狄仁杰的儿子接到棉衣，听说父亲要他将棉絮拆了，就想：这里面一定有文章。他送走王德寿后，急忙将棉衣拆开，看了血书，才知道父亲遭人诬陷。他几经周折，托人将状子递到武则天那里，武则天看后，就派人把来俊臣招来询问。来俊臣做贼心虚，一听说太后要召见他，知道事情不好，急忙找人伪造了一张狄仁杰的"谢死表"奏上，并编造了一大堆谎话，将武则天应付过去。

又过了一段时间，曾被来俊臣妄杀的平章事乐思晦的儿子也出来替父申冤，并得到武则天的召见。他在回答武则天的询问后说："现在我父亲已死了，人死不能复生，但可惜的是太后的法律却被来俊臣等人给玩弄了。如果太后不相信我说的话，可以吩咐一个忠厚清廉，你平时信赖的朝臣假造一篇某人谋反的状子，交给来俊臣处理，我敢担保，在他酷虐的刑讯下，那人没有不承认的。"武则天听了这话，稍稍有些醒悟，不由得想起狄仁杰一案，忙把狄仁杰招来，不解地问道："你既然有冤，为何又承认谋反呢？"狄仁杰回答说："我若不承认，可能早就死于严刑酷法了。"武则天又问："那你为什么又写'谢死表'上奏呢？"狄仁杰断然否认说："根本没这事，请太后明察。"武则天拿出"谢死表"核对了狄仁杰的笔迹，发觉完全不同，才知道是来俊臣从中做了手脚，于是下令将狄仁杰释放。

【从政之道】

赡思丁以柔克刚

赛典赤·赡思丁，一名乌马儿，回族人，别庵伯尔的后裔。至元十一年（公元1274年），元世祖忽必烈委任他为云南行省平章政事。

赡思丁在云南以抚绥的手段联络当地土吏，以其宽宏大度和雄才大略，团结友人，分化瓦解敌阵，尽量把他们争取过来。为了改善同交趾王国的关系，他派人去游说交趾王，晓之以逆顺祸福之理，达到了立约为兄弟的目的，交趾王也深受感动，亲自来访云南，建立了很好的邦交关系。据记载，赡思丁受命去征讨萝盘甸叛乱时，他所率部已经把萝盘甸团团围住，叛乱部实际上已处于束手待俘的状况。然而赡思丁亦以宽厚仁慈感动萝盘主请降，从而用和平的手段解决了边疆的动乱。赡思丁为官清正廉明，凡有少数民族领袖人物来献礼物时，他总是把这些礼物转赠下属或施与贫民，从不肯留作私用。他并以酒食犒劳这些领袖人物，团结笼络了一批少数民族上层人士。

　　赡思丁的智谋表现，大都不如军事上的计谋那样，如：借刀杀人、引蛇出洞、佯攻佯退、诱敌深入等等那么直观，他的智谋旨在攻心，化解矛盾，尽可能地把对手拉到自己这边来，使之不攻自破。征讨叛乱一则史实就充分显示了他巧用攻心计谋的才能。其时，叛军已被围住，但他首先伸出的不是拿枪的手，最后未流一滴血就解决了动乱问题，起到了用军事手段不可能起到的作用。

第七十七章　不欲见贤

【原文】

天之道，其犹张弓与？高者抑之，下者举之①；有余者损之，不足者补之。天之道，损有余而补不足；人之道则不然②，损不足以奉有余。孰能有余以奉天下？唯有道者。是以圣人为而不恃③，功成而不处，其不欲见贤④邪？

【注释】

①抑：压低。②人之道：大自然的法则。③不恃：不自恃功高。④见贤：被赞美。

【译文】

大自然的法则不就如同拉弓射箭吗？高了压低它，低了抬高它；有余的就减少，不足的加以补足。所以大自然的法则是减少有余而补充不足。人间的法则则不同，常常是剥夺不足的而供奉有余的。谁能够将有余的补给天下不足的呢？只有得道者。所以圣人（得道者）有所作为而不自恃功高，功成而不居功自傲，他不愿意被人赞美。

【评析】

这一章老子以"天之道"和"人之道"作对比，突出"天之道"的博大和"人之道"的渺小，进而主张"人之道"要效仿"天之道"。"天之道"的特点是"高者抑之，下者举之；有余者损之，不足者补之。"在讲"天之道"时，老子使用的是比喻的手法，老子将"天之道"比喻成张开的弓箭，张开的弓箭是为了射捕猎物，要随着猎物的位置的移动而改变，高了压低它，低了抬高它。有余的就减少，不足的加以补足。所以"天之道"就是减少有余而补充不足。老子在讲完"天之道"后并没有戛然而止，而是很自然地引出了"人之道"。"人之道"和"天之道"恰好相反，"人之道"是"损不足以奉有余"。老子反对这种人间法则，认为他只会造成天下的贫富不均和权利的不平等，古人云：不患贫而患不均，不患寡而患不安。不均等是一切祸乱产生的根源，大自然的法则是追求平等，所以它能长存；而人间的法则是不平等，所以人心才会不安，才会有动乱的发生。

"孰能有余以奉天下？唯有道者。"老子一问一答，对有道者的行为特征作了进一步的说明，有道者会将自己多余的衣物、粮食、财富拿出来奉献给贫穷的人，以达到和他们的均等，从而保证社会的安定。而有道之人实在是少之又少，根本无法扭转时局，社会普遍存在的现象是不均等，富有的人在欲望的驱使下对财富更是疯狂占有，财富的高度集中使一小部分的人占有着社会上绝大部分的财富，他们利用手里的资本变得更加富有，而绝大多数的人正遭受着贫穷的煎熬。在封建社会，权钱交易是极其普遍的事，当官的自有人巴结逢迎，送来黄金万两；有钱的则拿出财宝万贯去讨好当权的，讨来个小官当，然后一步步往上爬。权钱交易的结果势必将普通的老百姓推向贫穷的苦难和被压迫的火海之中去。

人的忍耐力是有一定限度的，当这种压迫达到一定程度之后，人民自然会揭竿而起来打破这种不平等的局面，以达到一种新的平衡。这实际上已不自觉地遵循了大自然的规则，即老子所说的"天之道"。

"是以圣人为而不恃，功成而不处，其不欲见贤邪？"老子用圣人的所作所为来向世人做示范，圣人决不会将自己推到溢满的地位，他们会将自己多余的部分分给不足的人，而决不炫耀，而是适当地贬损自己，始终保持谦和、恭敬、卑下的德行。圣人有所作为而不据为己有，有功而不居功自傲，不喜欢显山露水、被人夸耀。

【从政之道】

萧何名誉满天下，自毁其誉保其身

公元前206年，汉高祖刘邦做了皇帝，谋臣萧何也当了相国。五年之后，刘邦迁都咸阳（今西安），萧何因营池造殿有功，又被封邑晋爵。

萧何接到晋爵诏书后，喜跃纤舞，在相府大摆酒宴，以示庆贺。鼓乐喧天，车水马龙，来贺喜者络绎不绝，好不热闹。

就在这时，来了一位汉子，身着缟素，脚穿白鞋，哭天嚎地，进来吊丧，萧何大怒，正要喝令推出去打板五十，一看这汉子不是别人，正是秦朝遗老东陵侯召平。他在秦朝被义军推翻后，就隐姓埋名，在城外的田园里种瓜，因瓜个大味美，甘甜无比，人们还给召平一个绰号——东陵瓜。萧何随高祖入关中后，听到不少有关他的逸闻，觉得他是个贤能之人，便招至幕下，让他参于前，谋于后，大事小情，都出了不少好点子，今天为什么要来大煞风景呢？召平见萧何先怒目圆瞪，后紧锁眉头，欲思欲语，正在踌躇之中，便进一步暗示说："喜尽则忧至，福过则患来，丞相大喜过后，不要忘记后面隐藏着的灾难啊！"萧何见人多嘴杂，说话多有不便，先请召平入席。待酒席散后，把召平请入帐内，百思不得其解地问："我向来得到高祖的恩宠，位及丞相，已在一人之下、万人之上。我主皇恩浩荡，为了谢主龙恩，我工作尽心竭力，处处小心谨慎，从不敢有半点疏忽，又何患之有呢？"

召平见萧何仍执迷不悟，直截了当地说："我主御驾亲征，南伐北讨，亲冒矢石，历尽千辛万险。而您安居都中，不去打仗，反享高官厚禄，得到加封，我猜想主上对公有疑虑。如果您像今天这样，没有远虑，必有近忧，难道公忘了淮阴侯韩信大将军的下场了吗？"

听了召平这番话，萧何如梦初醒，不觉吓出了一身冷汗，随后陷入深深的回忆之中。那还是汉六年，高祖刘邦消灭异姓王之后。为了使汉朝江山千秋永固，开始搜寻对自己构成潜在威胁的人。第一个显眼的目标，自然是韩信了。韩信知广谋深，攻必克，守必固，在军中享有很高的威望，而且兵权在握，倘若韩信图谋不轨，易如反掌。为了清除这一隐患，汉高祖采取了一系列的措施。先以各种名义，削去韩信的兵权，继而封他为淮阴侯。韩信万万没有想到，为刘家江山舍生忘死，每次率兵打仗都浴血奋战，到头来却落了个这样的下场。终日借酒浇愁，有时喝得醉醺醺的，便愤懑地说："狡兔死，走狗烹；飞鸟尽，良弓藏；敌国破，谋臣亡。"

后来这话传到刘邦和吕后的耳里，知道韩信已识破他们的计谋，定有防范措施，便暗示萧何，要想方设法除掉韩信。公元前197年（汉十年）9月，驻守在赵、代地区的阳夏侯陈豨自立为代王，举兵谋反。刘邦请韩信复出，率兵去平叛。韩信托病不出。汉帝只好亲率大军,去邯郸征讨。临出征前,暗示丞相和吕后,要提防韩信。

吕后平素与韩信积怨颇深,早想借皇帝之手,杀了这个仇人,一直找不到下手的借口。对此事,韩信的一个门客,看得十分清楚,加上韩信最鄙视这样的势利小人,他在韩信手下一直不得志,于是暗中向吕后告发,说韩信与陈稀是再好不过的朋友,两人对高祖都怀有不满,已串通好了,这次陈稀谋反,韩信答应做内应,并做好了准备,预谋在某个夜里,假传圣旨,先释放奴隶和犯人以扩充军队,得手后就来袭击吕后和太子刘盈。

吕后也不想对此事查个水落石出,不管他是真是假,反正抓住了韩信的把柄,便秘密召见丞相萧何,把韩信想谋反一事,活灵活现地说了一遍,加上高祖出征前,已有暗示,萧何不敢不信以为真。于是两人谋定,将刀斧手埋伏在宫中,然后将韩信骗来生擒。

萧何回到家中,先派人去请韩信入相府私宴。韩信称病谢绝。萧何只好亲自去请,并对韩信说:"近日皇上亲驾出征,捷报频传,陈稀已经逃往匈奴,现在,朝野上下无不欢欣鼓舞,新老大臣皆继踵进宫,向吕后道贺。你称病不朝,必将引起吕后的怀疑,不如同我一起进宫,以贺释疑。"韩信一向把萧何视为知己,言听计从,这次也只好随他入宫。俩人刚来到长乐殿谒贺吕后,吕后一声令下,四面埋伏的刀斧手蜂拥而上,把韩信紧紧捆住。此时,韩信才明白,对自己来说,成也萧何,败也萧何。

想到这儿,韩信父、母、妻三族被杀的惨景,又浮现在眼前,萧何预感到大难即将临头。第二天早朝时,面奏圣上,诚惶诚恐地说:"恩皇御驾亲征,屡冒矢石,拓疆拔城,功耀日月,且不愿安居新宫,实为万民之楷模。臣下无功受邑,上愧皇恩下愧百姓,决不敢受。"并拿出许多家财,拨入国库,移作军需。汉帝见丞相无功受禄,尚未感到心安理得,遂释去一些疑心。

萧何为了消除汉帝对自己的疑虑,忧君之所忧,急君之所急,务君之所需,赢得了满朝文武百官的一片赞誉声。汉帝见此,又有些闷闷不乐。召平又及时提醒丞相说:"公不久将要满门抄斩了!"

萧何问他其中的缘故,召平说:"昔日汉帝征讨英布时,您每次把粮饷及时输送到军中,刘邦都暗中查问,萧何近来都做了一些什么事情。当有人说,萧丞相爱民如子,除督办军需外,还为圣上抚恤百姓,使万民称颂时,刘邦总是眉头紧皱,似有所思,证明对您早有提防。如今您誉满朝野,位列一人之下，万人之上，还有什么官爵可封给您了呢？如今主上见您久居关中，深得民心，怕您闭关称尊，使主上进不能战，退不得归，这块心病汉帝早晚要除掉的！"

萧何听后连连点头。从此，他入朝唯皇命是遵，不敢出半点差错，并日显龙钟老态，越来越糊涂，以此来消除汉帝的疑虑与戒心；同时，为了毁誉以自保，萧何违心地干了些侵夺民间财物的事，使自己的威信日益下降。有一次，汉帝大驾亲征在回京途中，百姓跪在地上上书，控告萧何强买民田。汉帝见丞相名声每况愈下，暗中高兴，仅令萧何向百姓认个错，归还田地或补偿田价就是了，没有深究。萧何以侵夺民间财物，赢来了个坏名声，释了君疑，保住了全家人的性命。

下篇 德经

·323·

第七十八章　柔之胜刚

【原文】

天下莫柔弱于水，而攻坚强者莫之能胜，以其无以易之①。弱之胜强，柔之胜刚，天下莫不知，莫能行。是以圣人云："受国之垢，是谓社稷主②；受国不祥，是谓天下王。"正言若反③。

【注释】

①易：变易，代替。②受：承担。垢：污垢，耻辱。③正言若反：正面的话好像反话一样。

【译文】

天下万物没有比水更柔弱的了，然而攻击坚硬强壮之物没有能胜过它的，因而水是没有事物可以代替得了的。柔胜刚，弱胜强，天下没有不知道的，但没有哪个能做到。因而圣人说："能承担国家屈辱，才称得上国家的君主；能承担国家的灾难，才能做天下的君王。"正面的言语好像是在反说一样。

【评析】

水在老子的《道德经》里曾多次出现，水作为柔弱的象征贯穿于老子思想的整个过程中，备受老子称道。

我们在前面的章节中已介绍了水的特性，比如它的顺势而为，甘居下位、柔弱、顺畅、坚韧等都是我们所熟知的，所以不再一一赘述。老子说天下万物没有比水更柔弱的了，然而它却是最坚强的。为什么这么说呢？老子所处的时代，科技不发达，很多自然现象人们无法对其正确诠释，常常以神化的力量进行曲解。比如对于洪水，人们将其比喻为猛兽，以为有一个管理水的神在统治着，它时而温柔顺畅时而来势汹汹，实在让人费解。它的力量是难以估量的，所以老子说它"攻坚强者莫之能胜"，绝非溢美之词。

"弱之胜强，柔之胜刚，天下莫不知，莫能行。"老子说天下人都已清醒地认识到了柔能胜刚，弱能胜强的道理，但都不能像水一样貌弱而实强，这是为什么呢？这是因为在弱肉强食的社会里，人们从小就被灌输进一种思想，那就是要争先、争强，决不能软弱，因为软弱就会被鲸吞。在这种思想的驱使下，人们变得争强好胜，然而越是争强越不可能强，反而真正的强者是不争，就如同水，甘居下位、温顺无比，却是最有力量的。

"受国之垢，是谓社稷主。受国不祥，是谓天下王。"这是老子引用圣人的话来说明真正的君主应具备的品德。配得上做一国之主的人能够承受得了国家的耻辱，比如越王勾践，不以自己的荣辱为荣辱，为了国家不惜忍辱负重，他像水一样柔弱、能屈能伸，而不是穷兵黩武，他们知道爱惜民力，知道尊重老百姓的生命，只有这样的人才配称为国家的君主。

"正言若反"是老子对整部《道德经》中那些相反相成的言论的高度概括，比如大成若缺、大白若辱、大巧若拙、大智若愚、大辩若讷等。正面是成，反而是缺，正面是一套反面又是一套，正面和反面是矛盾的统一体。老子在此说"正言若反"，和原文并不是割裂的，它是承接上文所说的水的柔弱和刚强而来的。

【为人之道】

乔治·罗纳柔弱胜刚被聘用

乔治·罗纳曾在维也纳当过多年的律师，第二次世界大战期间，他逃到瑞典，变得一文不名，急切需要一份工作。他能说能写几国的语言，希望能在一些进出口公司找到一份秘书的工作。但是，绝大多数的公司都回信告诉他，因为正在打仗，他们不需要这类人才。不过，他们会将他的名字存进档案里，以备不时之需。

在这些回复中，有一封信这样写道："你完全没有了解我们的生意。你又蠢又笨，我根本不需要什么替我写信的秘书。即使需要，也不会请你这样一个连瑞典文也写不好，信里全是错字的人。"

乔治·罗纳看到这封信时，气得要发疯。他也写好了一封信，想气气那个人。但他冷静下来对自己说："等等！我怎么知道这个人说得不对呢？瑞典文毕竟不是自己的母语。如果真是如此，想要得到一份工作，就必须不断地努力学习。他用难听的话来表达他的意见，并不意味着我没有错误。因此，我应该写封信感谢他才是。"

于是，他重新写好了一封感谢信："你写信给我，我实在是感激不尽，尤其是在你并不需要秘书的情况下。我对自己将贵公司的业务搞错一事深表歉意。之所以给你回信，是因为听人介绍，说你是这个行业的领导人物。我的信上有很多语法上的错误，而自己却无法自知，我备感惭愧，而且十分难过。现在，我计划加倍努力去学瑞典文，改正自己的错误，谢谢你帮助我不断地进步。"

不久，乔治·罗纳就收到那个人的回信，并且给了他一份工作。

【从政之道】

康熙以弱胜强除鳌拜

康熙皇帝继位时才8岁。按照当时的规矩，"皇帝年幼，由顾命大臣辅政。"当时由顺治帝临终时指定的四个辅助小皇帝的顾命大臣中，鳌拜最为专权，他并不把康熙放在眼里，贪赃枉法、自行其是。

康熙5岁就会写诗，才华出众，他觉得鳌拜处处与自己作对，是个心腹大患，就早做准备。他把一些满洲贵族的子弟招来宫中练习武艺，作为自己的亲信侍卫。

鳌拜大权独揽，谨防有实力的大臣接近皇帝，并不断派人观察宫中的动静，不让康熙羽翼丰满，要使他成为一个名副其实的"孤家寡人"，这样自己就可以"挟天子以令诸侯"。他看见康熙和一些孩子们在玩摔跤的游戏，并不觉得对自己有何威胁，反而认为康熙胸无大志，只知玩耍，便放松了警惕。

一次鳌拜称病，好久不来上朝，康熙便亲自来到鳌拜府中探听虚实。他径直来到鳌拜的卧室，发现鳌拜在席子下面藏有利刀，知道鳌拜心怀叵测。但他很能沉得住气，不但不加以责怪，反而安抚说："满洲勇士，身不离刀，乃是本色。"鳌拜听了，觉得康熙是个小糊涂，更加为所欲为了。

康熙探病回宫，就把那帮孩子们找来，说："大清朝已处在危急关头，你们听我的，还是听鳌拜的？"那些孩子们平时都受到了皇上的优待，自然是愿意听皇上的了，于是，康熙就设下了陷阱。

康熙将鳌拜召进宫来，鳌拜不知是计，便大摇大摆地来见皇上。康熙便命那些孩子们玩摔跤游戏给鳌拜看。孩子们玩着玩着，一个个跌打翻滚到了鳌拜身前，这个抱腿，那个抓头，顿时将鳌拜掀翻在地。但鳌拜也不是省油的灯，他号称"满洲第一勇士"，力大无穷，他猛一挣扎，那些孩子都被他绊落在地，但这些孩子们都忠于康熙，尽管敌不过鳌拜，仍死命纠缠住他不放，正在危急关头，康熙拿出藏匿在袖中的匕首，一刀刺进鳌拜的胸中，众孩子蜂拥而上，将鳌拜擒住，康熙当即宣告：鳌拜谋反，令监禁听审。

康熙解除了权臣鳌拜和他的党羽，自己亲政。他文能治国，武能安邦，平息三藩叛乱，收复台湾，威震华夏，在位60年，是历史上最成功的帝王之一。

彭湃以柔克刚敲掉林统领的"鼻子"

海丰县城北有个五坡岭。古时候，宋朝文天祥屯兵在这里，部队正在吃饭的时候突遭敌兵袭击，文天祥未及应战而被擒，尽节于柴市。后人为了纪念文天祥的忠贞爱国，就在五坡岭建筑了一个"表忠祠"。这五坡岭上的表忠祠是海丰县历代的最高学府，彭湃就在这里度过他的青年时代。

1916年，袁世凯窃取了政权之后，就在全国各省布置他的党羽。派到海陆丰当"统领"的是林干材。林干材到任后，就和海陆丰的土豪劣绅互相勾结，一面捕杀反对袁世凯的人，一面大刮地皮。海丰县的土豪劣绅为感谢林干材，竟想出了一个鬼主意，要给林干材塑像，放在表忠祠里祀配文天祥。

作为学生的彭湃意外得知这一消息后，气愤万分，与同学们共同商量对策，最后，综合同学们的意见，排除了"硬拼"的简单做法，提出：不但要团结学校里的同学，还要联合社会上各界人士，一齐起来反对这种无耻的行为。

在彭湃的领导下，一个轰轰烈烈的反对林干材塑像祀配文天祥的运动，在海丰县展开了。学生们一面公开揭发土豪劣绅的阴谋，使大家认清他们的丑恶面目；一面派出代表到校长那里去请愿，要求学校出面制止林干材的塑像进表忠祠。校长不敢出面，学生就自己行动起来了。

不几天，海丰县城的大街小巷，都出现了反对林干材的塑像放进表忠祠的标语，闹得满城风雨。

当地土豪劣绅赶忙派人调查，声言要用武力来对付。

彭湃想：如果跟土豪劣绅正面冲突起来，恐怕会吃亏。他采取了一种比较隐蔽的方式，巧妙地领导同学们继续进行斗争。

这班土豪劣绅看市面似乎已经平静，再也没有人敢出来贴标语反对他们，以为他们声言用"武力对付"的话生了效，满心欢喜地督造他们的林统领的塑像，好赶在林干材做寿的那一天放进表忠祠。

在林干材寿诞之期前一天，林干材的塑像完工，被抬上了五坡岭，抬进了表忠祠，还派了两名卫兵在那里守着，准备在翌日举行典礼。

那是一个没有月亮的夜晚，彭湃和他的同学带着斧头和凿子，趁夜深人静，卫兵不备，轻手轻脚地走近林干材的塑像，狠狠地用力一敲，就把林干材塑像的鼻子毁了。

天亮了，那两个卫兵才发现他们的林统领的鼻子被人敲掉了，两人大吃一惊，赶忙跑进城里去报告。土豪劣绅和林干材急忙赶到五坡岭，林干材看到没鼻子的塑像，气得瞪眼吹胡子，把地主们训斥了一顿就扫兴而去。地主只好把气出在那两个卫兵身上，然后叫人把那个没鼻子的怪像抬去扔在海里了。

彭湃不畏恶势力，还能审时度势，有礼有节，曲张自如，以退为进，出奇制胜，圆满地实现了既定计划。

第七十九章　报怨以德

【原文】

和大怨①，必有余怨，安可以为善？是以圣人执左契②，而不以责于人。故有德司契，无德司彻③。夫天道无亲④，常与善人。

【注释】

①和：调和。②契：契约。左契：债券的回执。③司彻：支持赋税，掌管税收的官职。④无亲：没有亲疏。

【译文】

调和大的怨结，必然还有余留的怨恨，怎能称得上是妥善的解决办法呢？因此圣人保存借据的存根，却不向人索取偿还。有德的人就像持有借据的人那样宽容不索取，无德的人就像掌管税收的人那样苛取。自然的法则是不分亲疏的，常常伴随着有德行的人。

【评析】

这一章老子依然就统治阶级和老百姓之间的矛盾展开论述。矛盾的结果必然是积怨很深，怨由何而激起呢？老子在这里没有明说，但根据前面章节的内容我们知道统治阶级对人民的盘剥是矛盾产生的根源，这种矛盾属于经济范畴的矛盾。我们联系当时的时代背景分析，春秋末期统治阶级穷奢极欲而且好大喜功，他们不惜牺牲人民群众的利益来满足自己的欲望，为此国家财政常常出现亏空的现象，这种入不敷出的局面该如何妥善解决？原有的税收已不能满足统治阶级的贪婪欲望，而统治阶级是不会委屈自己的，于是五花八门的横征暴敛手段便相继出炉了。

在当时，统治阶级除了让人民承担沉重的徭役之外，还强迫人民服兵役。我们知道统治阶级的特点是好大喜功，为了显示自己的"丰功伟绩"而穷兵黩武，人民不但缺衣少食，而且要忍受妻离子散、战死沙场的悲痛。对统治阶级而言，这还不够，他们还会向人民收取大量临时强加的赋税，使人民深受其苦、不堪重负。就这样，交不起赋税的广大劳苦大众成了统治阶级的债户，而统治阶级坐享其成反倒成了最大的债主。统治阶级和劳苦大众的矛盾不断激化，人民怨声四起。统治阶级面对这种不利于自己的情况，自得"和大怨"。什么是"和大怨"？统治阶级为了巩固自己的统治而采取的调和和人民之间矛盾的措施就是"和大怨"。"和大怨"的结果会怎样呢？在老子看来并不乐观，老子称其为"必有余怨"，为什么会"必有余怨"呢？因为统治阶级和人民之间的矛盾是不可调和的，要想消除"余怨"，统治阶级必须抛弃自身贪婪的欲望，从浮华和虚无的追求中解脱出来，不要再为了满足自己的穷奢极欲而不惜牺牲人民的利益；除此之外，统治阶级无论从主观上做出怎样的努力，都不可能消除人们心中的"余恨"。所以老子称之为"必有余怨"。

"是以圣人执左契，而不以责于人。故有德司契，无德司彻。"老子再一次拿圣人的行为作参照，指出了"有德"和"无德"的分别，老子说"有德"的统治者虽持有借据但宽容不索要地租，而"无德"的统治者则根据田亩的数量任意地收取地租。

"夫天道无亲，常与善人。"老子指出了天道对任何事物都无亲无疏，但它喜欢站在善良的人一边，此话的反面意思是苛刻的统治者会受到天道的谴责和惩罚，这就为"无德"的统治者敲响了警钟。

【为人之道】

顾觊之焚债券以教子

顾觊之，字伟仁，南朝宋吴部人。他一生为官，清廉爱民。

起初，朝廷任命他为山阴县县令，当时山阴有三万民户，历来公事繁巨，号称难治。顾觊之上任以后，将一个公事极其繁杂难治的地方整治得讼息、政简，井井有条，足见其政治才能。

顾觊之不但能把一方百姓治理得安居乐业，而且也善于治家，使得家门和睦，在地方上赢得了很高的名望。他一共有五个儿子，其中第三个儿子顾绰家中的财产最多，家道极为殷实。正因为这样，顾觊之的家乡不论士子平民，好多都欠着顾绰的债。顾觊之对儿子向乡亲们放债的行为十分不满，曾多次劝阻，而顾绰总是不听。顾觊之在外做官，儿子又已自立门户，所以也想不出办法来制止儿子。

后来，朝廷任命他为吴郡太守，他终于回到家乡做官了。

顾觊之对儿子放债之事一直耿耿于怀，心里始终未放下，这次回家乡任太守，便想出了一个办法。有一天，他找了个机会对顾绰说："以前我常常禁止你在乡里放债，现在仔细想一想，如果不这样做，搞得家里十分贫穷，也不是过日子的办法。你平时放的债，有多少人没有及时偿还？趁我现在回到家乡来当太守，我设法代你催要。不然的话，等到我以后不在家乡当官了，你哪里还能要得到这些债。你的债券都放在什么地方了，赶快拿出来！"

顾绰正为有些欠债难以讨回而伤脑筋，听父亲说准备替他撑腰，帮他讨债，真是大喜过望。心想凭他父亲在地方上当官的势力，讨起债来岂不是易如反掌？他急忙将别人欠债所写的文书全都拿了出来，竟然有满满一大橱子。此时，顾觊之见自己的计谋已经成功，便不管三七二十一，点起一把熊熊大火，将顾绰的所有借债文书烧了个精光。烧完文书，他郑重其事地向远近乡人宣告："你们欠三郎的所有债务，今后都不必再还了。所有的欠条，都已经被我一把火烧掉了。"

顾绰心理上没有丝毫准备，见自己这么多财产在父亲的一把大火中全都化为乌有，一下子受到沉重打击，以至于整天都十分懊丧，不停地唉声叹气，心里难过，却也不得不接受既成事实。

顾觊之教子尽管武断，但他一片爱民悯农的心意却是情真可鉴，一举赢得了百姓们的拥戴和信任。

第八十章　小国寡民

【原文】

小国寡民①。使有什伯人之器而不用②；使民重死而不远徙③；虽有舟舆，无所乘之④；虽有甲兵，无所陈之⑤；使民复结绳而用之⑥。甘其食，美其服，安其居，乐其俗。邻国相望，鸡犬之声相闻，民至老死，不相往来。

【注释】

①小国：使国小。寡民：使民少。②什伯人之器：十倍百倍于人力的器具。什伯：极多，十倍百倍。③徙：迁移，远走。④舆：车子。⑤甲兵：披盔甲的士兵。陈：陈列，布列。⑥结绳：文字产生之前，人们用结绳记事。

【译文】

建立的国家要小，人民要少。即使有功效十倍、百倍于人的各种器具也不使用。使人民重视生命而不向远方迁徙。虽然有船和车却没有必要去乘坐。有甲兵却没有必要去布阵交锋。使人民恢复到使用结绳记事的远古的自然状态中去。使人民有甘甜美味的饮食、华丽的衣服，安适的住所、和乐的风俗，邻国之间能够互相看得见，鸡犬之声能够互相听得到，人民却直到老死都没有交往过。

【评析】

从老子对前面诸多章节的叙述中，我们不难体悟到老子所处时代的特征：战乱、压迫、贫瘠、饥饿、荒淫、贪婪……面对这样一个让人难以忍受的时代，老子有一种逃离的欲望，这种欲望是正当的，而绝非奢望，如何逃离？老子没有说明，而是向我们描述了他理想中的国度的情景：国家小得犹如一个安静的村落，国民也很少，虽然国小人少，但人民是富足的，各种器具应有尽有，但人们都不去使用这些器具；统治者清心寡欲，不对人民横加干涉，让他们生活得幸福安康，对生命的存在极为重视，为了不浪费时间和精力他们不向远方迁徙；他们虽然有船和车作为代步工具，但他们从不去乘坐；天下太平，即使拥有实力雄厚的甲兵，也无用武之地；使人民恢复到结绳记事的远古时代。

　　老子的幻想将我们引领到了没有压迫没有剥削的原始社会，自给自足、没有战争和掠夺、没有心智和欺诈、没有凶悍和恐惧，人民生活富足，这些都是这一社会的特点。这种单纯质朴的社会使当时处于压迫和剥削下、饥寒交迫的人们所神往。时隔两千多年后的今天，我们在读老子理想生活图景时依然感觉到它的美好。

　　老子的幻想并不是毫无根据的，这种理想的社会曾在人类历史上存在过相当长的时期，最后随着阶级的出现而灰飞烟灭了。那时的理想社会虽不像老子所描述的那样富足但也并不十分匮乏，那里没有压迫没有尊贵卑贱之分，人们虽然没有太多的知识但人们没有狡诈、虚伪，没有你争我夺的心智，人和人之间以诚相待、以心交心。大家生活融洽、和谐幸福。

　　"甘其食，美其服，安其居，乐其俗。"老子用一连串的排比，来叙述他心目中理想社会的真实场景，有味道甘美的食物可供人们食用；有色泽华美的衣服可供人们穿戴；有安定的住所可供人们栖居；有令人愉快的风俗可供人们享受。这些在现代人看来都是极其普通的生命需求，正是这种普通而简单的生活需要才让人类生命的价值得以提高和升华。我们都知道人的欲望难填，老子在超越人类欲望的基础上，平静地提出自己的"理想天国"的情景，老子在前面的章节中曾经指出真正的富足就是知道满足。在此老子以"小国寡民"来提醒统治者不可贪婪地掠夺别国的土地，这也是他反战思想的另一种表达方式，老子鉴于当时的统治者的贪婪本性提出自己的政治见解，对统治者而言起到了敲警钟的作用；他所描述的理想社会给生活在压迫和战乱中的劳苦大众一顿丰盛的精神佳肴，人们有了对美好生活的向往和追求，这无疑也具有重要的意义。

　　在本章的最后老子着力描写了"小国"里的人们的生活和交际情况，他

下篇　德经

·333·

说"邻国相望，鸡犬之声相闻，民至老死，不相往来"。这句看似普通的言语却分明地道出了老子的处世观和生活态度，他认为人和人之间不应该交往，要"老死不相往来"。这种封闭保守的生活态度不是没有目的，我们都知道老子反对"多智"，他认为人民心智技巧太多就会引发祸乱，是社会不稳定的因素，所以他不主张人们往来。

【从政之道】

魏武侯内修德政善听忠言

战国时期，魏国国君魏文侯听说吴起廉洁公正，善于用兵，颇得将士推崇，便拜吴起为西河（魏郡名，辖境在今陕西东部黄河西岸地区）郡守，以抵御秦国和韩国的进犯。

魏文侯死后，吴起便继续辅佐他的儿子魏武侯。

公元前395年，武侯来到西河，乘船顺河而下，察看地形。途中，武侯见高山大河，险要奇伟，感慨不已，回首对吴起道："山河环抱，形势险要，恰似一道'一夫当关，万夫莫开'的防线，阻挡着敌人的入侵，这真是魏国的荣幸啊！"

吴起听道，摇了摇头，劝谏武侯说："国家的兴盛衰败，在德，不在山河之险。"

武侯看到吴起不同意他的观点，便问道："这是什么原因呢？"

于是，吴起援引历史上许多国家山川地势险要，却不注意治理国家，不施恩德于民，终遭失败的例子。

他又劝谏武侯说："国家的兴盛衰败，在于是否施德于民，不能只依赖山川的险峻。从前，三苗氏（相传古部落名）所居之地，左有洞庭湖，右有鄱阳湖，地势险要。可是由于没有德言，不讲信义，被夏禹（相传古部落联盟首领）打败了。夏朝末代的君主桀的驻地，左有黄河、济水，右有泰山、华山，北有太行山，南有龙门山，地势更险要，可由于不施仁政，被商汤打败了。商朝末代纣王的国都，左倚孟门山，右靠太行山，北有恒山，南临黄河，同样因政治腐败，不施德政，被周所灭。从这些事实来看，治国在于有好的政策法令，给人民以恩德，而不在于地形的险要！如果您不施德政，恐怕船上的人都有可能是您的敌人。"

武侯听罢，敬佩地说："你说得很对。"
　　由于魏武侯及时纳谏，内修德政，外练强兵，并支持吴起变法，改革兵制，从而建立起一支精锐骁勇的"魏武卒"，称雄一方。

第八十一章　善者不辩

【原文】

信言不美①，美言不信②。善者不辩，辩者不善。知者不博，博者不知。圣人不积③：既以为人，己愈有；既以与人，己愈多。故天之道，利而不害④；人之道，为而弗争。

【注释】

①信言：真实可信的话。②美言：赞美、夸饰之辞。③不积：不自私，没有占有的欲望。④利而不害：使万物得到好处而不伤害万物。

【译文】

真实可信的言语不华美，华美的言语不可信。善良的人忠厚老实不巧言善辩，巧言善辩的人不善良。有真知灼见的人不求知识广博，有广博知识的人不可能有真知灼见。圣人不私自积藏，他尽量帮助别人，自己反而更富有；他尽量给予别人，自己反而更丰富。天的法则是利于众人而不妄加伤害；圣人的法则是施惠众人而不与人争夺。

【评析】

真正善良的人，决不会与人争论是非，对自己的所作所为和功过是非不进行争辩，他们虽表现木讷但是非分明，虽看似愚钝但心如明镜，他们不善于论人，也不善于为自己争辩，一切尽在不言中。老子称这些不善于用花言巧语来争辩的人是完善的，其本质也是善良的。我们常说"言多必失"，言语发展到今天，其作用大大超过了原始意义上的生存需求，它已经发展到现代意义上交流的必不可少的工具；尤其在社交场所，言语起到了无可替代的作用，这一点谁也无可否认。在老子看来，言语的负面作用比正面作用大，这是他所处的时代背景造就的，无可厚非。我们必须清醒地认识到老子决不是要我们都成为"哑巴"，他只是强调言语上升到"善辩"这一层次所出现的弊端，他将言语和人的善良本质联系起来不是没有道理的，这在今天看来依旧具有重要意义。

对于获得知识的博与专，老子自有他自己的见解，他称"知者不博，博者不知"。关于这一问题的讨论直到现在仍未停止，一般意义上的知识的广博和专精是不能说明老子的理论的。老子在这里强调的是对道的把握（真知）和多闻（广博）的辩证关系，在老子看来多闻并不能真正地明白道，明白道的人并不靠博闻而得。

"圣人不积：既以为人，己愈有，既以与人，己愈多。"这句话让现代人看来实在是荒唐可笑，自己的东西给了别人怎么就更富有了呢？在这里我们从精神物质层面上来解释，自己的东西（物质的、有形的）给予了别人，自己东西是变少了，但自己的精神财富（无形的）却上了一个台阶，给予了别人却换来了自己内心的充实，这难道不叫作自己变得更富有和充足了吗？

"天之道，利而不害；人之道，为而不争。"这是全章的总结，也是整部《道德经》的总结，老子以一句极富鼓动性的话结束了五千言。看啊，苍茫的天地之间，人类就如同浩瀚大海里的游鱼，成群结队，大小不一。我们要参与竞争要被强大的对手吞噬，我们要成长、衰老、消亡，我们都喜欢生而讨厌死，因为生是幸福的，抬头看天上的星星，低头看草叶上的露珠，这一切都是那么的让人欣喜和感动。天地给予我们的绝非仅仅这些，这些美丽的事物是天地给予我们的礼物，它无私地给予着，让我们人类尽情地享受着它带给我们的美好，它不要求回报，更不用说去伤害我们了。圣人也是如此，他只是默默地奉献而不要求我们的回报，他和万物没有纷争、没有打斗，只有奉献、没有索取，更没有欲望和妄为。这是多么幽远、高深的境界，但他看起来又是这般的普通！

【为人之道】

卡耐基乐于助人成就事业的辉煌

卡耐基是美国著名的企业家、教育家和演讲口才艺术家。在20世纪，卡耐基的演讲口才艺术曾使亿万人获益匪浅。仅在欧美地区，就有近2000个卡耐基演讲口才训练班，甚至许多地方出现了卡耐基演讲口才俱乐部，影响和改变了无数人的生活与命运。在参加训练的人中，有著名作家、政治家、商界大亨、学者、大学生、职员，甚至还有几位国家元首，可见其影响之巨，已渗透到社会的各个阶层和各个方面。

有一位英国企业家在接受记者采访时曾经这样说："当今成功人士，恐怕没有人没读过卡耐基的书！"虽然这话不无夸大的成分，但卡耐基的书长期以来是全球的畅销书，印刷量仅次于圣经，却是不争的事实。在如此众多的卡耐基著作中，总有一本会落在自己的手中。

因此，卡耐基的学生无以计数，从中获得收益而走向成功的人也是很多的，这些人的成功本身无疑能说明卡耐基的成功。但他的成功还不止于此，他比我们心里所固有的成功模式还要成功得多，他不仅是一位伟大的教育家，更是一位少有的善于通过帮助别人成功的企业家，因为卡耐基始终坚信："帮助别人成功，自己也能成功。"

以训练员工而论，恐怕无人能胜过卡耐基了。他先后重用了43个青年，他们原来的家境都很贫寒，但后来都成了百万富翁。

卡耐基让别人的才能得到了最大限度的发展，他自己是否受到了损失呢？没有。相反，他因此而缔造了一个非常伟大的组织，比以往的任何组织都要强大得多，这可以说是他事业的里程碑。他的成功最准确地诠释了这样一个真理：帮助他人就是成就自己。

在卡耐基的生命中，友谊是重要的组成部分，他对朋友忠诚如一，对友谊极为尊重，因此，他也同样赢得了朋友们的尊重和支持。他帮助了别人成功，反过来，别人使他获得了更大的成功。

【从政之道】

清议和大臣辩难列强公使

义和团运动失败后，八国联军攻占北京，列强政府利用战争获胜的有利地位，向清政府提出了许多极端苛刻无理的要求。例如列强公使曾提出：他们的公使若向清帝呈送国书或国家元首的亲笔信，清廷必须派人用黄色轿迎送。

清廷认为，列强的这一外交礼仪要求实在难以接受，因为按中国的传统体制，只有至尊无上的清朝皇帝才可以乘坐黄色轿，而且如若各国公使同时向清帝呈送国书，哪里去找这么多的黄色轿呢？清政府议和大臣向列强公使说明碍难允准的理由，要求他们改乘中国王公大臣乘坐的绿呢大轿。但各国公使态度极为蛮横强硬，声称，所有礼节必须由各列强商定后，"中国照允施行"。

当时，清政府早被列强打得惊恐万状，对他们所提出的许多苛刻条件皆已答应，但列强公使要乘坐黄色轿子的要求实在太过苛刻，议和大臣们向列强公使再次剖辩说："中国对外国公使当然可以作为远方客人而给予礼遇的优待，但列国公使毕竟不是各国的元首，如果公使可以随意乘坐中国最高级别的黄色轿子，那么一旦该国的国家元首来华游历访问，又将乘坐什么颜色的轿子呢？而且，各国公使所享受的外交礼遇同本国亲王、王子等也应有所差别，以示高下尊卑。你们可以不顾中国的礼仪规制，强令中国接受，难道各位也不为本国的体制尊严留有余地，以致各国元首来华时在礼遇上等同于公使而受辱吗？"

清议和大臣的这些辩难，正好点到了列强的要害和谬误，终于迫使他们在礼仪问题上作了某些让步，同意只乘坐高于王公大臣的绿呢轿而低于皇帝御舆黄色轿的加有黄色丝襻的绿色轿。

在当时的情况下，清政府同列强是没有对等谈判地位的，但清议和大臣在同列强公使的礼仪问题谈判中，却准确地抓住了列强公使的荒谬之处，采取"攻谬法"，使其在肆意破坏中国礼仪与维护本国体制尊严中不能两全而被迫作出某些让步。

下篇　德经

中华传统文化核心读本书目

【处世经典】

《论语全集》
享有"半部《论语》治天下"美誉的儒家圣典
传世悠久的中国人修身养性安身立命的智慧箴言

《大学全集》
阐述诚意正心修身的儒家道德名篇
构建齐家治国平天下体系的重要典籍

《中庸全集》
倡导诚敬忠恕之道修养心性的平民哲学
讲求至仁至善经世致用的儒家经典

《孟子全集》
论理雄辩气势充沛的语录体哲学巨著
深刻影响中华民族精神与性格的儒家经典

《礼记精粹》
首倡中庸之道与修齐治平的儒家经典
研究中国古代社会情况、典章制度的必读之书

《道德经全集》
中国历史上最伟大的哲学名著,被誉为"万经之王"
影响中国思想文化史数千年的道家经典

中华传统文化核心读本书目

《菜根谭全集》
旷古稀世的中国人修身养性的奇珍宝训
集儒释道三家智慧安顿身心的处世哲学

《曾国藩家书精粹》
风靡华夏近两百年的教子圣典
影响数代国人身心的处世之道

《挺经全集》
曾国藩生前的一部"压案之作"
总结为人为官成功秘诀的处世哲学

《孝经全集》
倡导以"孝"立身治国的伦理名篇
世人奉为准则的中华孝文化经典

【成功谋略】

《孙子兵法全集》
中国现存最早的兵书,享有"兵学圣典"之誉
浓缩大战略、大智慧,是全球公认的成功宝典

《三十六计全集》
历代军事家政治家企业家潜心研读之作
中华智圣的谋略经典,风靡全球的制胜宝鉴

中华传统文化核心读本书目

《鬼谷子全集》

风靡华夏两千多年的谋略学巨著
成大事谋大略者必读的旷世奇书

《韩非子精粹》

法术势相结合的先秦法家集大成之作
蕴涵君主道德修养与政治策略的帝王宝典

《管子精粹》

融合先秦时期诸家思想的恢弘之作
解密政治家齐家治国平天下的大经大法

《贞观政要全集》

彰显大唐盛世政通人和的政论性史书
阐述治国安民知人善任的管理学经典

《尚书全集》

中国现存最早的政治文献汇编类史书
帝王将相视为经时济世的哲学经典

《周易全集》

八八六十四卦,上测天下测地中测人事
睥睨三千余年,被后世尊为"群经之首"

中华传统文化核心读本书目

《素书全集》
阐发修身处世治国统军之法的神秘谋略奇书
以道家为宗集儒法兵思想于一体的智慧圣典

《智囊精粹》
比通鉴有生活，比通鉴有血肉，堪称平民版通鉴
修身可借鉴，齐家可借鉴，古今智慧尽收此囊中

【文史精华】

《左传全集》
中国现存的第一部叙事详细的编年体史书
在"春秋三传"中影响最大，被誉为"文史双巨著"

《史记·本纪精粹》
中国第一部贯通古今、网罗百代的纪传体通史
享有"史家之绝唱，无韵之离骚"赞誉的史学典范

《庄子全集》
道家圣典，兼具思想性与启发性的哲学宝库
汪洋恣肆的传世奇书，中国寓言文学的鼻祖

《容斋随笔精粹》
宋代最具学术价值的三大笔记体著作之一
历史学家公认的研究宋代历史必读之书

中华传统文化核心读本书目

《世说新语精粹》
记言则玄远冷隽，记行则高简瑰奇
名士的教科书，志人小说的代表作

《古文观止精粹》
囊括古文精华，代表我国古代散文的最高水准
与《唐诗三百首》并称中国传统文学通俗读物之双璧

《诗经全集》
中国第一部具有浓郁现实主义风格的诗歌总集
被称为"纯文学之祖"，开启中国数千年来文学之先河

《山海经全集》
内容怪诞包罗万象，位列上古三大奇书之首
山怪水怪物怪，实为先秦神话地理开山之作

《黄帝内经精粹》
中国现存最早、地位最高的中医理论巨著
讲求天人合一、辨证论治的"医之始祖"

《百喻经全集》
古印度原生民间故事之中国本土化版本
大乘法中少数平民化大众化的佛教经典